中国船舶研发史

中国船舶及海洋工程设计研究院
上海市船舶与海洋工程学会
组编

中国
科考船研发史

韩　龙　曲宁宁　曹大秋　虞民毅
编著

HISTORY OF CHINESE OCEAN
SCIENCE RESEARCH VESSEL
RESEARCH AND DEVELOPMENT

上海交通大学出版社
SHANGHAI JIAO TONG UNIVERSITY PRESS

内容提要

本书是"中国船舶研发史"丛书之一,讲述了中国科考船的研发史。科考船是考察研究海洋活动的平台,也是开发海洋、利用海洋资源、建设海洋强国的重要装备。本书介绍科考船的历史渊源,科考船的特征、功能和种类,中国科考船的研发历程,及其研发团队发扬自力更生、艰苦奋斗、只争朝夕精神,赶超科考船研发建造世界先进水平取得的丰硕成果。

本书集专业性、知识性、通俗性于一体,图文并茂,可供研制科考船的专业技术人员和对海洋科学考察感兴趣的读者阅读,以激励广大读者奋发图强,投身到建设海洋强国的伟大事业中。

图书在版编目(CIP)数据

中国科考船研发史/ 韩龙等编著.—上海:上海交通大学出版社,2023.2
(中国船舶研发史)
ISBN 978-7-313-25462-7

Ⅰ.①中… Ⅱ.①韩… Ⅲ.①海洋调查船—研制—技术史—中国 Ⅳ.①U674.810.2

中国版本图书馆 CIP 数据核字(2021)第 191652 号

中国科考船研发史
ZHONGGUO KEKAOCHUAN YANFASHI

编　著:韩　龙　曲宁宁　曹大秋　虞民毅
出版发行:上海交通大学出版社　　　　　　　地　　址:上海市番禺路 951 号
邮政编码:200030　　　　　　　　　　　　　电　　话:021-64071208
印　　制:上海颛辉印刷厂有限公司　　　　　经　　销:全国新华书店
开　　本:710 mm×1000 mm　1/16　　　　印　　张:23.5
字　　数:320 千字
版　　次:2023 年 2 月第 1 版　　　　　　　印　　次:2023 年 2 月第 1 次印刷
书　　号:ISBN 978-7-313-25462-7
定　　价:188.00 元

序

　　"中国船舶研发史"丛书是对中国船舶,主要是民船、工程船和海洋开发装备研发史的一次归纳和梳理,是一套展现新中国成立以来民船、工程船、海洋开发装备研发所走过的历程和取得的辉煌成就的丛书。

　　我国是最早发明舟舫舲舸的造船古国。早在唐朝,中国的造船技术就已经有了长足的进步,出现了水密隔舱、平衡舵、开孔舵等先进技术。在船型方面,宋、元朝时期,中国已有海船的船型,其中以江南沿海一带的福船、沙船、广船最为著名,被认为是中国古代的三大船型。至明朝郑和下西洋,以 14 个月时间建造 64 艘大船显示了中国古代在船舶研发和建造中的卓越成就。到了近代,众所周知,中国的造船业虽然也曾仿效西方,甚至造出了铁甲船和万吨级船,但终究不能摆脱衰落的命运,开始落后于西方强国,以至于在列强的坚船利炮下,丧失国家尊严,蒙受民族耻辱。真正使中国造船工业出现复兴生机,是新中国诞生之后。1949 年 5 月上海刚解放,上海市军事管制委员会筹建了华东区船舶建造委员会。1949 年 9 月统管全国船舶工业的中央人民政府重工业部船舶工业局宣告成立。船舶工业局统筹全国船舶工业发展,聚集造船人才,同时扩、改、新建造船厂,调整和新建全国船舶专业院校,研究设计和建造两翼齐飞,唤醒了沉睡了近 500 年的古老造船强国!本丛书从新中国诞生这一时刻开始,特别是改革开放以来,以油船、液化气船、工程船、科考船等 10 种民船船型为主题,阐述了新中国的船舶研发历程,并从这一侧面展示新中国"造船人"艰苦奋斗、砥砺前行、锐意创新、攀登高峰,重现造船强国的史实。

　　70 多年中国船舶研究发展过程,各型船舶发展尽管不尽相同,但大致可分为三个阶段:

　　第一阶段,夯实基础稳步发展(1949—1977 年)。这一阶段,国家把交通运输业作为优先发展的基础,为船舶工业发展提供了广阔的空间。新中国成立之初,我国贫穷落后,百业待兴,尽管如此,国家仍将发展造船工业放在十分重要的地位,经过新中国成立初期的整合发展,到1965年船舶科研机构已整体成制,仅中国船舶工业总公司第七研究院(中国舰船研究院)就有十几个包括总体设计和专项设备的研究所,研究的领域涵盖舰船设计涉及的各个方面。扩建新建中央及地方大、中型造船厂,增添设施,改进工艺,为尽快恢复发展水上交通运输,提供适应国民经济建设发展所急需的多型民用船舶,力争不买或少买船,设计并建造了中型沿海油船、客货船、长江豪华客船、航道疏浚船、港口起重工程船、科学调查船"实践"号、自升式钻井平台"渤海1"号和气垫船等追踪当时世界船舶航运界发展动向的船舶。自主设计建造了新中国十大名船之首的万吨级远洋货船"东风"号,结束了我国不能设计建造万吨货船的历史,开创了我国造船史的新纪元。

第二阶段,改革开放快速发展(1978—2010年)。1978年以前,由于西方工业强国对我国实行技术封锁政策,我国船舶科技极少对外交流,信息不通致使发展受限,各类大型运输船舶、疏浚装备、海洋开发船舶多依赖进口。1978年后,在改革开放春风的沐浴下,中国船舶工业如同骏马,奔驰向前。1982年设计建造的27 000吨散货船"长城"号,是第一艘按照国际公约、规则和国外船级社规范设计和建造的出口船。从那时起,我国各类工程船、海洋开发装备等设计和建造开始融入世界船舶科技发展行列。研究设计技术经过引进、消化、创新,不断跨越式发展。各大船厂的造船能力大幅度提升。至20世纪末期,我国已大步迈向世界第一造船大国,不但结束了主要依靠进口船舶的历史,而且大量、多品种船舶出口许多国家。这一时期,各种船型均有相当规模的发展:集装箱船从无到有,从出口 700 TEU 全集装箱船到 4 700 吨多用途集装箱船;设计和建造了 5 万吨大舱口多用途散装货船、15 万吨双壳体苏伊士型原油船、半冷半压式 16 500 立方米液化石油气(liquefied petroleum gas,LPG)船、布缆船、中型挖泥船、海峡火车渡船等;科考船已进军南极;为适应海洋油气开发,我国形成了从物探船、自升式、半潜式、坐底式钻井平台和半潜式生产平台到浮式生产储油船的全产业链的设计和建造能力。

第三阶段,自主创新跨越发展(2011 年至今)。新世纪尤其是党的十八大以来,以习近平同志为核心的党中央,站在实现中华民族伟大复兴的战略高度,准确把握时代发展大势,作出了建设海洋强国的重大战略决策,指引着船舶工业砥砺前行。

这一时期,中国造船的速度在世界造船史上是罕见的。在这迅猛发展的过程中,我国造船工业攻克了多项关键技术,研发和建造能力大幅提升。一批批世界级高精尖的船型在中国诞生。科学考察装备实现了跨越式发展:3 000 米深水半潜式钻井平台"海洋石油 981"号进驻南海正式开钻,标志着我国海洋石油工业深水战略迈出实质性的步伐;亚洲首艘 12 缆地球物理勘探船"海洋石油 720"号、全球首艘 3 000 米深水工程勘探船"海洋石油 708"号交付使用,标志着我国深水作业"联合舰队"逐步成形;我国自行设计、自主集成研制的"蛟龙"号载人潜水器在马里亚纳海沟创造了下潜 7 062 米的中国载人深潜世界纪录,使我国成为世界第五个掌握大深度载人深潜技术的国家;2019 年 7 月,我国第一艘自主建造的极地科学考察破冰船"雪龙 2"号顺利交付。相比"雪龙"号,"身宽体胖"的"雪龙 2"号的破冰能力和科学考察能力更强,标志着我国南、北极考察基地的现场保障和支撑能力取得了新突破。

70 多年的船舶研发史，是我国船舶工业由弱到强、不断发展壮大的历史，展现了中国特色社会主义制度的优势。

70 多年的船舶研发史，是我国船舶研发水平和造船能力不断提高、不断创新的历史，是我国在船舶研发领域由跟跑者向并跑者乃至领跑者转变的进步史。

70 多年的船舶研发史，是我国广大船舶研发、建造人员不畏艰难、积极开拓、勇于攀登、勇于奉献的真实见证，是我国船舶创业人员不忘初心、牢记使命，追梦深造的奋斗史。

科技是国家强盛之基，创新是民族进步之魂。正如习近平总书记在 2021 年 5 月 28 日召开的两院院士大会和中国科学技术协会第十次全国代表大会上指出的："当今世界百年未有之大变局加速演进，国际环境错综复杂，世界经济陷入低迷期，全球产业链供应链面临重塑，不稳定性、不确定性明显增加。""科技创新成为国际战略博弈的主要战场，围绕科技制高点的竞争空前激烈。"在此背景下，船舶工业无疑面临着新的发展机遇和挑战。

回顾历史既是为了总结经验激励前往，更是为了创造未来。如今全面建设社会主义现代化强国迈入新征程，向第二个百年奋斗目标进军的号角已经吹响。让我们以史为鉴，勇于创新、顽强拼搏，努力为把我国建成海洋强国、实现中华民族伟大复兴的中国梦不断作出新的更大的贡献！

中国工程院院士　曹恒一

前　言

　　海洋蕴藏着极其丰富的生物资源、化石燃料资源、海洋矿物资源、海洋砂产资源、海洋化学资源、海洋动力资源和药物资源等,海洋为人类的生存和发展提供丰富的物质资源的同时,又因自身的运动形成风暴、海啸、海浪以及与全球气候变异紧密相关的厄尔尼诺等现象,形成严重的自然灾害,威胁着人类的安全。

　　人类与海洋相伴相随,直到 20 世纪 40 年代,人类向海洋索取的仅局限于海洋生物资源,对海洋的调查也仅着重于对海洋生物和一般的气象调查,而对于海洋引起的灾难仍然处于缺乏预测和防范的能力。第二次世界大战后,世界人口剧增,特别是经济发展导致的陆地资源力明显枯竭和全球环境恶化致使生态失衡,才引起人类将解决这些难题的眼光转向海洋,进一步认识到,无论是海洋资源的开发利用,海洋经济的发展,还是海洋权益的保护,都需要充分了解海洋。必须对海洋进行全面、深入的科学考察,为合理开发海洋提供可靠的科学依据。科考船是搭载海洋科学考察人员,配以调查设备和作业设施进行海洋探测与研究的重要平台,是人类探索海洋、经略海洋的关键装备。随着人类对海洋开发的进展,科考船从规模、装备、技术水平等方面不断地提升,科考船活跃在辽阔的大海乃至极地海域,成为一个国家综合国力的重要体现之一。

　　我国科考船研制既有与世界科考船相同的地方,也有我国自身的特点。国家将开发海洋、经略海洋作为强国富民的重要发展战略,在新中国成立之初即着手规划。在培养海洋研究人员,组建海洋研究机构的同时,根据经济发展和国家需求研发建造科考船。中国"船舶人"不忘初心,不负使命,勇担重任,自力更生,艰苦奋斗,从 20 世纪 50 年代研发中、小型调查船起步,研发建造了多型海洋调查船,特别是进入 21 世纪,我国科考船迅猛发展,"科学"号、"嘉庚"号、"大洋"号、"东方红 3"号、"实验 6"号、"中山大学"号和"雪龙 2"号等大、中型科考船陆续建成交付使用,我国科考船研制水平取得了长足的进步,其中部分关键技术已跨入世界科考船的先进行列。

为展现中国科考船的研发历程和取得的辉煌成就,讲好中国研发科考船的故事,激励从事科考船研发的科技人员不忘初心、开拓创新、再铸辉煌,特编撰本书。

本书共八章。第一章简述科考船对人类研究海洋的重要作用。第二章介绍科考船的关键技术和研发重点。第三章至第五章介绍我国科考船研发历程和典型船舶。我国科考船研发历程分别是 1949—1978 年的"艰难起步奠定基础"、1979—2000 年的"快速发展、走向深蓝"和 2001—2020 年的"勇于创新、跨入先进行列"。第六章介绍我国的近海科考船。第七章讲述我国船舶科研人员的"中国故事"。第八章展望科考船的特征和发展趋势。

期望读者通过阅读本书,了解中国科考船在走向深海大洋的历程中取得的辉煌成绩,进一步增强探索海洋,开发、利用、保护海洋的能力,为实现中华民族伟大复兴的海上中国梦不懈努力奋斗。

目　录

第三章　艰难起步、奠定基础 / 73

第六章 经略海洋、近海调查 / 283

第七章　锐意进取的研发设计团队 / 317

第一章
海洋和科考船

第一节　人类和海洋

　　海洋是生命之源，人类的生存与发展离不开海洋。海洋资源的 95％ 尚未被人类合理地开发利用和保护，为此，人类孜孜不倦地去探究海洋的奥秘。

　　人类对海洋的研究很大程度上依赖于各种仪器和设备，而科考船是专门研究海洋的一种船型。科学家通过科考船，调查研究海洋水文、地质地貌、气象、海洋生物和探测海底资源等，科考船是海上的移动实验室。

　　海洋科学考察是一个国家科技实力的重要体现，世界近代史表明每一个崛起的大国都是以先进的海洋科学技术为支撑的。人类进入 21 世纪以来，海洋领域的竞争愈演愈烈。探索和研究海洋，多种功能不同的仪器和设备，需要借助科考船这个平台实现应用，因此，设计建造先进的科考船具有十分重要的战略意义。

一、洋和海

　　地球表面大部分被海水覆盖，海洋总面积，约占地球总面积的 71％。海洋含有 13.7 亿立方千米的水，约占地球上总水量的 97％。海洋不仅在面积上远超陆地，其深度也是陆地高度难以相比的。海洋的平均深度约 3 800 米，深度大于 3 000 米的海洋占海洋总面积的 75%；而陆地的平均高度只有 840 米，高度不足 1 000 米的陆地则占其总面积的 71%。到目前为止，95% 的海洋底部人类还未探索过。

洋，是海洋的中心部分，面积辽阔，远离大陆，约占海洋总面积的 89%，是海洋的主体。大洋的水深一般在 3 000 米以上，最深的马里亚纳海沟水深在 10 000 米以上。大洋的水文要素及特征如盐度、温度、水色、透明度等基本不受大陆影响，它的温度和盐度的变化不大，杂质少，透明度高。每个大洋都具有独立的潮汐系统、洋流及大气环流系统。洋底地形以海盆和岭脊为主。

世界大洋分为太平洋、大西洋、印度洋和北冰洋四大部分，由于南极附近的水域有其自成体系的环流系统和独特的水团结构，海洋学上通常把南极附近的水域称为南大洋或南极海域。

海，在洋的边缘，是洋的附属部分。地球上一共有 50 多个海，面积仅占海洋总面积的 11%。海的水深一般较浅，平均深度从几米到 3 000 米。海邻近大陆，受陆地、河流、气候和季节的影响较大，海水的温度、盐度、水色、透明度等水文要素受陆地影响很大，有明显的周期变化，但没有自己独立的潮汐和海、洋流系统。

按所处位置，海可分为边缘海、内陆海及陆间海。边缘海靠近大陆，以岛屿与大洋分隔，如我国的南海及东海，日本海等就是太平洋的边缘海。内陆海是大陆内部的海，受大陆影响很大，如波罗的海和我国的渤海。陆间海系指大陆之间的海，深度和面积都较大，如地中海和加勒比海。

海洋底，按距离大陆的远近，分为海岸带、大陆边缘和大洋底。海岸带是陆地和海洋的分界线，是与人类生活密切相关的区域，在总长约 44 万千米的海岸带上约有 2/3 的人口居住在这里。大陆边缘是大陆与大洋盆地的过渡区域，约占海洋总面积的 22%，可分为稳定型和活动型。稳定型大陆边缘活动不频繁，活火山和地震较少，如大西洋、印度洋和北冰洋周围。活动型大陆边缘是地球最强烈的板块构造活动地带，集中分布在太平洋东、西两侧，这里集中了全世界约80%的活火山。大洋底系指大陆边缘以外的水域,是大洋的主体,主要分为大洋中的岭脊和大洋盆地两部分。大洋中脊又称中央海岭,是地球上规模最为宏大的环球山系。水深一般为2 000~3 000米,有的脊顶露出水面,形成岛屿,其面积约占大洋底总面积的33%。大洋盆地系指大洋中脊坡麓和大陆边缘之间的部分,水深通常为4 500~5 500米,盆地中含有深海平原、海山及海丘。

二、海洋资源

海洋是人类资源的宝库。海洋资源可分为六大类:生物资源、矿产资源、化学资源、动力资源、空间资源和药物资源。

1. 生物资源

海洋在全部深度上都有生物分布,能为生物提供广阔的可栖息地。世界水产品中,85%左右来自海洋,鱼类占世界海洋水产品总量的80%以上,还有丰富的藻类资源。

地球上动物界分33个门类,海洋环境中几乎全部都有,包括其中15个特有门类;而陆地环境中仅有18个门类,其中特有门类只有1个。

海洋中的生物种类约20万种,其中有2万种植物,18万种动物。海洋生物资源非常丰富,但目前只开发利用了约500种,主要集中在渔业。目前世界上海洋捕捞和养殖的区域只占海洋面积的10%。随着科学技术的进步,人类将进一步开发富饶的海洋生物资源。

2. 矿产资源

海洋矿产资源种类繁多,主要有石油、天然气、煤炭、铁矿石、铝矾土、锰结核、铜矿石、石英岩等,按海洋环境和分布特征,有滨海砂矿、海底石油、磷钙石和海绿石、锰结核和富钴结壳、海底热液矿物、天然气水合物等类型的资源。

滨海砂矿开采方便、投资小,是人类最早开发的海底矿产资源。我们熟知的钻石,其90%产自滨海矿区。

海底石油储量占世界石油可采储量的1/3。其中波斯湾是海洋石油最丰富的地区,约占海洋石油总探明储量的一半。

锰结核和富钴结壳储量巨大,被称为最有开发前景的深海矿产资源,其中的锰、钴、铜和镍的储量分别是陆地上的 180 倍、1 450 倍、22 倍和 150 倍。

海底热液矿物是一种富含铜、铅、锌、金、银、锰、铁等多种金属元素的矿产资源,是 21 世纪最有希望被率先开发的海底资源。

还有一种天然气水合物,是由碳氢气体和水分子结合而成的冰晶状固体化合物,又被称为固态甲烷或可燃冰。虽然发现较晚,但开发利用前景广阔。我国天然气资源储量预估约为 14.1 万亿立方米,现已探明的储量为 3 000 多亿立方米,能形成天然气水合物的海域约占世界海洋总面积的 10%,天然气水合物有望成为人类利用的新型能源。

3. 化学资源

海洋水体、生物及海底沉积物中含有很多可以利用的化学资源。

海水是各种盐类物质的水溶液。除可提取大量食盐和淡水外,从海水中还可提取和制造纯碱、烧碱、盐酸等各种化工原料;提取并制造钾镁肥、钠镁肥、氢镁肥等农业肥料;提取和制造氧化镁、镁砖等耐火材料;提取镁、钠、钾以及铀、钍、锶等稀有的贵重金属。

4. 动力资源

海水运动可产生波浪能、海流能,温度、盐度变化可产生温差能、盐差能等,这些能源虽然有分布不均匀、不稳定、能量密度低的缺点,但其蕴藏量大、可再生。目前正研究和利用的海洋动力资源有:潮汐发电、波浪发电、温差发电、海流发电、海水浓度差发电以及海水压力差的能量利用等。

5. 空间资源

将海洋空间用作交通、生产、储藏、军事、居住和娱乐场所,包括海洋运输、海上城市、海洋工程、临海工业场地、海上机场、海上牧场、海上仓库和基地、海上运动、旅游、休闲娱乐等。空间资源是人类最先发现和最早利用的海洋资源之一。

6. 药物资源

海洋蕴藏众多高效药理活性物质，"向海洋要药"已成为人类的共识。随着海洋药物学、海洋生物学的进步，将会有越来越多的海洋生物被人类用于治病健身。

第二节 人类探索海洋的历史

一、早期

人类生活在被海洋环绕的陆地上，利用海洋的历史非常悠久。人类的祖先早已开始学会从海洋中捕鱼，通过海水制盐以及依靠海路航行实现交通和通商。在航空和铁路发展之前，航海是人类跨大陆运输和旅行的唯一方式。人类在利用海洋并不断向海洋索取的同时，也逐渐开始对海洋的考察和探索，但有历史记载、真正意义上海洋调查研究的时间却不是很长。如果将 1872 年 12 月英国海军利用"挑战者"号调查船开展的历时 3 年 5 个月的海洋调查作为人类历史上首次综合性的海洋科学考察，那么到目前为止，人类利用船舶进行现代海洋调查研究的历史也只不过近 150 年。

在这次调查之后，德国、俄罗斯、挪威、丹麦、瑞典、荷兰、意大利、美国等许多国家也相继派出海洋调查船进行环球或区域性海洋探索性调查，但因当时作为调查平台的船舶和海洋调查设备有限，大部分还是以生物调查为主的。

第一次世界大战后，随着海洋学研究和海洋科学考察活动的重新升温，以及如回声测深仪等先进探测设备的发明，海洋调查逐步从以生物调查为主的"探索性航行调查向"承担海水理化性质和海底地质、地貌调查的"特定海区专门性调查"的转变。

"挑战者"号环球海洋调查的成果极大地丰富了人们对海洋的认识，提高了人们对海洋的兴趣。由"挑战者"号海洋调查活动带动的这一时期海洋调查不仅关注海洋表面,而且开始关注海面以下的空间以及海流、温度等海洋物理、化学、生物和地质等方面的变化规律,这些调查研究为近代海洋物理地球学、海洋化学、海洋生物学和海洋地质学的建立和发展奠定了基础。"挑战者"号的环球海洋调查成为世界海洋科学发展史上的里程碑,开启了人类从宏观上对海洋水体进行科学研究并探索其自然规律的新时代。

二、第二次世界大战后

第二次世界大战(简称"二战")后,海洋调查有了显著发展;但使用的调查船大多是利用旧船改装。20 世纪 50 年代末期,出现了专门设计建造的海洋调查船。至今,海洋调查船的发展大致经历了两个主要发展时期。第一时期,为 20 世纪初至 80 年代,随着电子计算机的应用以及各种先进海洋调查设备的出现,现代化高效率海洋调查船逐渐诞生。第二时期,为 20 世纪 80 年代至今,随着船舶电力推进系统和动力定位系统的逐步推广应用,各种专业科学考察设备的更新换代及计算机网络化等技术的发展,国内、外一批先进的海洋调查船或综合科考船诞生。其调查方式分为以下几方面。

1. 单船调查时期

20 世纪初,海洋学的发展主要是以生物调查为主,在二战期间,因为战争需要,水声技术的发展,推动了海洋科学在理论方面的发展。20 世纪 50 年代前,海洋调查船基本上都是以单船走航方式作业的。这种以单船走航方式进行的海洋调查,各国的调查次数总计为 300 多航次,并且这些调查的范围也不大,集中在几个海区;调查持续的时间也不长,观察手段也十分落后。

根据这 300 多航次的单船调查资料,海洋学专家发现了海水主要成分相对含量的恒定性,测量了海水氯度、盐度和密度的重量分数及海水中各种元素的含量。在海洋地质方面,人们对海底地貌、沉积物分布有了初步认识和了解,对海洋生物中的较大生物进行了分类,并对生物与环境之间的关系进行了研究。在海洋地球物理学方面,对潮汐、海浪、海流的研究多有建树,并绘制了世界大洋的海流图轮廓,提出了与之相应的世界大洋环流的基本理论——风生漂流理论。

2. 多船联合调查

由于单船调查不能满足海洋调查日益发展的需求,20 世纪 50 年代开始,出现了多船联合调查,单船海洋调查方式并存至今。

如 1986 年至 1990 年中美西太平洋热带海气相互作用联合调查,我国派出"向阳红 05"号和"向阳红 14"号海洋调查船参加。又如 1986 年至 1992 年中日黑潮合作调查,我国派出"向阳红 05"号和"实践"号海洋调查船参加,日本派出"昭洋丸"、"拓洋丸"和"海洋丸"等 14 艘海洋调查船参加调查,此次调查对中国台湾海峡暖流、对马海峡暖流的来源、路径和水文结构等提出了新的见解。

为了解热带西太平洋"暖池区"通过海气耦合作用对全球气候变化的影响,在 1992 年 11 月至 1993 年 2 月在热带西太平洋进行了连续四个月海上调查,有 19 个国家和地区以不同方式参加了此项活动。这次调查中,由 3 个卫星系统、7 架飞机、14 艘调查船、31 个地面探空站和 34 个锚系浮标等构成了一个立体观测网进行观测。我国参加的单位有原国家海洋局、中国科学院、国家教育委员会、国家气象局,并派出"向阳红 05"号,"科学一"号,"实验 3"号海洋调查船参加了全过程的观测和调查。

经过一个多世纪的发展,海洋调查作为一项专门的研究手段,正逐步形成自己的体系。现在的海洋调查已形成对某一特定海区的水文、地球物理、化学、地质、地貌、生物、气象、声学等进行大面积调查、断面调查,以及连续观测和辅助观测的综合调查研究能力。与多种研究探测手段相比,如卫星和飞机遥感遥测、定置浮标自动观测、漂浮站自动观测、无人机和无人艇观测,以及以上多种手段的同步综合观测等,当前最基本、最灵活、最经济有效的探测手段仍是船舶观测,其他观测手段可与之形成配合和辅助。

第三节　科考船定义与分类

一、科考船定义

科考船是海洋科学考察船的简称。其是从事海洋地球物理、化学、海洋地质、地貌、气象、水文、考古和海上生物资源调查研究等任务的船舶。

20世纪50年代至20世纪末,我国称该类船舶为海洋调查船,21世纪以来,中国科学院、高等院校等将海洋调查船改称为科考船,并已建成多艘实船。为适应这一变化,本书称之为"科考船",但在述及早期实船时,对原来称为"调查船"的,本书仍然称为"调查船"。

对于科考船的分类,除保留国家标准GT/T 7391—2002中的相关内容外,也增加了新出现的船型,如潜水器母船。

二、科考船分类

现代科考船按船型分,有单体、双体和特殊型;按航行作业区域分,有全球级、大洋级、区域级和近岸级;按性质分,有综合科考船、专业科考船和特种科考船,其中专业科考船有地球物理调查船、水声调查船、渔业资源调查船、地质调查船、气象观测船,以及航道测量船、环境监测船等;特种科考船有大洋钻探调查船、极地科考破冰船、潜水器母船、海洋考古船等。

1. 海洋科学综合科考船

作为科考船的一个大类,现代综合科考船具有多学科、多功能、多技术手段的综合科学考察能力,为满足海洋水文、气象、地球物理、地质、地貌、生物、化学、声学、海洋渔业资源等两种及两种以上学科的科学考察活动提供平台。

综合科考船是当前科考船中数量最多的船型,由于其一次出航可获得多学科的综合信息,对推动海洋学各学科的发展贡献最大,因此发展也最为迅速。

图1-1是我国近年建造的海洋科学综合科考船——"科学"号。

图1-1　我国近年建造的海洋科学综合科考船——"科学"号

2. 专业科考船

专业科考船系指对海洋科学中的某一类或某几类相近学科进行专门调查和研究的船舶。

1）地球物理勘探船

地球物理学是地球科学的主要学科,是通过定量的物理方法和探测手段,如地震弹性波、地磁、地电、地热、重力及放射性能量等研究地球及寻找地球深部蕴藏的矿藏资源的一门学科。地球物理勘探船(简称"物探船"),是对海洋石油、天然气等矿物资源进行勘察研究的船舶。海水是一种性能较好的传播声波的介质,并且声波在不同的物质中传播速度不同,通过研究海底深部各种形态物质声波的反射特点,可以找到其中含有的液态、气态及固态的矿物资源。

物探船利用压缩空气气枪,将空气压缩机产生的高压空气储存在气枪内,通过瞬时的释放,产生频率低、能量大的声波,声波碰到海底岩层产生反射波,再通过接收电缆传到船上的接收装置,经过计算机计算得到反射剖面,由此可以查清油气资源的分布,从而绘制海洋油气田的分布图,为下一步油气钻探和开采做准备。

物探船的勘探能力一般根据其接收电缆的数量和长度划分,接收电缆越多、越长,探测能力越强,最多可拖带 20 根电缆,单根接收电缆的长度可达万米以上。这些电缆在物探船的艉部散开如扇形,在海上拖曳工作时,艉部用浮标做标记,其他船舶为了免于被电缆缠到,只能避而远之,如图 1-2 所示。图 1-3 为地球物理勘探船——"海洋地质八号"。

图 1-2　物探船探测作业示意图

图 1-3　地球物理勘探船——"海洋地质八号"

2）渔业资源调查船

渔业资源调查船是专门对水产资源、渔场、海洋环境以及渔具、渔法等进行调查研究的船舶。它主要用于调查研究潜在渔场的开发、渔汛期的发生和持续时间，以及承担对渔业生产提供指导等任务。关注鱼类资源的种类、分布密度、变化动态、预估资源的拥有量和近期的可捕量，以及试验各种渔具、渔法和渔获物的存储、保鲜、加工方法等，为各类渔船进行鱼类的捕捞提供前瞻性的资源探测。图 1-4 是我国自主设计建造的渔业资源调查船——"淞航"号。

图 1-4 我国自主设计建造的渔业资源调查船——"淞航"号

渔业资源调查船是现代渔船的一个重要组成部分，随着渔业从沿岸、近海发展到深海、远洋，以及资源的不断开发和利用，渔业资源调查船也从小吨位发展到大吨位，功能也从原来只具有单一渔法的捕捞设备发展到具有多种渔法的捕捞设备。20 世纪80 年代，小型的渔业资源调查船通常也具备两种或两种以上的作业调查手段。

3. 特种科考船

特种科考船是专门针对某一特定科学考察任务而研制的一类科考船船型。

1) 潜水器母船

在潜水器母船中非常重要的一类是载人潜水器母船。之所以这样称呼,主要有两方面原因。一方面,从物理连接上,当潜水器下放时,潜水器与母船之间有一根为潜水器提供系固、电力、信号等的"脐带缆"。另一方面,从维护补给上,潜水器释放前后的一些准备、维护、保养工作,释放过程中的各种监测、保障工作等,都是在载人潜水器母船上进行的,载人潜水器母船给载人潜水器提供全方位的后勤保障服务。

载人潜水器母船上最重要的系统就是载人潜水的布放/回收系统。一般由三部分组成,艉部 A 型架(见图 1-5)、运移轨道车和拖曳绞车。

图 1-5 "向阳红 09"号调查船艉部 A 型架

安装于艉部的 A 型架由两个支柱和一个横梁组成,横梁中间设有带恒张力和抗横摇纵摇功能的起升绞车及万向架,这样当载人潜水器母船受波浪影响产生各种摇摆运动时,载人潜水器也能不受影响,稳稳当当地出入水。

运移轨道车,用于载人潜水器在甲板起吊点与艉部收藏区之间的甲板运转。运移轨道车还可以升降,在库房内可以将载人潜水器提升,用于其底部的维护保养工作。

载人潜水器出水后,由工作人员乘小艇将载人潜水器和拖曳绞车连接;拖曳绞车将载人潜水器从水面拖到船舶艉部 A 型架下的回收位置。在收放期间,为了减小载人潜水器俯仰和摇摆程度,拖曳绞车对载人潜水器应保持恒定张力。

　　我国目前较为先进的载人潜水器"蛟龙"号,原来由改装的综合调查船"向阳红09"号承担载人潜水器母船的任务(见图1-6)。2019年11月,我国专为载人潜水器研制的"蛟龙"号新母船——"深海一号"交付使用(见图1-7)。"蛟龙"号载人潜水器告别"向阳红09"号,迎来了自己的专用支持母船。

图1-6 "蛟龙"号潜水器早期的母船——"向阳红09"号调查船

图1-7 "蛟龙"号潜水器新母船——"深海一号"

2) 极地考察船

极地考察船是专门在南、北极海域进行海洋调查和考察的专业科考船。是科考船中吨位较大的一类科考船,其满载排水量一般都在万吨左右。此类船以极地水域科学考察为首要任务,因极地考察站离母国较远,所以此类船还具有一定的后勤物资运输补给能力。图1-8是我国第一艘极地破冰船——"雪龙"号科考破冰船。

图1-8   我国第一艘极地破冰船——"雪龙"号科考破冰船

极地蕴藏着很多潜在资源。例如,南极冰川中蕴含着丰富的气候信息,是研究气候变化的一个非常好的样本;南极磷虾是世界上蛋白质含量最高的生物之一,资源量高达10亿吨,可采量达1亿吨;得天独厚的极端环境,使极地成为重要的基因资源宝库,国际上极端海洋生物基因资源的开发应用虽刚刚起步,却已带来数十亿美元的产值。因此,极地考察被许多国家作为赢得未来发展主动权、占领新的制高点的重要国家战略。

极地考察船应有较强的破冰能力,它的破冰能力来自其特殊的破冰型艏部线型。破冰型艏是内缩式,与水面之间有一个很大的倾角,外形就像一把匕首一样,尖瘦的中间部分可以劈开坚硬的冰层。很多破冰船的艉部也可以破冰,在不用转弯调头的情况下可以实现反向破冰,称为双向破冰型。

由于船体水下部分需要经常承受冰的冲击,破冰船的船体肋骨间距比较小,如我国最新设计建造的"雪龙2"号极地破冰船,肋位距离仅350毫米左右,是一般船舶的一半,船体水下外板比一般船要厚,"雪龙2"号艏部冰刀区板厚达到100毫米,相比之下,21 000 TEU[①] 超大型集装箱船最厚的板厚才85毫米,并且采用能承受低温的特种钢材,在船体外露的海水门、推进螺旋桨等处还考虑了特殊的冰区加强措施。

我国新建的极地科考破冰船——"雪龙2"号(见图1-9),具有双向破冰能力,能在1.5米厚冰加0.2米厚的雪中以2～3节[②]的速度连续破冰。该船具有海洋和大气环境观测与实验、海洋地质和地球物理测量、海洋生物和生态调查分析等科学考察功能。

图1-9 我国新建的极地科考破冰船——"雪龙2"号

① TEU系集装箱运量统计单位,以长20英尺的集装箱为标准。
② 1节=1.852千米/小时。

3）大洋钻探船

　　大洋钻探船能够在水深数千米的海底实施钻探，获取海底以下数千米处的样本。大洋钻探船离不开三大关键系统和设备：动力定位系统、钻孔重返系统和升降补偿装置。由于技术密集、营运维护费用高，目前世界上的大洋钻探船仅两艘，即美国的"决心"号和日本的"地球"号。

　　为了抵抗高海况下风浪流引起的船体平面方向运动，大洋钻探船的动力定位能力是科考船中要求最高的。为了抵抗上下颠簸运动，大洋钻探船通常要配备升降补偿装置，可以随时补偿船体随波起伏对钻杆造成的不利影响。钻孔重返系统是大洋钻探船的技术核心，图 1-10 是日本大洋钻探船——"地球"号。

图 1-10　日本大洋钻探船——"地球"号

第四节　国外科考船发展概况

哥伦布于 1492—1504 年期间 4 次进行横渡大西洋的航海探险,到达南美洲并发现新大陆;葡萄牙人麦哲伦于 1519—1522 年完成人类首次环球航海等,这些航海活动在扩大和丰富海洋地理知识的同时,也或多或少做了一些有关洋流、风系等的科学考察工作,但这些还不是专业的海洋调查。直至 19 世纪后半叶,英国的"挑战者"号才算真正意义上拉开了海洋科学考察的序幕。

"挑战者"号是世界上最早的海洋调查船,由英国的一艘旧军舰改装而成,总长 68 米,排水量 2 300 吨,可载船员 243 名,依靠风帆和蒸汽机驱动,为三桅蒸汽动力帆船,配备当时最先进的调查仪器设备,并设化学实验室,如图 1 - 11 所示。英国皇家学会曾于 1872 年 12 月 7 日至 1876 年 5 月 26 日,组织了"挑战者"号经过 713 天、航程为 68 890 海里①的海上航行,完成了对大西洋、太平洋和印度洋历时 3 年 5 个月的环球海洋考察。由汤姆森爵士领导、有 6 名科学家参加的人类历史上首次综合性的环球海洋科学考察,开创了有目标的近代海洋科学考察先河。"挑战者"号的改造成功以及投入使用成了世界航海史、海洋科学史上的里程碑,是海洋学研究的"样板"和范例,开启了人类从宏观上对海洋水体进行科学研究并探索其自然规律的新时代。这次考察活动第一次使用颠倒温度计测量了海洋深层水温及其季节变化;采集了大量海洋动植物标本和海水、海底底质样品,从深海软泥和红黏土中采集到了含有锰、铜、钴、镍等 30 多种元素的锰结核;发现了 715 个新属及 4 717 个海洋生物新物种,验证了海水主要成分比值的恒定性原则,编制了第一幅世界大洋沉积物分布图;此外还测得了调查区域的地磁和水深情况。这些调查获得的全部资料和样品,经 76 位科学家长达 23 年的整理分析和悉心研究,提交了 50 卷计 2.95 万页的调查报告。他们的研究成果极大地丰富了人们对海洋的认识,从

---

① 　1 海里=1 852 米。

图 1-11　海洋调查船——"挑战者"号

而为海洋物理学、海洋化学、海洋生物学和海洋地质学的建立和发展奠定了基础。"挑战者"号环球海洋考察的成功极大地提高了人们对海洋的兴趣。

　　此时各国的调查船,一般只进行个体、单学科的海洋考察活动。典型的考察活动及主要成果还有:1831—1836 年英国"贝格尔"号历时 5 年的环球探险,航程遍布大西洋、印度洋和太平洋。英国科学家达尔文随船考察,并根据考察资料解释了珊瑚礁的成因,提出了海底运动的论述,并于 1859 年出版了《物种起源》,考察成果由"贝格尔"号船长罗伊和达尔文整理编纂成 4 卷《贝格尔》号航海报告》。1839—1843 年英国人罗斯在南极海域探险,测得 4 438 米的深度,创造了当时深海测深纪录,提出了整个大洋的底层水具有相同特性的结论,并发现了南磁极。1842—1847 年,美国海军上尉莫里系统地研究了大洋中风和海流的关系,据此绘制成海图,并于 1855 年出版了《海洋自然地理学》,为人们提供了第一部海洋学经典著作;1854年出版了第一张北大西洋海盆的水深图,为铺设大西洋海底电缆提供了科学依据。英国海洋生物学创始人福布斯第一次提出海洋生物分布的分带概念,认为深度越大,生物越少,550米以下为无生物带。但1836—1870年屡次在550米及更深处发现生物存在,1869—1870年,英国"豪猪"号在1 800～4 464米深水处取样16次,每次都获得多种生物,特别是采到了被认为是白垩纪以后已经灭绝的海胆,彻底颠覆了人们对深海生物生命活动的认识。19世纪50年代以后,海底电缆的铺设工作促进了海洋测深的发展。1856年,铺缆专用调查船"阿尔奇克"号发现了北大西洋中央海脊,并建议沿这条海脊铺设海底电缆。

第一次世界大战以后,海洋学研究开始由探索性航行调查转向特定海区的专门性调查。1925—1927年德国"流星"号在南大西洋进行了14个断面的水文测量,1937—1938年又在北大西洋进行了7个断面的补充观测,共获得310多个水文站点的观测资料。这次调查以海洋物理学为主,内容包括水文、气象、生物、地质等,并以观测精度高著称。这次调查的一项重大收获是探明了大西洋深层环流和水团结构的基本特征。另外,第一次使用回声测深仪探测海底地形,发现海底也像陆地一样崎岖不平,从而改变了以往所谓"平坦海底"的概念。

这一时期的海洋调查船不仅关注海洋表面,而且关注海洋表面以下的空间以及海流、温度等海洋物理、化学、生物和地质等方面的变化规律。随着海洋学研究和国际海洋科学活动的重新升温以及回声测深仪等仪器的发明,这一时期的海洋调查船不仅能进行以生物调查为主的综合性海洋调查,还逐渐承担起了海水物理、化学性质和地质、地貌的调查任务。

1947—1948年,瑞典的"信天翁"号海洋调查船(见图1-12)的热带大洋调查,被海洋学家誉为"近代海洋综合调查的典范"。此次调查历时15个月,总航程达7万海里,在大西洋、太平洋、印度洋、地中海和红海共布设403个测点,重点在三大洋赤道无风带进行深海观测。

图 1-12　瑞典的"信天翁"号海洋调查船

"信天翁"号海洋调查船填补了"挑战者"号海洋调查船无法在无风带区域观测的空白(因为"挑战者"号为风帆船,必须借助风力才能顺利航行)。"信天翁"号考察了南、北纬度 20°以内的赤道海流系;探索了深海区的光学特性;用真空活塞柱状采样器取得了长达 23 米的岩芯,发现了深海沉积层中有第四纪气候变动旋回的纪录;用人工地震法研究了海底构造;利用地层剖面仪调查了大洋沉积物的厚度;用放射性同位素测出了沉积物的生成年代和沉积速率。此外,还观测了浊流、洋底海水化学性质、海底地壳热效应等,开创了深海地球物理研究的先河。这次考察主要是热带深海调查和深海底的地质采集。全部探测资料和沉积物岩芯样品,历经 10 多年的整理和计算分析,共出版了10 卷 36 分册《瑞典深海调查报告》。

据统计,从 18 世纪到 20 世纪 50 年代,全世界共进行了 300 次左右单船走航式的海洋调查。通过这一系列调查,人们获得了对世界大洋及一些主要海域的温度和盐度分布、大型水团属性及海底地形的轮廓性认识。

20 世纪 30 年代末,由于历史原因,全球 61 个国家和地区卷入"二战",所以这一时期的海洋研究与军事紧密结合在一起。由于水声探测研究对于定位潜艇的意义重大,波浪研究对于特种部队执行两栖作战任务尤为重要,因而海洋调查船突出发展水声技术、海浪观测和预报技术,而且很多调查船兼具作战能力。"二战"之后,海洋调查得到了迅猛发展,但即使如此,当时的海洋调查船也只是利用其他旧船改装的船。直到 20 世纪 50 年代末期才进入专门设计建造海洋调查船的时代,海洋调查的目标、方式、设备得以改进,船舶设计和建造技术也从此取得跨越式的发展。世界海洋调查船大致经历了如下两个主要发展期:

第一时期通常系指 20 世纪 50 年代末至 80 年代末,随着电子计算机的应用以及各种先进海洋调查设备的出现,现代化高效率海洋调查船逐渐诞生并普及。这一时期的海洋调查船在设备、性能、总布置以及实验室与专用设备的配置等方面,与旧船改装调查船相比有了质的提高。由于综合性海洋调查船已不能满足海洋学各分支学科深入调查的需要,从而陆续出现各种专业调查船和特种调查船。1959 年苏联建造的"罗门诺索夫"号 6 000 吨级综合海洋调查船,1960 年美国建成的 3 400 吨级"测量员"号航道海洋调查船,1962 年美国建造的"阿特兰蒂斯Ⅱ"号海洋调查船,英国建成 3 100 吨级的"发现"号海洋调查船等,都是这个时期在国际上具有代表性的海洋调查船。其中,1960 年美国建造的"测量员"号航道海洋调查船是第一艘配备多波束系统的调查船,其兼备深水回声系统和浅水回声系统,同时还有稳定的声呐导航系统、水文数据回收系统、地震反射轮廓处理模块,设置干/湿式实验室、重力实验室、摄影实验室。1962 年美国建造的"阿特兰蒂斯Ⅱ"号首次安装电子计算机,标志着现代化高效率海洋调查船的诞生。这一时期的海洋调查船的最大特点是出现了自动化、电子化和计算机应用。

第二时期为 20 世纪 80 年代末至今,随着船舶电力推进系统和动力定位系统的逐步推广应用、各种专业科学考察设备的更新换代、科学考察作业和实验室专业化、模块化设计、操控支撑系统自动化、计算机网络化等技术的发展,船舶设计尤其是海洋综合调查船获得了新的设计理念,加之前一批建造的船型有些已经到了更新换代的时间,出现了一批新建的先进海洋调查船。

1984 年美国改装建成了 18 000 吨级的大洋钻探船"决心"号,1997 年美国建成了 3 600 吨级深潜器母船"阿特兰蒂斯Ⅲ"号,2006 年德国建成了 6 300 吨级的冰区综合调查船"玛丽亚·西碧拉·梅里安"号,2007 年英国建成了 5 800 吨级的综合科考船"詹姆士·库克"号,2007 年日本建成了 57 000 吨级的大洋钻探船"地球"号,2012 年俄罗斯建成了"特列什尼科夫院士"号极地科考破冰船,2013 年英国建成了 6 000 吨级"新发现"号,2014 年澳大利亚建成了 6 000 吨级综合调查船"调查者"号,2015 年德国建成了 8 000 吨级新"太阳"号。

随着时代的进步、技术水平的提高、调查仪器设备的更新换代以及海洋调查需求的不断发展,国外新近建造的海洋调查船在船舶自动化、计算机网络化、建造模块化、船型多样化、调查学科专业化和船舶减振降噪等方面均有了较大的发展和创新。

第二章
科考船特征

第一节　科考船功能

　　研究海洋,就必须首先对其进行调查。海洋调查是海洋科学发展的必由之路。海洋上面是大气,这就要调查大气的气温、气压、辐射、降水等。海水下面是海底,岸边是陆地,因而应调查其地质结构。海水中有着种类繁多的生物,就要调查其分布。海洋自身也处在变化之中,其与周围环境的互动还会带来飓风、海潮的危害等等,因而调查的面极其广泛、复杂,包括对水文、化学、生物、气象、地质、声学和地球物理等进行大面积调查、断面调查,乃至连续观测和辅助观察。调查的手段有卫星和飞机的遥感遥测、放置水下仪器、定点浮标、漂浮站自动观察、无人机、无人艇观测乃至以上多种手段的同步综合观测等,但无论如何,最基本、最有效的观察手段仍是科考船的多功能调查。

　　每艘科考船根据任务、服务海域等在船上配备相应的科学考察设备及仪器,执行各种海洋科学考察任务。这些调查通常可分为水体调查、大气调查、海底调查、声学调查、深海调查以及进行底质实验分析、化学实验分析、生物实验分析和遥感信息观测印证。获得的科学考察成果主要有两大类:一类是电子类,主要包括各种数据、声音、图像及视频等;另一类是实体类,主要包括水体、海洋生物、沉积物及岩石等。它们应用于海洋学各个学科的研究,是分析研究的第一手资料。

科考船典型作业如图 2-1 所示。

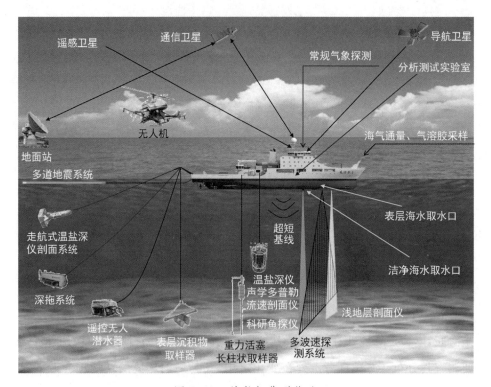

图 2-1　科考船典型作业

一、水体调查

海洋的主体是水体。水体调查包含深度、温度、盐度、透明度、水色和海水测量,以及海发光和海流观测、海浪观测等。水体调查主要是利用定点(点)或走航(面)探测仪器,对调查海域形成以基本海洋水文要素为基础的多要素综合测量,为全面了解和认识海洋表层和深层结构,开展海洋环流动力学、海气相互作用及海洋内波的研究提供技术手段。

水体调查主要包括以下船载探测系统。

1. 温盐深仪探测系统

温盐深仪(conductivity temperature depth,CTD)探测系统,可以对海洋

水体的温度、盐度垂直分布和深度等连续观测，分定点式和走航式，为海洋环流动力学研究提供基础数据（见图2-2）。定点式是由大型采水器搭载CTD传感器，通过船载收放系统下放到海中，可满足科考船对单点的温盐深参数进行观测，并可以对海洋不同水层的海洋生物或海洋化学的水体样本进行采集。走航式以连续测量方式获取多个剖面的物理、化学要素，优点在于可以伴随科考船的航行，对大范围的海面以下剖面进行同步观测。

图2-2   入水前的采水器及其上搭载的CTD探测设备

走航式CTD探测系统又可以分为拖曳式和自主式。

拖曳式是通过常规钢缆或通信钢缆拖动装在载具上的CTD，即通常所说的拖曳式多参数剖面测量系统（moving vessel profiler，MVP）。该载具可通过自带计算机的指令或通信钢缆发出的指令控制拖体自身在海洋中垂直方向上的位置，实现在拖曳航行中的上下运动，进行垂向剖面的观测。

自主式不需要钢缆与船相连，通过自带计算机进行自主控制，实现在目标海区剖面的观测。一般没有动力，主要是依靠浮力及飞翼调整姿态在水下运动,如水下滑翔机。目前也有带动力的,以改善其运动性能。

我国万米深渊观测科学考察团队,科学考察中使用的水下滑翔机,最大下潜深度达 10 619 米,刷新世界纪录。

2. 声学多普勒流速剖面仪探测系统

声学多普勒流速剖面仪(acoustic doppler current profilers,ADCP)探测系统是目前观测多层海流剖面的最有效的方法之一,其特点是准确度和分辨率高,操作方便。可以在走航或锚定情况下对近海和远海水平流速的垂直分布进行观测,用于研究海流的基本规律和变异机制。

该系统分为走航式和下放式两种。目前在科考船上使用较多的是走航式,一般固定安装在船的底部。为了满足对不同深度、强度的海流进行观测,通常一艘船上需要同时安装 3~4 台声学性能特点(如观测频率、层厚)不同的 ADCP。下放式 ADCP 的传感器安装在某个投放式仪器上,随仪器一起捆绑式投放,测量全海深剖面流速流向,在一次投放过程中可测出整个水柱的海流剖面值随海洋深度变化的规律。

3. 表层多要素自动测量系统

表层多要素自动测量系统可在航行条件下全自动测量记录表层海洋化学(pH 值、溶解氧)、生物(叶绿素)、水文(温度、盐度)等参数,其基本系统是一个开放式水路循环舱,舱内安装用户需要的测量传感器和化学分析设备,并进行数据采集、记录、管理和传送。

4. 科研鱼探仪系统

科研鱼探仪系统又称生物储量评估回声积分仪系统(简称"鱼探仪")。例如,超声波鱼探仪,工作原理是利用超声波的发射、反射和接收,通过调频探测出不同水层中海洋生物种类、种群的大小和数量、空间分布、迁移动态和游动速度等。该系统是进行海洋生态学调查研究所必备的仪器,是研究全球海洋生态系统变化及生物资源可持续利用的关键技术装备之一,一般安装于船体底部或可伸出船体的鳍板上。

二、大气调查

大气调查就是对海面上空大气的各个变量进行监测。目前船载调查设备已经能对海气界面、海洋-大气边界层和高空大气进行综合立体观测,通过获取长期、大范围的实测数据以及台风等极端天气情况下的海洋现场监测数据,科学地揭示海气耦合系统和海洋对气候变化的关键调控作用,满足海洋气象环境预报、近海天气预报、气候预测及大气科学有关研究的实际需求。

大气调查的项目主要有:气温、气压、湿度、风速、风向和能见度等。

大气调查主要包括以下船载探测系统。

1. 海面常规气象走航式连续探测与数据采集系统

海面常规气象走航式连续探测与数据采集系统即船载气象站,是海洋考察必备的仪器,它能实时提供并连续记录气温、气压、湿度、风速、风向和能见度等资料,此资料对于考察海域气象状况分析和海气相互作用研究是必不可少的,而且对科考船走航时的气象保障有直接帮助,还可应用于海气耦合模式的建立与验证,气象海洋卫星遥感验证以及气候变化等科学研究。该系统通常安装在科考船最高平台的前部或桅杆上,应尽量避免遮挡物对风速、风向和其他要素测量的影响。

2. GPS[①] 探空系统

GPS探空系统是研究分析大气状态垂直分布特征的设备,能实时提供并记录海面至 30 000 米高空的气温、气压、湿度、风速和风向的垂直分布资料。

为了使传感器能升向高空,需借助气球。气球一般充氢气,称氢气球,氢气比较活跃,为了安全,也有用氦气的。气球上搭载的传感器,把感应到的信息传回到科考船上。气象常规观测一般每天释放搭载传感器的探空气球 2~4 次,也可根据需求适当增加次数。图 2-3 是我国极地破冰船"雪龙"号上的探空气球作业。

---

① 全球定位系统,global positioning system。

图 2-3　我国极地破冰船"雪龙"号上的探空气球作业

3. 海气通量观测系统

海气通量观测系统可提供海洋与大气之间的二氧化碳和水汽交换观测数据，为研究海洋和大气相互作用提供基础数据。海洋和大气之间存在着非常复杂的质量与动量交换，在相互制约和作用的大气海洋系统中，大气对海洋的作用主要是动力，称为动力通量；海洋对大气的作用主要是热力，称为热通量。动力通量和热通量统称为海气通量，它是气候形成和变化的重要机制。观测时应尽量避免航行中的船体对大气的影响，海气通量观测系统一般布置于离主船体较远的前桅上。

4. 在线气体及气溶胶成分监测系统

在线气体及气溶胶成分监测系统可在船舶走航过程中在线监测环境大气中气溶胶和气体中的可溶性成分的含量。系统的分析数据对研究离岸风输运陆地污染物及污染物的来源和海陆风环流对陆地污染物的再次回流输运等问题具有重要意义，该系统一般布置在前桅上。

5. 大气剖面仪

大气剖面仪又称大气廓线仪或风廓线雷达,其作用类似于水体调查设备中的 ADCP,能连续、实时地测量海面 50～3 000 米范围内,不同高度层大气的水平风速、风向、垂直风速以及大气结构常数。系统所获得的数据是研究海气交换、风生环流、海气能量交换、台风、海洋气象和大气波导等项目不可缺少的资料。

6. 云高仪

云在天气系统发展、降水形成和大气辐射传输等物理过程中扮演着极其重要的角色,如果能够及时、准确地获取云的信息,对于天气气候学研究,气象预报、人工影响天气以及国民经济和军事等诸多领域都十分重要。云高仪可通过激光测距技术确定云底高度和降雨时的垂直能见度。

三、海底调查

与海水底层接壤的是海底,一般由固态物质组成。海底调查就是以其为对象的调查,可分为海底地形、地貌与地层剖面调查、海洋地球物理调查、沉积物与底栖生物采集调查。

1. 海底地形、地貌与地层剖面调查

海洋地形地貌与地层剖面调查主要是利用单波束及多波束回声测深仪、浅地层剖面仪、侧扫声呐等设备,以不同频率的声学信号对海底表面和海底以下的地层进行探测,海底地形地貌与地层剖面探测是开展海洋地质学研究的基础工作,为海底矿产资源开发、海洋学研究提供必需的基础环境信息。随着调查精度的不断提高,海底地形、地貌与地层剖面调查已经成为海底构造学、海洋沉积学及深海矿床研究不可或缺的组成部分。

海底地形地貌和地层剖面调查可分为地形、地貌调查和海洋地质取样调查两大类。

1) 地形、地貌调查

地形、地貌调查主要是通过声学系统进行大面积观察,再通过软件处理形成

完整的海底构成图。主要的仪器有多波束测深仪、单波束测深仪、浅地层剖面仪等。

2）海洋地质取样调查

海洋地质取样调查主要是了解海底的海床构成、生物构成。通过对样品的分析测试可知其化学元素的构成以及形成的年代。有的为了保持生物在水底原有的生活环境，采取保温保压的取样方式。

取样作业包括海底拖网作业、无缆抓斗取样、大型重力活塞取样、箱式取样、自主水下航行器或无人遥控潜水器海底取样、海底浅钻等方式。

2. 海洋地球物理调查

海洋地球物理调查主要利用重力场、地磁场对海底以下深部地层结构、地质构造、物质结构进行分析和研究，主要包括海洋重力调查、海洋磁力调查和海洋地震作业调查。

海洋重力调查通过海洋重力仪来调查研究海洋中重力变化规律，可为导弹飞行、航天、地球物质结构研究等提供基础资料。海洋重力调查设备一般安装在船舶中下部。

海洋磁力调查利用海底之下岩层具有不同的磁性并产生大小不同磁场的原理，通过拖曳式磁力仪来调查研究磁场变化规律，研究海底矿床分布和地球物质结构等。

海洋地震作业调查主要利用地震震源系统提供声源，利用水听器接收反射波，再通过计算机软件分析来研究海底的矿床和地球物质结构（见图 2-4）。

3. 沉积物与底栖生物采集调查

沉积物与底栖生物采集调查主要包括海底表层沉积物取样、柱状沉积物和底栖生物取样，获取的样品主要用于对海底沉积物结构、成分、沉积年代以及底栖生物群落进行研究和分析。

4. 海底调查使用的船载探测仪器

1）多波束系统

多波束系统用于海底地形探测。此探测对于海洋地质学和地球物理学研

图2-4　12缆物探船"海洋石油720"号在进行地震作业

究、海上航行安全、油气勘探等具有重要意义。多波束系统采用多阵元、广角度和窄波束定向发射与接收,经过处理和校正,形成宽条幅、高密度水深数据,满足精密地形测绘的需要。与传统单波束回声测深仪相比,多波束系统具有水深100%全覆盖扫测,测量范围广、速度快、测深精度和分辨率高,记录数字化和实时自动绘图等优点。

多波束系统就像一台安装在船底的水下照相机,它可以覆盖以航线为中心线左右2 000千米的范围,完美地还原地形地貌。

多波束系统可分为深水多波束系统和浅水多波束系统,大致以300~400米为界,多波束系统一般采用船底固定安装方式(见图2-5)。

2) 万米回声测深仪

万米回声测深仪主要用于不同科研项目海上调查对水深数据的测量。万米回声测深仪使用了多频技术,适合在不同深度和不同底质海域作业。除了可获得海底水深数据外,还可以得到地形、地貌、底质类型、海底表层软泥层厚度等方面的信息。

图 2-5 多波束系统作业

3）地层剖面仪

地层剖面仪是具备连续走航探测海底地层的仪器。广泛应用于海洋地质科学探测、海洋工程、航道测量等领域。可探测海底沉积、浅层结构及详细的地层分布，为海底科学探索提供最基本数据。根据穿透地层的厚度，可分为浅地层剖面仪和中深层剖面仪，浅地层剖面仪探测深度一般为几十米，中深层剖面仪探测深度为几百米到几千米。

4）海洋地震仪

海洋地震仪是海洋地球物理调查设备之一，可以在海底长期记录天然地震活动，也可以进行人工地震探测。

5）海洋地震勘探系统

海洋地震勘探系统是最重要的海洋地球物理调查设备之一，是研究海底地层学、构造学和海底沉积的有效工具，同时也是勘探海底油气资源和天然气水合物最为重要的手段。船上地震拖缆接收气枪或电火花激发后，海底及海底以下地层的反射信号被电缆接收并传输到地震仪,由记录介质记录并存储。利用经处理过的数据,可以最直观地揭示岩石层的结构,沉积地层的厚度及地层的组成。这对地球圈层结构认知、板块构造演化、油气盆地形成、工程地质勘探、灾害地质分析等具有决定性的作用。

6) 沉积物与底栖生物采集系统

沉积物与底栖生物采集系统用于海底沉积物和底栖生物取样,主要设备有箱式采泥器、蚌式采泥器、多管采泥器、重力活塞取样器以及底栖生物采集系统。不同的底质和采集需求采用不同的取样器。沉积物及底栖生物采集为海洋沉积学、海底环境监测、海洋资源调查研究提供技术保障,为国家安全与海洋权益、地质与资源环境及海洋灾害监测预防等领域提供大量的样品、数据和资料。图 2-6 是海底拖网作业示意图。

图 2-6 海底拖网作业示意图

7) 海洋重力仪

海洋重力仪用于在海上或海底进行连续或定点的重力测量,它是海洋地球物理调查设备之一。重力场是由于地球重力作用产生的场,是地球固有的物理特征。由于地球物质不均匀的分布,不同的海洋地质结构中的重力也不同。了解并测量地球的重力场对认识地球结构、勘探金属矿产资源、航空制导等都有重要意义。一般情况下,海洋重力仪安装在船舶中间底部舱室内,位置尽量靠近船舶漂心,并远离机舱和其他震源。

8) 海洋磁力仪

海洋磁力仪是海洋地球物理调查设备之一,是以海底以下岩层具有不同的磁性而产生大小不同的磁场为原理,用于海上地球磁场测定。测量地球的磁场对认识地球构造、勘查矿产资源和航空导航都有重要的意义。

四、声学调查

声波是海洋中唯一能进行远距离信息传输的载体,海洋声学作为海洋学和声学的边缘学科,向海洋研究方面不断渗透,对海洋研究产生了积极推动作用。近半个世纪以来,海洋声学已成为海洋高科技发展的基础和重要组成部分,并为各类先进的船载声学探测设备的研发和使用提供了重要的数据参数。

相比于大陆架和近岸浅海海域,深远海海域的水声环境特性及其与海洋物理场关系的研究显得更为重要,它关乎国家海洋强国战略和海洋权益,并具有极高的军事利用价值。目前,各个海洋大国都在积极开展水声和海洋学联合数据同化实验研究,而装备先进的声学探测设备是采集高质量声学数据的前提条件。

声学调查主要包括以下船载探测系统。

1. 深海声发射系统

深海声发射系统是研究水声环境特征的主要设备之一,为研究深海水声环境(声传播、混响等)的时间、频率、空间特性与物理海洋场之间的关系提供信源,并为深海主动声探测技术的发展提供技术支持。

2. 水平拖曳阵列系统

作为感知水下声信号的基本设备,水平拖曳阵列系统是一种具有高技术集成的水声环境测量和记录设备,具有孔径大、灵敏度高、精度高、配置灵活、可靠性高等特点,为系统开展深远海环境声学和海洋学调查测量提供最直接的技术支撑。

3. 深海垂直接收阵列系统

深海垂直接收阵列系统是一种具有高技术集成的深远海环境水声测量和水文同步记录设备。该系统的接收性能(中心频率、带宽、灵敏度、工作深度等)直接影响整个声学探测系统获取声学数据的质量。

4. 数据采集系统

数据采集系统是声学探测系统的重要组成部分,用于采集和存储由声学探测设备感知的声学数据,为充实水声环境数据库提供基础。利用声学技术进行大尺度的海洋调查,发展深远海主动声学探测技术,需要长时间、大范围地对海洋环境噪声进行观测和数据采集,因此高采样率、高存储能力、高稳定性、高动态范围的数据采集和存储系统对于声学探测设备来说是必不可少的组成部分。

五、深海调查

按照传统认识,深海极端环境系指在深海中不适合生物生存的环境条件,如没有阳光、高温、高压或低温、高压的环境条件。随着海洋调查的发展、深入,科学家发现在这些环境中,繁育着大量不依靠光合作用生存的极端生物群落。此发现对整个生物学界是一场大革命,彻底改变了人们对传统生物学的认识,对这些极端条件下生命现象的研究已经成为当今生物学研究的前沿领域和热点问题。

对于热液这样的深海极端环境,对其进行深潜观测和取样,是对人类海洋探测技术的极大挑战,人类对深海大洋的认识在很大程度上还是依赖调查设备的先进性。

深海调查设备主要包括以下船载探测系统。

1.深海拖曳系统

深海拖曳系统主要包括实验室监控部分、甲板部分、电缆、拖体部分和安装在拖体上的各种传感器等。作业时拖体部分拖曳于水中,沉放于近海底,通过其搭载的水文动力环境要素传感器和成像系统等,对深海海底进行近距离的地形地貌、浅地层、近海底水体的物理化学参数测量和对海底生物进行观测。图2-7是深海光学摄像拖体。

图2-7 深海光学摄像拖体

2.无人缆控水下机器人

无人缆控水下机器人是当今世界海洋科学考察界关注的一项高集成度的现代新技术装备,能够在水下长时间作业,尤其是潜水员无法承担的高强度水下作业,或在潜水员无法到达的深度和危险环境下的作业。水下环境恶劣危险,人的潜水能力有限,所以水下机器人已成为当今开发海洋的重要工具。

无人缆控水下机器人为海洋调查、海洋开发、救捞、探测、取样以及海底观测网建设、安装和维护等作业提供技术手段，为开展对深海生命现象、地球深部及动力学和海洋新资源等方面的探测和研究提供技术保障。

无人缆控水下机器人一般可分为观察级和作业级。作业级结构更加复杂，通过各种机械臂完成复杂的水下作业。图2-8是"科学"号科考船上搭载的"发现"号作业级无人缆控水下机器人。

图2-8 "科学"号科考船上搭载的"发现"号作业级无人缆控水下机器人

3. 水下自动运载器

水下自动运载器是海洋测量中最现代化的设备之一，最初只用于军事上，近年来开始在民用海洋测量及海洋研究方面应用。水下自动运载器不需要脐带缆，作业水深范围可以从几百米到几千米，运作时间长达10小时以上。在民用领域，可用于铺设管线、海底考察、钻井支援、海底施工、数据收集和水下设备维护保养等。图2-9为科考船"嘉庚"号上施放水下自动运载器。

4. 热液、近底生物幼体、浅底层沉积物保真取样系统

热液、近底生物幼体、浅底层沉积物保真取样系统，可进行深海热液、浅表层沉积物中的挥发组分和嗜压型近底生物幼体的保真采样。热液采样器的最大工作水深为3 000米，近底生物幼体可视控拖曳取样器和浅底层沉积物保真取样器最大工作水深为6 000米。

5. 电视抓斗

电视抓斗是深海有缆可视采样系统的简称，是一种现代化技术集成度高、使用灵活方便的海底观测与采样系统，可以通过抓斗获取

图2-9　科考船"嘉庚"号上施放
水下自动运载器

海底大量样品，并通过自身携带的水下摄像机拍照和录像，观察海底各种现象。

6. 声学定位系统

声学定位系统是科考船必备的基础设备，主要为水下作业设施，如遥控潜水器（remote operated vehicle，ROV）、潜标、拖缆等进行导航定位和数据传输。声学定位系统主要有三种形式：长基线定位（long baseline，LBL）、短基线定位（short baseline，SBL）和超短基线定位（super short baseline/ultra short baseline，SSBL/USBL），或采用以上三种的组合形式。船上常用的是超短基线定位系统。使用时系统部分设备会伸到船底之下一定距离，不使用时则收回船体内。

高精度水下声学定位系统在海洋探测研究、海洋工程、水下建筑物施工、石油勘探与开采、潜水员水下作业、水下考古、海洋国防建设、水下通用定位的信息传输等方面发挥了重要作用。

六、实验分析

1. 底质实验分析系统

底质实验分析系统包括用以进行沉积动力学和通量研究的悬浮颗粒采集测试设备，以及海底沉积物采集、处理、分析设备。

2. 化学实验分析系统

海洋化学要素的观测、研究手段主要依赖于样品采集，实验分析或开展模拟实验，部分要素可用传感器观测或在线观测。观测和研究过程对样品采集、前处理、在船分析、存储条件等要求较高，部分化学要素必须限时在船分析，因此化学实验分析系统是设计科考船时必须考虑的内容。

化学实验分析系统主要用于测定海水盐度、溶氧度等。化学实验分析系统包括实验室空间和分析仪器设备。

3. 生物实验分析系统

生物实验分析系统主要用于采集大、中、小型浮游生物及采集水样或沉积物；测定初级生产力、叶绿素浓度和藻类的光合活性；水体原位实时采集浮游生物图像；对水中的微型浮游生物样品进行快速、准确的分类、鉴定及计数；观察动物、植物、微生物等标本的显微形态等。

部分样品必须限时在船观察、测试分析，其他样品需妥善保存，下船后到陆上实验室进行实验与分析测定。因此生物实验分析系统应考虑样品的采集、处理、保存以及船上分析测试等几个方面的方法和手段。

生物实验分析系统包括实验室、样品采集设备、分析测试仪器等。

七、遥感信息观测印证系统

作为一种三维立体多源观测系统，遥感信息观测印证系统将拓展常规海面、大气测量的参数和范围，同时是印证卫星遥感数据的有效手段，为海洋科学、大气科学、海洋探测技术等科学研究提供技术支持。

遥感信息观测印证系统利用船基测量、无人机观测系统、卫星数据接收处理系统实现海、空、天一体化观测,可获取水下、海面、大气的多源、多维、大范围海洋物理动力和大气环境参数。

该系统的主要设备有海洋光学观测系统,可系统地测量水体和大气的光学性质以及水面及水下的光谱辐射;船载无人机遥感观测系统,可搭载多种传感器,对深海环境进行高时空分辨率的区域化观测;红外辐射计,可测量海表温度;多普勒激光大气剖面探测仪,可连续探测海洋大气边界层风场、气溶胶和对流层云剖面结构;卫星数据接收处理系统,可实时接收处理卫星数据,为科考船提供天气决策支持信息,自动接收、处理、显示作业区域周边海洋大气参数等。

我国在 1988 年 9 月发射的第一颗气象卫星上载有五通道扫描辐射计,并设置了两个海洋水色通道。之后,又发射了"风云二号"海洋卫星,将进一步推动我国的海洋观测和研究工作。

第二节　科考船功能要求

海洋科学考察是国家由海洋大国走向海洋强国的重要战略任务。为了全面了解海洋,科考船每次出航的任务都不尽相同,每一个海洋科研单位的研究重点也不相同。科考船船型设计的根本是满足用户的不同功能要求。无论哪一类科考船,其最基本的要求都是:安全性——结构坚固,抗风能力强,在恶劣海况下可安全作业;操控性——操纵灵活、适中的航速和良好的船位调控性,良好的稳性和耐波性,可靠的甲板收放作业能力,以保证测量的精确和数据的重复性;适航性——优良的人员乘用舒适性,良好的适航性和抗风能力,以便可在规定的各种天气、海况下安全航行于各海区,完成其担负的科学考察任务;环境适应性——振动和噪声低,能有效保证声学仪器设备正常工作,充足和完备的供电能力,良好的电磁兼容性,环境友好;兼容性——适应完成不同任务,并兼顾可临时搭载多用途平台,以保证不同学科的研究需求;经济性——低油耗、优化的续航力和自持力,满足投资规模和设计的排水量或总吨位,并具备一定的可扩展能力。

新建一艘科考船,要想发挥该科考船的船舶平台优势,就要力求准确把握该船的功能要求。一般从下面几个方面考虑。

一、性能要求

科考船应具备适当的稳性,足够的续航力和自持力,有良好的耐波性和减振降噪特性。一般科考船出海航行一次的时间都比较长,如去南极一次来回要半年时间,其中一半时间是在海上度过的,要求在大风大浪中能保证安全航行,因此设计时一般要求稳性和抗风能力高于常规船舶。

二、线型要求

科考船的性能与船型、主尺度有密切关系,特别是船长/船宽比(L/B)、型宽型/深比(B/D)、型宽/吃水比(B/T)。对甲板宽度及耐波性有一定要求,不需要很大的船长/型宽比(L/B)。早期的科考船,每次出航一般与军船伴航,因军船速度快,所以,早期的科考船长/宽比(L/B)比较大,线型较为瘦长。后来科考船可以单船出航调查,为了更好地给船上科学考察设备提供支撑,L/B越来越小,增大了甲板面积,提高了稳性,使海上调查作业更平稳。

科考船的经济性分析和主尺度论证是针对船舶各项技术经济指标的反复论证和优化选。此外由于科考船是大量科学考察设备和测量仪器的平台,因此科考船的线型设计除了考虑快速性外,应特别关注艏部线型优化与声学设备的匹配问题,还要关注耐波性和适航性。船型分析和线型设计是相互关联的,不同船型和线型决定了不同的快速性、耐波性等船体性能,还将影响船底声学设备的工作效果,推进器选型和主机配置等,因此,在船型分析和线型设计中,必须抓住关键,优化平衡。

新型科考船线型具有小长宽比、小方形系数、艏部外飘、舭部圆滑、整个线型向上扩大、短平行舯体、平底、方艉等特点。同时,如设有艏侧推装置,为防止气泡对声学设备的干扰,一般艏侧推装置的出流端线型需特殊考虑,此外在线型设计之初就应密切关注底部声学设备的大小和安装方式,以免因为设备的非嵌入式安装对航速的估算产生较大偏差。如果设定的多波束回声测深仪外形尺寸超出了嵌入式安装的限定线型,则必须尽早从传统导流罩式、悬挂式等形式中选定多波束回声测深仪安装方案。悬挂式安装方式会给结构设计、船厂施工、进坞维修带来麻烦,附体阻力也较大。嵌入式安装方式较好,但会对多波束回声测深仪的测量角度和探测深度有所限制。若采用传统导流罩安装方式,则罩体形成的涡流既影响多波束回声测深仪测试效果,也增加了附体阻力。基于声学换能器受船体边界层和波浪航行气泡影响的机理,中国船舶及海洋工程设计研究院的研发团队对船首形式、艏部线型斜升、多波束形状等创建了多个船型方案,将"传统导流罩"与"嵌入式"两种安装方式结合,反复对比和优化型线方案,用计算流体动力学(computational fluid dynamics,CFD)对全船线型进行计算和优化,最终通过线型趋势的变化,建造了一个融入整体流线但局部宽度逐渐鼓出来的"新型导流罩",这项"船型经济性与多波束防气泡干扰一体化设计技术"是科考船船线型设计的关键技术,该设计经试验验证获得成功,已在同类船型上推广应用。

三、安全要求

按照规范,科考船既不属于客船,也不是海洋工作船,而是一种特殊强调海上作业能力和科学考察实验能力的布置型船舶。此种船舶按照《国际海上人命安全公约》(International Convention for Safety of Life at Sea,SOLAS)及国内法定检验规则的规定,一般属于特种用途船,应满足特种用途船安全规则的要求。

四、电力推进

科考船为完成各种科学考察任务,在海上的工况复杂多变,有些科学考察项目要求科考船原地不动,有些项目要求船低速航行,有时要求全速航行。科考船在出航时要求尽快到达科考测点区域,速度要求快,而进行拖曳作业时,航速只要 2~4 节即可。低速工况对主机影响很大,主机效率也会下降。过去没有电力推进时,科考船的低速航速是由小功率辅助动力装置或主动舵或变螺距螺旋桨实现的。

电力推进系统出现后,由于推进电机的布置位置没有特殊要求,哪里都可放,因此,把螺旋桨与转向机构结合起来就可解决向各个方向发出推力的问题。

目前在科考船上采用的推进形式主要有三种:轴桨推进、吊舱桨推进、全回转舵桨推进。将推进电机和螺旋桨放在水中,转向齿轮放在船舱内,这种推进器叫吊舱桨推进器。推进器安装在一个吊在水中的小舱内,小舱可通过转向齿轮实现 360 度旋转,因而可以发出各个方向的推力(见图 2-10)。

图 2-10 吊舱桨推进器

吊舱桨推进,操纵性好,可实现全方位推进,使得船舶在快速反应及紧急情况下的操纵性能人幅度提高。吊舱桨推进是依靠水卜电机带动同轴螺旋桨,与螺旋桨直接连接无须减速即可实现推进,中间不存在机械传动,所以,机械振动噪声相对较小。吊舱推进器因其结构简单、转向方便、占用空间小,目前在电力推进的科考船中应用越来越广泛。

全回转舵桨推进器是将推进电机放置在船内,只把螺旋桨放到水下,转向齿轮放在推进电机与螺旋桨之间。根据推进电机在船内是立式的还是卧式的,分别称为 L 型推进器和 Z 型推进器。L 型推进器只有 2 根轴,两轴之间成直角;Z 型推进器有 3 根轴,上下 2 根轴互相平行,中间的轴垂直(见图 2-11)。

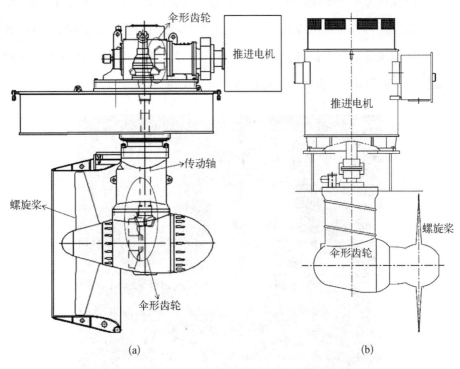

图 2-11 Z 型推进器和 L 型推进器
(a) Z 型 (b) L 型

全回转舵桨推进器采用了更多的伞型齿轮来实现不同角度之间轴的传动,实现 360 度旋转,结构更复杂。全回转 L 型推进器经常作为辅助推进器使用,一般安装在科考船的艉部,在不使用时可以收藏于船体内部,称为伸缩式推进器,伸缩方式常见的有两种,为套筒式的上下伸缩,以及折叠式的前后伸缩(见

图2-12)。槽道式侧向推进器是将L型推进器去掉转向齿轮后固定安装在水下船体预先开的一个贯穿左右的洞里,通常称为"侧推"装置。

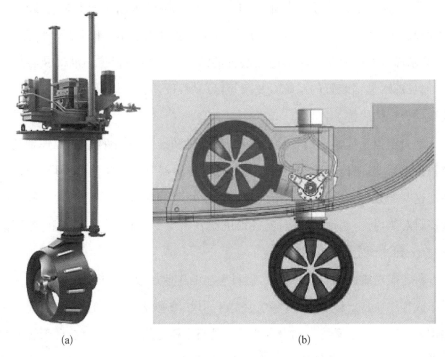

(a)　　　　　　　　　　　　　(b)

图2-12　两种伸缩方式的伸缩式推进器
(a) 套筒式的上下伸缩　(b) 折叠式的前后伸缩

五、动力定位

船舶要在海上定位一般是依靠锚泊系统来完成的。常见的是在艏部左、右舷各设一个锚,锚抛出后,锚爪抓住海底,通过锚链或锚索与船连接,从而把船"系"在某个位置。但是这种定位存在两大缺点,其一是只能在浅水中使用此法,水深不超过80米,一般为50米左右;其二是定位不准,容易走锚。因此,对有定位要求高的船舶,如海洋平台,会在两舷、艉部再增设几个锚,以增加船舶的定位精度。

在动力定位出现之前,科考船如要求在深水中定位,当时只有依靠另一种抛锚形式,即深水抛锚。深水抛锚原理上和一般抛锚一样,所不同的是由于水深增加后带来很多不利的因素,如外力计算方式、锚和锚索的选型,水深后,锚链太重,只能用钢丝绳等。我国建造的第一代无限航区综合调查船"实践"号,设计安装了 500 米深水抛锚装置,远洋科学调查船"向阳红 10"号设计安装了1 000 米深水抛锚装置。深水抛锚装置的致命弱点也是定位不准确及容易走锚,而且深水抛锚装置的系统太复杂,且可靠程度差。所以,使用时间较短,很快被动力定位代替了。

动力定位系统主要由各种传感器、计算机和推进器部件组成,原理是利用位置传感器、航向传感器、姿态传感器、海流传感器等仪器实时测得环境参数,并把这些参数、信息及时传输给计算机进行处理,再将其与储存的预定停泊位置资料对照,找出差别,并及时向各推进器发出指令,调整其推力,实行差别修正,直至到达预定停泊位置。

科考船对航速没有太高要求,但科考船的作业如数据采集、水体采样、深潜器布放等作业需要精确定位,为减少受海洋风、浪等复杂环境的影响,新建科考船均安装动力定位系统。动力定位系统是当今科考船的一大特色,此系统无须借助锚泊系统定位,系统可自动检测船位与预定位置的偏差,再根据风、浪、流等外界动力的影响,计算出使船舶恢复到预定位置所需要的推力,并将此推力分配到各推力器上,各推力器发出不等的推力,使船舶尽量保持在预定位置上。动力定位按不同的冗余分为不同等级,高等级动力定位即使系统中部分设备损坏,也不影响船的定位能力。

六、减振降噪

振动和噪声影响船上人员生活和设备的正常运行及使用寿命,所以减少振动和噪声是所有设计和建造船舶的工程人员所追求的。科考船上安装了水体探测系统、大气和空间天气探测系统、生物研究和采集系统、声学研究和水下通信系统、遥感数据现场验证系统等,船上搭载多种用于探测的设备、精密仪器、仪表及众多依靠声音传递信息的声学设备,这些设备、仪器对工作环境的要求较高,实验室及居住舱室的振动和噪声直接影响到科学考察设备的正常运行和船上人员的生活舒适性,所以科考船对船舶振动和噪声的要求均高于运输船和工程船。对于科考船来说,减振降噪是一项重要的系统工程。

船上噪声来源主要有水动力噪声、机械噪声和推进器噪声。

水动力噪声强度和航速的 5～6 次方成正比,当航速增加一倍时,水动力噪声增加 15～18 分贝。当航速大于 12 节时,水动力噪声才会影响到船舶的水下辐射噪声。而科考船水下辐射噪声考核工况的航速通常为 8～11 节,所以水动力噪声不是主要噪声源,对水下辐射噪声影响不大。另外,由于水动力噪声与船体线型及水下附体线型有关,所以应尽量使船体光顺,减少在船体上开孔,或减小附体的数量及尺寸,并优化设计突出在船体外部的各种换能器舱及导流帽线型,艏侧推装置的封闭盖与船体线型间要有良好的过渡等。

船舶正常航行状态所需的机电设备及动力传动系统的振动传递到船体结构、引起的结构振动和水下辐射噪声,即为机械噪声。在静音航行工况下,机械噪声是全船噪声的主要来源。对于这些噪声要从源头上抓起,一方面要求机械设备供应厂商严格控制其产品的精度及验收标准,另一方面根据各设备的使用特点,安装时采取合理的减振降噪措施。

推进器噪声是船舶在高速航行时螺旋桨产生的噪声,是船舶的主要噪声源之一。可通过降低螺旋桨转速,降低叶片负荷及提高螺旋桨的加工精度等办法来减少噪声,如采用静音螺旋桨。

为了取得较好的减振降噪效果,在船舶设计和建造初期就应对船舶自身振动和噪声水平进行分析论证,从设计源头出发,开展振动及噪声的预报分析,提出控制振动和噪声的具体措施,从船体结构、推进系统、舱室布置、机械设备选型、空调通风系统设计等方面进行综合考虑。如柴油发电机组可使用浮筏或双层安装,可减少柴油发电机组的振动向船底的传递;在排气管路中设置消声器,降低柴油发电机组的排风噪声。风机及空压机组采取弹性安装,风机采用流线型出风口,涂装吸声材料,排气管选用拉撑和弹性支撑;风机及风道采用隔离间,发电机基座涂装阻尼材料,机舱两舷、前后舱壁及顶板涂装阻尼材料,这些措施均可以降低船舶的振动和噪声。

第三节　科考船总布置要求

一、总布置

作为专用的船舶,科考船在船舶的性能和总布置等多方面较之运输船舶有更高的要求和特殊的考虑。科考船总布置应体现人员流、样品流和数据流的合理布局,应具备较宽敞的工作甲板和实验室空间,能满足包括科学考察人员在内的全船人员长期海上工作和生活的需要。为适应海洋作业的探索性和专业综合性,应尽量考虑模块化转换和可扩展能力。按现代科考船设计原则,在满足法规要求的前提下,做到科学考察功能的最大化,兼顾船舶系统与科学考察系统的平衡,适当考虑船上人员居住的舒适性。甲板和实验室布局应考虑综合利用和互换性,同时使全船的"甲板作业面积/排水量"和"实验室面积/排水量"的单位指标达到先进水平。

船舶科学考察系统是船舶探测实验系统的平台,在设计论证前期,设计单位就应与用户一起就船舶将来所承载的任务使命、船载设备和安装要求、海上作业工况和操作流程、实验室功能和空间划分、模块化设计和未来改装预留等情况进行反复讨论和船型分析,最终为使用单位设计出能充分地实现调查功能和最大限度地提高调查效率、精度和稳性的船型。

科学考察系统的总布置应结合国际上主流科考船的发展趋势,一般采用烟囱左置,右舷L形主流布局,实验室采用干湿通用实验室加专业实验室的方案,此外,艉部作业甲板需预留较大的低干舷作业空间,既有利于科学考察作业的操作和将来的空间扩展,同时甲板预埋的紧固件又能为将来集装箱式实验室上船安装预留空间。科考船提供的船首科学桅及船中部的升降鳍板均为科考船的科学考察作业提供了保证。

科考船上的人员比除客船以外的其他民用船舶都要多,与一些货船相比,科考船的吨位相对较小,还要配设大量的实验舱室。因此,要想在较小的空间里改善众多人员的生活条件和工作条件是比较困难的,与其他船型相比,科考船上的生活条件相对简陋。并且科考船一般在海上航行时间也比较长,在满足科学考察调查需求的前提下,一般采用两种方法来改善人员的生活条件,一种方法是尽量扩大人均住房面积,增加生活中需要的设备配置,以提高人员的生活方便性和舒适性,但这样导致公共场所种类少且面积小,如仅设多面功能厅,不工作时,就在居住舱室内活动;另一种方法是居住舱室面积和设备配备满足《国际海事劳工公约》(maritime labour convention,MLC)规范要求即可,船上设较多公共场所,如健身房、阅览室、咖啡厅、影像室等各种休闲娱乐场所。闲暇时,要求大家到公共场所去放松身心。

二、实验室及其特殊装置

1. 实验室

实验室是科考船进行科学实验活动的主要场所,是科学家和科学工作者的工作处所。目前的科研调查趋势越来越着重于现场分析,实验室的种类和功能都已经发生了翻天覆地的变化,海上实验室能够完成的实验种类已经可以和陆上的实验室相媲美,而海上实验室更为紧凑的布置、多单位、多学科的综合交流和数据的"新鲜度"都是陆上实验室所无法比拟的。随着网络技术的日新月异,海上实验室的工作效率和成果的准确性都已经有了飞跃式的发展,在不久的将来,海上实验室将会超越陆上实验室成为海洋学术成果的主要诞生地。

1) 实验室布置

实验室是船上进行各种室内实验的集中场所,这些实验室一般配有为各种海洋学科服务的精密仪器。实验室一般尽量集中安置在一层甲板上,通常分布于主甲板中后段。根据支撑系统、作业区域以及科学考察过程中采用不同的作业方式时的样品流、人员流、数据传输流的综合流向,综合考虑样品采集、分发、处理的便捷性、高效性、安全性,实验室所在区域应尽量靠近各自作业点,各流向的路径最短。根据实验室内部功能综合性、通用性和适用性的特点,设计大面积通用实验室,使其使用率达到最优。根据不同科学考察项目的需求,在实验室装备通用和专用实验设备,并划分排他性的工作区域,使实验室的空间综合利用率达到最大。

2)实验室分类

实验室可分为通用实验室、专用实验室和集装箱实验室。通用实验室一般面积较大,适应多学科科研需求,内部布置具有可替换性,可根据不同科学考察航次灵活布置。专用实验室一般是针对特定学科、特定研究内容设置的实验室。集装箱实验室是为不常用调查项目和实验仪器设置的实验室。

通用实验室的定位是一个多功能工作空间,可用于临时存放、分样和处理来自工作甲板的样品,包括地质样品、沉积物、捕获的浮游生物和鱼类等。

科考船上的实验人员来自大气、水体、生物、地质等不同的学科,在同一航次同一时间段内不大可能出现各个学科同时利用实验室的情形,每个学科都保留一定面积的实验室,会造成面积浪费,实践证明,多学科共享大面积的实验室是比较高效的做法。所以目前科考船上除了一些特定功能的实验室之外,都会设置面积较大的通用实验室或综合实验室,对于较大吨位的科考船还会设置多个大型通用实验室,这类实验室的内部并没有安装特定的仪器设备,却预留了可以安装各类设备的接口,真正做到即插即用。有些科考船的实验室面积很大,实际使用时会使用软隔断分成不同的工作场所,以供不同小组和不同专业使用,避免相互干扰。

通用实验室还可以分为通用干式实验室和通用湿式实验室,或者不做严格区分合并为通用干湿实验室。通用干性实验室和通用湿性实验室的最大区别是通用湿性实验室会处理带有水分的海洋样品,所以其地面、家具和电气都应该考虑防水的要求。通用实验室内一般要留有走道并设置净开口尺寸较大的门以保证大件样品便利进出。图2-13是我国近年建造的综合科考船"科学"号上的通用实验室。

图2-13　我国近年建造的综合科考船"科学"号上的通用实验室

由于通用实验室存在人员和环境杂乱等缺点,所以承担特殊实验任务、安装精密实验仪器的场所会被独立出来单独设置一间实验室,即专用实验室。这些实验室主要有:大气实验室、走航海水分析实验室、温控实验室、地球物理实验室、重力仪室、电子实验室(见图2-14)、洁净实验室等。

大气实验室的主要功能是进行大气科学实验,是所有大气传感器的终端,也是气象采集装置的终端,一般还兼做卫星遥感的终端。有些科考船将大气实验室细分为海气通量实验室,大气环境实验室或大气探测实验室等。

走航海水分析实验室的主要功能是在船舶走航状态下测量表层海水的特征,是表层多要素测试仪器的终端和分析中心。

图 2-14　电子实验室

重力仪是测定重力的专用仪器,重力仪室的温度、湿度有一定要求,重力仪室一般布置在船舶漂心附近。

集装箱实验室是一种临时装船的实验室,科考船在不同航次要执行的科学考察任务是不同的,有的任务需要一些特殊的实验仪器,如果对船上实验室进行反复改装显然得不偿失。集装箱实验室可以适应特殊任务、特殊设备上船的需求,集装箱实验室由于成本低、使用方便,因此在大部分科考船上都预留了一些集装箱实验室的空间,集装箱实验室上船固定好后即可使用。当然,集装箱实验室需要与科考船有一定的接口,如冷/热淡水、海水、压缩空气、电力、网络等接口。

2. 实验室的特殊装置

1) 地脚螺栓

地脚螺栓是一种嵌入甲板的螺栓底座,在开阔的工作甲板、车间或者实验室内呈矩阵状布置,具有很强的通用性,可以用来安装、固定、绑扎临时上船的科学考察仪器设备(见图 2-15)。

图 2-15　利用地脚螺栓绑扎临时上船的科学考察仪器设备

地脚螺栓如果仅仅用来临时绑扎、固定普通轻型仪器设备的话不会受到特别大的力,就不需要特别进行受力计算。如果地脚螺栓用于固定跨舷作业的重型设备,就需要进行相关的计算校核工作。

2）C形槽

设置在实验室内舱壁和天花板上的一种类似于轻钢龙骨的筋条,可以用于临时挂、装仪器设备,方便实验室功能切换（见图 2-16）。

C形槽主要承担的负载有显示器、主机箱等,负载不大,但考虑到船舶在高海况下的摇摆会带来惯性力,所以在安装C形槽时,应尽量将C形槽和内装板的安装龙骨连接在一起并焊接到结构骨材上,这样可以增加C形槽的强度和刚度。

3）飞缆托架

由于科考船的可扩展性,不同的航次会增加不同的科学考察任务,不同的区域会增设不同的仪器设备,而这些仪器设备都需要电源、信号等电缆,由于未来装船设备的不可预知性,这些电缆不能事先预埋,飞缆托架就是为了方便固定临时拉缆而设置的托架（见图 2-17）。

图 2-16 利用 C 形槽安装的主机箱和显示器

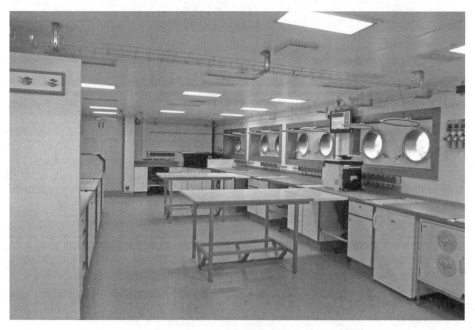

图 2-17 实验室顶部的飞缆托架

三、作业甲板布置

作业甲板是在科考船上进行室外作业的主要场所,一般分为艉部作业甲板、罗经甲板和艏部甲板作业区。

1.艉部作业甲板

艉部作业甲板是船上露天科学考察作业的主要场所,绝大部分的收放系统布置于此。一般按左右分区的原则布置。科学考察作业一般在右舷,将所有排水、排气等管路尽量集中布置于左舷,左舷一般用于常规船舶操作(如工作艇收放)、ROV 及拖曳式声学设备的收放。艉部作业甲板应宽敞无阻碍,尽量减少凸出物。系泊设备通常采用紧凑的立式绞盘,甚至可拆式。有些船的舷墙、带缆桩等也采用可拆式。

艉部作业甲板一般全甲板设置地脚螺栓。常用的集装箱实验室位置处设专用箱脚,临时上船的集装箱采用地脚螺栓系固。工作区应设置必要的水(海水/淡水)、电(电力及传输信号)、气(压缩空气/特种气体)的接口。

艉部作业甲板自前向后一般布置如下:

(1)主吊:起吊能力最强、吊臂覆盖范围最大的吊机,用于工作艇收放、科学考察备品备件及集装箱实验室吊运等。

(2)艉操控室:因其外形经常是八角形带八面玻璃结构,又称"八角楼"。在艉操控室作业操控台上设置了船上所有绞车、A 型架、重力活塞取样等设备的控制装置,墙壁上悬挂显示屏,显示和监控绞车舱内的绞车、甲板上起吊设备的运转工况,以及入水设备的姿态。艉操控室一般拥有 360 度的观察范围。有的科考船,在艉操控室里还会安装一套船舶驾控系统,可以直接操纵船舶。艉操控室已成了综合性科考船的"标配"。图 2-18 为科考船"嘉庚"号上的艉操控室。

(3)艉部 A 型架:吊架可承受的负荷最大,可用于深海低速时拖曳大型拖体。A 型架收藏状态时一般处于与工作甲板垂直的直立状态,只有在作业(舷外)或检修(舷内)时才处于与甲板接近齐平的状态。

图 2 - 18　科考船"嘉庚"号上的艉操控室

2. 罗经甲板

罗经甲板主要用于大气作业和天空遥感,一般设地脚螺栓,备有水、电、气等接口。罗经甲板一般设置用于海洋生物观察用的遮蔽区、大气采样设备、移动式绞车、各种天线及雷达等。一般情况下,罗经甲板面积尽可能大,方便今后加装电子设备。如有可能,在罗经甲板上设观察室,为大气生物等学科的科学考察人员观察创造有利条件。在罗经甲板两舷侧也可设置支架以满足一些仪器设备对海面、冰面等观察的需求。图 2 - 19 为"东方红 3"号的罗经甲板天线布置。

3. 艏部甲板作业区

艏部甲板作业区具备存放和布置无人机起降、放置生物培养槽、可移动实验室等功能,甲板上应设置地脚螺栓和集装箱箱脚以及水、电、气等接口。对于有大气采测作业的科考船,前桅(又称为科学桅)顶部应设置采样平台(见图 2 - 20)。由于此位置最先接触海上的气流,并远离上层建筑,所以海气通量、大气采样、海浪波高等采样测量设备均布置在采样平台上。在桅体内或下层甲板内布置相应的气象或大气实验室。因艏部甲板作业区没有大型吊架和设备,也没有像罗经甲板上的众多天线,所以艏部甲板作业区还是无人机起降的优良处所。

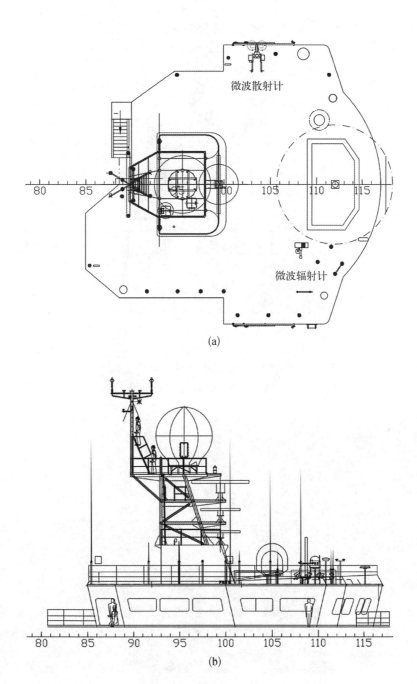

(a)

(b)

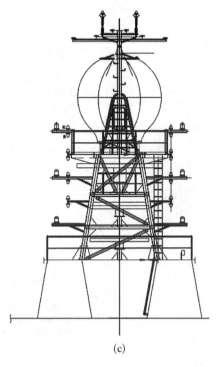

(c)

图 2-19 "东方红 3"号的罗经甲板天线布置

(a) 俯视图 (b) 侧视图 (c) 前视图

图 2-20 "嘉庚"号艏部的科学桅

四、科考船辅助舱室

科考船辅助舱室主要有绞车舱、科学考察设备间、声学设备舱、工作间等。

绞车舱主要用来布置不需要设置在露天甲板上的科学考察绞车,除绞车外,一些作业支撑系统的附件,如变频器、刹车电阻、液压泵站等也会布置在这里。庞大而又笨重的机械类设备布置在舱内带来的好处是不占用船上作业甲板有效使用面积,提高了甲板使用面积和安全性,同时也使得船舶的外观更加美观。

科学考察作业中除大型绞车外,存放地震空压机、科学考察采水泵等设备的舱室统称科学考察设备间。这类舱室大都布置在机舱或者辅机舱附近。

声学设备舱内布置有将水下换能器的声信号转化为可以远距离传输电信号的设备。因声学设备与换能器的电缆越短,声信号的品质越好,所以声学设备舱距离换能器不应太远。

工作间又称预处理工作间或遮蔽作业甲板。对于比较注重 CTD 采水器作业的科考船会单独设 CTD 采水间,对于设有月池系统的科考船,可以单独设月池系统工作间。

由于工作间是设备存放、样品预处理等的空间,是全船样品流的重要节点,所以要考虑工作间的空间利用率,做到既不能影响设备、样品的移运路线,又不能缺少存放空间。有的工作间还设置维修工作台、配备台钳、台钻等设备,用于对仪器设备、耗材等的加工和组装。

第四节　科学考察作业支撑系统

科学考察作业支撑系统主要包括科学考察绞车设备和科学考察收放设备,它是科考船的核心系统之一。科学考察调查作业时,绞车设备和收放设备往往需要配合使用,协同操作,使探测设备能安全、平稳地在船舶和海洋之间进行转运和收放等作业,从而为海洋研究工作的开展,特别是水文、生物、地质研究等提供保障。

一、科学考察绞车

科学考察绞车系指用于存储和收放科学考察作业用缆绳的各种类型绞车的总称。向海里投放的各种科学考察设备,大部分是通过各种缆绳释放入水的,它们有的仅起到连接作用,不传输信号;有的还向科学考察探测设备传输电力和信号。这些缆绳平时收放和存储在相应绞车上。按不同分类方法,绞车可分为如下类型。

按作业类型的不同,可分为地质绞车、深拖绞车、电视取样绞车、水文生物绞车、CTD 绞车、ROV 绞车、地震炮缆绞车、地震电缆绞车(见图 2 - 21)等。

图 2 - 21　地震电缆绞车

按缆绳种类的不同,科学考察绞车可分为钢缆绞车、纤维缆绞车、同轴缆绞车、光电缆绞车等。

按装船形式的不同,科学考察绞车可分为固定安装式绞车和移动安装式绞车。固定安装式绞车如地质绞车、深拖绞车、同轴缆绞车、CTD 绞车、水文生物绞车等。移动安装式绞车如 ROV 绞车、地震电缆绞车、地震炮缆绞车、拖曳式多参数剖面测量绞车、磁力仪绞车等。固定安装式绞车系指通过焊接或螺栓连接的方式,固定安装在船上的绞车,按安装位置又可分为绞车舱集中安装形式和甲板分散安装形式。图 2 - 22 是安装在露天甲板上的绞车。一般能进绞车舱安装的尽量进舱安装,这样有利于设备的保护和维护。移动式绞车一般采用螺栓固定或集装箱脚固定,由于这种形式绞车安装和拆卸相对简单,因此,对于因航次临时增加的调查项目所需要上船的绞车均用移动式安装方式。

图 2-22 安装在露天甲板上的绞车

按工作功能的不同,科学考察绞车可分为储缆绞车和牵引绞车(见图 2-23)。按牵引形式的不同,科学考察绞车可分为组合绞车(储缆+牵引)和直拉绞车。按驱动形式的不同,科学考察绞车可分为液压绞车和电动绞车。

二、科学考察设备收放系统

科学考察设备收放系统主要指用于探测设备吊运、投放和回收的各类起重和作业设备。在一般情况下,收放设备都需要与绞车系统互相配合,实现对船载探测系统的有效操作。科学考察设备收放系统主要包括 A 型架、科学考察吊机、CTD 吊机、柱状取样装置、月池系统、升降鳍板、移动收放设备等,图 2-24 是某科考船艉部甲板上的科学考察设备收放系统布置。

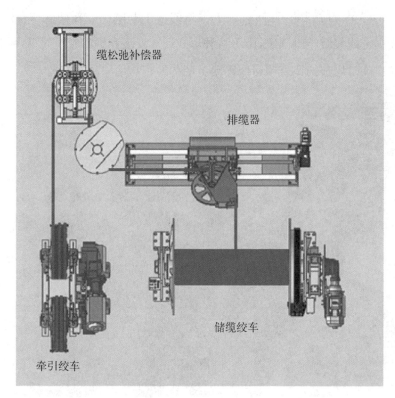

缆松弛补偿器

排缆器

储缆绞车

牵引绞车

图 2-23　牵引绞车

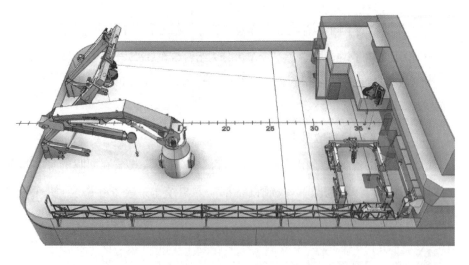

20　　25　　30　　35

图 2-24　某科考船艉部甲板上的科学考察设备收放系统布置

1. A 型架

A 型架(见图 2-25)是最重要也是最常见的科学考察收放设备之一,主要用于辅助在船尾和舷侧的科学考察作业,因此,一般设置在船尾或舷侧,用于水下探测设备的收放。A 型架有各种形状,如只有一个撑腿就变成了 L 型架(见图 2-26),顶端横梁向两侧延伸就是 π 型架。一般有可伸缩/不可伸缩、可折臂/不可折臂、带止荡架/不带止荡架多种形式。A 型架一般由承重架结构、变幅油缸(包括伸缩油缸、折叠油缸)、滑轮组、辅助绞车、控制系统、液压泵站、止荡架等组成。

图 2-25　"科学"号艉部 A 型架

对于可伸缩式 A 型架,伸缩油缸可以使承重架结构在作业时得到延伸,实现增加吊高和扩大舷外跨距;对于可折叠式 A 型架,折叠油缸可以使承重架在收藏时处于折叠状态,从而大大减小占用甲板的空间。对于变幅角度范围较小的 A 型架来说,为保证探测设备在舷外安全平衡的收放,止荡架是不可或缺的重要部件,它能够有效地降低设备在起吊时因船舶运动而产生的摆幅。

图 2-26　科考船上的倒 L 型架

　　A 型架作业过程都要经过起吊、外摆、布放三个环节，也就是挂主吊缆，包括：提缆、挂钩等动作；把 A 型架外摆到舷外；然后松缆、脱钩，将设备布放到海里。其中，提缆、挂钩、松缆、脱钩等动作尤为关键，要求各环节衔接得当，否则可能使设备失控而产生摇摆或碰撞，造成设备损坏，甚至危及甲板上人员的安全。

　　A 型架顶端通常配置滑轮组和辅助绞车。滑轮组用于缆绳的导向，它将 A 型架和科学考察绞车紧密地联系在一起，实现两者间有效的协调配合作业。辅助绞车在设备收放时可进行辅助作业。大型 A 型架的侧面和顶端设置爬梯和护栏，便于检修和更换绳索。还有的 A 型架设计成可倒式，可平倒放于甲板上，优点是方便检修和更换绳索，缺点是会占用更多的甲板面积和需要更大的动力源。

　　在艉部 A 型架下方通常还会设置一个长长的滚筒装置，利用滚筒滚动，可以尽量减少摩擦力，便于将设备放入海里和回收到甲板上。在设备拖曳时，钢缆倚靠在艉部滚筒上，滚筒会随着受力情况自由转动，避免了钢缆的摩擦损坏。为了避免设备收放时被卡在船底或船舷，或被舷边结构割断，科考船艉部的转折处通常被设计成圆弧形，起到很好的保护作用。

2. 科学考察吊机

科学考察吊机是最常见的科学考察收放设备之一，这里的科学考察吊机系指一般的通用型吊机，不包括类似 CTD 专用设备等的吊机。科学考察吊机可用于各类探测设备、辅助设备、集装箱等的甲板转运，操作灵活、活动范围大、适应工况多，是科考船必不可少的设备。也可辅助进行探测设备的舷侧收放作业，它们大小不同、分布位置不一，既可单独使用、又可互相配合，以满足不同的使用要求。可根据需要布置在船首、船中和船尾不同区域。

为抵抗海上风浪带来的各种颠簸，吊机通常需要考虑动态补偿设计，补偿设计可分为几种类型：恒张力、被动补偿、随动补偿、主动补偿。

恒张力是最简单的补偿方式，主要是对比缆绳实际张力和设定张力的差异，通过缆绳卷车的收放来实现补偿。被动补偿主要通过压缩空气来驱动液压油缸，依靠液压油缸的伸缩来实现缆绳的快速收放，从而实现补偿功能，该方式较恒张力方式的补偿响应速度更快。

随动补偿是吊机上带有主钩和补偿钩，补偿钩与探测设备连接，开启补偿功能时，补偿钩随着探测设备和船的相对运动进行缆绳的收放，此时主钩将保持与补偿钩同步，也同时相应地进行缆绳的收放，从而实现补偿功能。

主动补偿是技术含量最高，也是最有效的补偿方式，通过船舶运动姿态传感器获取船舶运动实时信息，并根据船舶运动状态来控制缆绳卷车的收放，从而实现补偿功能。

科学考察吊机一般有折臂式（见图 2-27）、伸缩式和伸缩折臂式（见图 2-28）等类型，伸缩折臂式科学考察吊机的最大优点是可有效节约甲板空间，伸缩式科学考察吊机有筒体式伸缩科学考察吊机和甲板卧式安装伸缩式科学考察吊机两种。

图 2-27　折臂式科学考察吊机

图 2-28　伸缩折臂式科学考察吊机

CTD吊机系指专门用来收放带CTD采水器的一种吊机,主要用于CTD采水器在船侧收放作业。有时也可兼做生物垂直拖网和水文调查取样作业,形式有舱内安装式和室外甲板安装式。舱内安装式CTD吊机,CTD采水器进出水面一个动作完成,操作方便高效。CTD吊机安装在遮蔽作业区域舱顶,可伸缩出舷外后变幅。室外甲板安装式CTD吊机,一般设有舷侧通道,因吊机无法将CTD吊进舱内,所以需先将CTD采水器旋转在舷侧,再通过小车推入舱内(见图2-29)。也可利用A型架进行CTD采水器的收放,图2-30是我国极地破冰船"雪龙"号利用艉部A型架释放CTD采水器。

3.柱状取样装置

柱状取样装置用于海底沉积物的柱状取样,主要由重力(柱状)取样器、翻转/旋转机构、取样器托架等部件组成。

重力取样器是该装置的核心部件,它是柱状取样装置能否顺利、高质量取样的关键部件。其基本原理靠自身的重力作用掼入海底,掼入深度取决于海底的硬度和取样器的结构形状与配重,一般取10米,20米,最长可达50米。

(a)

(b)

图 2-29　CTD 吊机

（a）舱内安装式　（b）室外甲板安装式

图 2-30　我国极地破冰船"雪龙"号利用艉部 A 型架释放 CTD 采水器

翻转/旋转机构形式很多,根据结构形式可分为立式回转臂、舱壁滑轨式回转臂和多吊点翻转机构等形式,但它们的基本功能是相同的,即将取样器由水平存储状态转移为舷外垂直工作状态。

取样器托架由存放桁架和支架组成,用来存放和拆装取样器。

海底沉积物柱状取样装置主要应用于海底矿产资源勘探、海洋工程地质勘探和海洋地质学研究。柱状取样装置根据不同的原理可分为两种:一种带翻转机构,主要采用舷侧下放取样管的方式(见图2-31);还有一种不带翻转机构,而是利用轨道和艉部A型架实现取样管下放。

4. 月池系统

月池系统是在船舶或海洋结构物中间部分设置的垂直贯穿主体结构的围井结构,通过月池可安装、释放、回收相关的作业设备,可使设备免于船体外侧水线面附近较大波浪力的影响,一般用于钻井船、救生船、双体船、浮式生产储卸油船和科考船上。大型科考船上一般都设有月池系统,用于收放或安装一些体积较大的入水探测设备或在周边海域不适合(如冰区、恶劣海况等)的探测设备。月池系统主要包括月池井道、消波结构、收放机构、月池封盖、液压泵站、控制系统等。月池井道,即月池开口的大小,根据需要投放设备的尺寸来确定。月池消波结构一般为双壳结构。月池收放机构用于将探测设备从船内月池工作间下放到水中,或提升到月池内。月池收放机构包括提升架、提升绞车、垂直导轨等。月池系统仿真图(不含月池井道)如图2-32所示。

在南、北极区开展调查作业,鉴于气候条件的限制,有些舷外作业的科考项目(例如水文和生物水下仪器的投放)需借助月池进行,因而极地破冰科考船应设置月池系统。

月池的位置应考虑CTD绞车、水文生物绞车等在船上的位置与月池的兼用性。为了提高月池结构和设备操作的安全性,还应考虑如下几方面:

1) 双壳结构

月池井道内的水体运动,一种是沿井道方向垂直升降运动,另一种是与井道

支撑臂
及绞车

上月池盖

滑轨

下月池盖

图 2-31　带翻转机构的柱状取样装置　　图 2-32　月池系统仿真图
（不含月池井道）

方向垂直的水平晃荡运动，如果入射波的频率与水体运动自然频率接近，就会产生共振，会对月池井道内的设备造成损坏，也会降低操作的安全性。为减少月池井道内水体运动的影响，同时降低航行时的啸叫声，一般在月池井道壁上设消波结构，即在月池内采用双壳结构（见图 2-33），内部采用通孔形式进行消波。

2）月池封盖

月池封盖一般根据所在位置分月池底盖和月池顶盖。月池在船底开孔并贯穿几层甲板直到月池工作间，月池底盖在船航行时受水流的冲击，对船的水密性有较高的要求，底部采用关闭装置时，要考虑底部水流和冰流对关闭装置的顶升力和拍击，因为非常强烈的上涌冲击力往往导致舱盖的破坏和折断。月池底盖不是必须设置的，有些船设底盖，有些船不设。月池顶盖一般采用折叠埋入式风雨密舱口盖，舱盖与甲板齐平，舱盖放平时可用于存放物品。

图 2-33 月池内的双壳结构

3）辅助安全设施

为了确保设备安全下放和回收，并在作业期间不会与月池的内壁碰撞，确保钢缆不会与月池底口边缘摩擦和作业人员的安全，并在月池内部结冰时有相应的除冰设施等，月池系统还应考虑配置一些辅助安全设施。

5. 升降鳍板

搭载探测设备的可升降板状装置，称为升降鳍板。升降鳍板作为船载探测设备的安装载体，一般布置在船中部通海的竖直井道内。有的船上只设一个，有的则成对出现。

现代科考船通常都会携带和安装用于探测的精密仪器设备，很多仪器设备往往对振动和噪声方面有着严苛的要求，升降鳍板可有效地减少船底紊流层中气泡对搭载的探测设备测量效果的影响，大大提高了探测数据的质量和精度。

鳍板系统主要包括鳍板、提升机构、锁紧机构、液压动力单元、控制系统等。

鳍板上安装的船载探测设备,常见的有鱼探仪、ADCP、摄像头、洁净海水取样管等,工作位置可降至船体基线下 2～3 米处,巡航状态时,鳍板底板与船体基线平齐,这样就不会影响船舶正常航行速度了。

鳍板是本系统的核心部件,为了减少下放鳍板产生的阻力对船体的影响,其剖面采用水滴型,外形类似于船用舵。鳍板内部设有垂直方向和水平方向的筋板,可保证鳍板在工作状态下具有足够的强度。鳍板可设计成全封闭式,也可设计成上部带减轻孔,下部设流水孔的形式。由于鳍板上安装的探测设备对鳍板的定位精度有严格的要求,所以鳍板设计时必须考虑如何与船体之间有效"固定",保证不会出现松动问题,否则恶劣海况下鳍板出现晃动,导致探测的数据出现偏差。鳍板最突出的优点是很容易在航行中完成对设备的维修工作或者对设备进行更换,大大节省了时间和资金,提高了科考船使用效率。

鳍板下放的方式有重力下放式和油缸下放式。重力下放式主要包括提升绞车和滑动轨道。鳍板在井道内沿滑动轨道上下运动,向上运动依靠提升绞车,向下运动则借助鳍板自身重力。重力下放式的结构和操作比较简单,缺点是当升降井道中水线位较高时,鳍板的下放就会受到浮力的影响。油缸下放式的结构包括提升绞车、伸缩油缸和滑动轨道。油缸下放式解决了重力下放式因升降井道中水线位较高时浮力的影响,但结构组成相对复杂,增加了设备维修的难度。

第三章
艰难起步、奠定基础

第一节　概　　述

　　我国是海洋大国,濒临浩瀚的太平洋,渤海、黄海、东海和南海四海相连。一条分割海洋与陆地的蜿蜒曲线划出了中国海岸线,它北起辽宁鸭绿江口,南至广西北仑河口止,加上沿海各岛屿海岸线,我国海岸线总长达 3.2 万千米。海洋资源极其丰富,海洋气象、海况复杂,为此,认识海洋成为伴水而居的中华民族长期不懈的努力方向。无数的历史事例充分表明,认识海洋、利用海洋关系着国家和民族的生死存亡、强弱盛衰。中华民族的祖先曾在海洋领域有着领先于世界的显赫成就,但从 18 世纪至 1949 年,因国力衰弱,政府无能,相关海洋的技术、装备等远远落后于西方。

　　认识海洋、利用海洋、开发海洋的历史使命落到新中国海洋科技人员和船舶科技人员及建造工人身上。历史表明,一个国家、一个民族的科学技术水平,影响着国家的前途和命运。党和政府视科技为第一生产力,新中国圃一成立,就着手规划海洋科技发展事业。1950 年 8 月组建了国内第一个海洋研究机构——中国科学院青岛海洋生物研究室,紧接着农林部成立了多个地方水产研究所,地质部成立了海洋地质调查局。但是正如古语所说,"工欲毕其功,必先利其器。"新中国成立之初,由于国家经济、科技和工业水平等原因,一时未能给海洋科学研究工作提供专业海洋调查船,以致海洋生物研究室的研究工作只能在海边沙滩和海岸潮间带上进行,像现在人们休闲时在海滩上拾贝壳一样收集样本;最多也只是依靠渔船、货船、甚至小舢板完成各项科研任务。但是随着国际形势的发展,我国迫切需要拥有专用的现代化科考船。党中央、国务院始终牢牢把握我国船舶发展的正确方向,把船舶研制列为推动国民经济发展的产业,支持科考船的研制发展,并打造了一支党领导下坚持面向经济主战场和坚持面向国家、国防需要的船舶科技队伍,加强了科考船研发的力度。我国科考船发展经历了三个阶段。一是 20 世纪 50 至 70 年年代,二是 20 世纪 80 年代至 2010 年前后,三是 2011 年以后。中国科考船无论质量和数量都进入高速发展时期,先后建造了多艘具有世界先进水平的科考船。在 1956 年国家制定的《十二年科学远景规划》中,海洋科学被列为第七项,其内容之一为"中国海洋的综合调查及其开发方案"。据此,1957 年 6 月中国科学院青岛海洋生物研究室利用改装的"金星"号海洋调查船,出海进行了以海洋生物为主的科学考察,揭开了新中国海洋调查考察的序幕。1958 年 9 月,国家科学委员会组织了海军、中国科学院、水产部、山东大学等 60 多家单位、600 多名科技人员,以"金星"号为主,辅以 4 艘用海军旧护卫舰艇临时改装的海洋调查船,开启了我国最大规模的全国海洋科学普查工作。调查海域包括中国海的大部分海域,在渤海、黄海、东海、南海、浙江和福建沿海都布设了多个调查断面、大面积巡视观测点及连续观测点。观测项目包括海洋水文气象、海洋化学、海洋生物、海洋地质等。

通过这次大范围的海洋调查,我国科学家第一次取得了我国近海的众多海洋资料,初步了解了我国近海海洋水文、化学、生物、地质等方面的基本特征,并于 1963 年编制了多册《全国海洋综合调查资料》及《全国海洋综合调查图集》,为进一步开展海洋科学研究和开发利用海洋打下了基础。

随着我国海洋经济活动逐渐增多,因对海洋水文气象地质地貌掌握不够,曾导致发生重大事故,造成了人民生命和财产的重大损失。其中的典型事故有因对沿海气象预报不准确,致使三万多艘木帆渔船因避风不及倾覆;万吨级货船"跃进"号在航行至日本途中,因海图标志不准确而触礁沉没。类似事例不断地提升了社会各界对海洋进行科学考察的迫切感。建造现代化海洋调查船被提到了国家工业发展的议事日程。

1950年11月,中央人民政府重工业部船舶工业局成立,局内设技术处设计组,此为新中国第一家船舶设计单位后发展为第一机械工业部船舶产品设计院第二船舶产品设计室。至1954年,该设计单位人员已达500多人,科技实力增强,已能设计4 000~5 000吨级的民用船舶和小型高速炮艇,船舶的研发能力已基本上可满足当时用船部门提出的要求,先后完成了"气象1"号、"实践"号、"东方红"号等科考船的研发设计任务。

1959年,经国家计划委员会批准,国家投资近千万元,为青岛海洋大学(现中国海洋大学)设计建造了一艘2 500吨级海洋实习调查船"东方红"号。该船于1962年12月开工,1965年1月交船。该船面向高等院校海洋学科学生的培养和海上实习,为开展海洋科学调查培养专业人才。

1959年,中国科学院南海海洋研究所委托船舶产品设计院第二产品设计室,设计南海海洋综合调查船"实践"号,其技术要求是:能在南海,必要时可延伸到邻近的西太平洋从事海洋物理、化学、生物、地质等专业调查。该项目列为国家重要产品项目,由国家计划委员会(简称"国家计委")直接管理。

"东方红"号、"实践"号均由船舶产品设计院第二产品设计室设计。经过学习、探索与实践,已为研发科考船打下了坚实基础。该设计室其后成为中国船舶及海洋工程设计研究院的组成部分。中国船舶及海洋工程设计研究院其后始终以研发各型科考船为己任,成为新中国科考船研发设计的中坚力量。

第二节　典型科考船

1949—1978年,这一时期我国海洋调查船经历了从无到有,从改装到自行设计,从简单到复杂,从单一功能到多功能的变化,这一时期典型海洋调查船。

一、第一艘海洋调查船"金星"号

"金星"号海洋调查船是中国第一艘用旧船改装的海洋调查船。1950年，中科院青岛生物研究室组建后，科研人员急需摸清我国沿海的海洋气象、海洋资源等，为我国开发海洋、利用海洋提供资料。工欲毕有功，必先利其器，但没有船是无法出海的。当时国家经济困难，造一艘船投资太大，国家决定先用旧船改装一艘科考船，供青岛生物研究室使用。该船是旧中国海运部门购自美国、建于20世纪初的远洋救生拖船"生产"三号，满载排水量1 700吨，改装后设有物理、化学、生物、地质等6个实验室和1个气象观测室，可分别进行与海洋科学有关的各项研究。船上配备了当时能配置到的先进实验仪器、设备，包括自记水温计、无线电测向仪等，能够自动记录海洋的温度、海流、深度等(见图3-1)。

图3-1　海洋调查船"金星"号

1957年6月28日，"金星"号驶离青岛港，前往渤海海域，正式拉开了我国有史以来第一次综合性海洋考察的序幕。中国科学院青岛海洋生物研究室海洋考察队随同调查船出海工作，海洋物理学家毛汉礼任考察队队长，另有4位苏联海洋生物学家随队配合考察。"金星"号海洋调查船此行,为我国开发和利用海洋资源收集了若干资料。这是我国首次对近海海域进行的初步系统性调查研究,揭开了我国海洋研究工作崭新的一页。1958年,国家科学技术委员会(简称"国家科委")组织海军、中国科学院、交通部等60多家单位、600多名科技人员,以"金星"号为主力开展了较大规模的我国海洋综合调查,除台湾海峡和南海外,基本摸清了我国领海状况。此次调查项目涵盖海洋物理、海洋化学、海洋生物和海洋地质、地貌等学科。调查的目的是通过对中国近海系统全面的综合调查、编绘海洋图集、图志,编写调查报告、制订海洋资源开发方案、建立海洋水文气象预报、渔情预报,并为国防和海上交通运输提供海洋环境基础资料。

此次调查的范围包括中国海的大部分区域,在渤海、黄海、东海、南海、浙江和福建沿海都布设了多个调查断面和大面积巡航观测点及连续观测点。观测项目包括:海洋水文、气象方面有水深、温度、盐度、水色、透明度、海发光、海波浪、气温、湿度、气压、风、云、能见度等;海洋化学方面有溶解氧、磷酸盐、酸碱度等;海洋生物方面有浮游生物分层和垂直取样,底栖生物取样和地质取样;海洋地质方面有表层取样,管状取样,悬浮体取样和连续测深等。

调查共获得原始记录和各种资料报表9万多份,图表(各种海洋要素平面分布图、垂直分布图、断面图、温盐曲线图、温深记录图表)7万多幅、样品(底质表层沉积物样品、底质垂直样品、悬浮体样品等)和生物标本1万多份。调查资料和图表后汇编出版了多册《全国海洋综合调查资料》及《全国海洋综合调查图集》。

通过这次大范围的海洋调查,我国科学家第一次取得了我国近海的较系统的海洋资料,初步了解了我国近海海洋水文、化学、生物、地质等方面的基本特征,为进一步开展海洋科学研究和开发利用海洋打下了基础。

1980年,在海上驰骋了20多年的"金星"号退役,作为我国海洋调查船的"先行者",它标志着我国开始走向海洋、开展真正意义的海洋调查和研究。

二、第一艘自行设计建造的气象调查船"气象 1"号

1957 年,由于海上突发狂风巨浪,致使 3 万余艘木帆渔船不幸倾覆大海,人民的生命和财产受到了严重损失。消息传来,周总理极为震惊,责问中央气象局为什么没有预报。气象局领导汇报称,只有陆地气象监测点,海上没有监测点,海上的气象信息只能根据陆地信息,划一条连线到海上推算的,致使预报不够准确。如果海上有监测点报回气象信息数据,那对海上气象的预报就能做到及时、准确。周总理听后立即决定尽快建造一艘气象调查船,并亲自过问,中央有关部委开绿灯,船舶工业局急令当时的船舶产品设计院第二产品设计室负责设计,求新造船厂负责建造,必须尽快造好并交付使用。

该船是我国第一艘自行设计建造的专业气象调查船。当时资料很少,设计人员对气象专业也不熟悉,但为了保证广大渔民生命和财产的安全以及灾害性气候预报的准确性,从中央到地方齐心协力,克服各种困难。但初接到海洋气象调查船的设计任务时,设计团队不知如何着手,只因当时设计团队均未曾接触过海洋气象调查船,且缺少海洋调查的知识。该设计单位立即组成设计团队,设计团队怀着对国家和人民的忠诚使命和对探索海洋的迫切感,收集有关海洋气象调查船资料,到上海气象局调查需求,到设备厂了解设备。设计团队一方面通过外文期刊寻找国外该类船的资料,另一方面将陆地气象调查的方式移植到海上。例如气象局人员介绍全国各地气象站在早上六点同时放一个直径 2 米、带有发射装备的氢气球,升空后将测得的高空风速、风向、温度等气象资料传回地面,各地气象站将数据传到北京,中央气象台即据以科学分析,作出气象预报。设计团队考虑到氢气球放在露天甲板上,遇到稍大海风,难保不被吹走,决定放在室内。经过研究,设计出可开闭的球型舱室顶盖,平时关闭,放球时开启。球形顶盖施工不易,经船厂技术人员攻关解决了难题。又如氢气球的氢气来源,陆地用氢气瓶,但船上带氢气瓶有危险性,经访问制氢厂,购买了制氢设备,船上可随时自行制氢。相关的技术难点终被逐一攻克,在很短时间里按要求设计出一艘气象调查船。

该船于 1959 年 8 月在求新造船厂开工建造。设计团队与造船厂密切配合，顺利完成建造任务。该船总长 55.30 米，型宽 9.0 米，型深 6.10 米，设计吃水 3.50 米，试航速度 13.37 节，续航力 5 000 海里，定员 62 人，主机类型 6ДР 型柴油机。该船配水文绞车 4 台，测深仪 1 部，设气象、水文、生物、化学实验室和制氢室。

该船建成后，于 1960 年 9 月交付中央气象局使用被命名为"气象 1"号，经试航各项性能指标达到技术任务书要求。

该船是我国自行设计建造的第一艘现代专业气象调查船，它的成功设计和建造为此后设计、建造同类船舶积累了经验。

该船在使用中作用显著，使国家和社会有关部门进一步认识到，人类在开发、利用海洋的过程中将经受海洋环境的挑战，必须依靠科考船进行详细精确的调查，才能掌握海洋的变化规律，使开发、利用海洋的工作顺利开展。

1963 年国家将海洋水文气象调查工作转到中国科学院，"气象 1"号也因此更名为"水星"号（见图 3 - 2）。

图 3 - 2　气象调查船"水星"号

三、第一艘海洋实习调查船"东方红"号

为在 20 世纪 60 年代进行系统的海洋调查,在计划建造科考船的同时,必须加速培养一批海上科学考察人才。教育部未雨绸缪,向国家科委提出为青岛海洋大学建造一艘 2 500 吨级海洋实习调查船,供在校学生在学习理论的同时有上船进行海上科学考察的实践机会,毕业后能承担适应海上科学考察任务。1959 年 8 月国家科委将建造新的海洋实习调查船列入计划。委托船舶工业局船舶产品设计院第二产品设计室设计。

设计团队经过分析,认为国家在有限的经济实力情况下,斥巨资建造此船,应考虑发挥其最大效能。一是尽可能增加可进行的科学考察项目,让学生扩大实践操作的机会;二是使其能具有承担实际科学考察任务的能力。历史证明这一设计理念发挥了很大作用,在国家建造的科考船数量有限情况下,该船承担并完成了多项科学考察任务。

该船主要用于我国邻近海域的科学考察任务,可进行多种海洋科学考察。

沪东造船厂于 1962 年 12 月开工建造,并于 1965 年 1 月交船,命名"东方红"号(见图 3 - 3)。

该船船长 86.8 米,型宽 13.2 米,型深 7.4 米,设计吃水 4.4 米,服务航速 14.6 节,定员 139 人(其中船员 45 人,载员 94 人)。

该船投入使用后圆满地完成了青岛海洋大学的海洋学专业师生 115 次的海上教学实习任务,共有 6 500 余名师生参加了实习。其中 1982—1988 年还先后承担了华东水利学院、厦门大学、同济大学和南开大学等 4 所高等院校师生的海上教学实习任务,为培养我国海洋科学考察人才发挥了重要作用。

"东方红"号海洋实习调查船还承担了不少科学考察任务,包括参加东海大陆架调查,中美"渤海中南部及黄河口海域沉积动力学"合作考察,中法、中日合作调查等,并接待过越南胡志明主席、柬埔寨首相宾努等国外领导人。

1981—1995 年,该船安全航行了 18 万海里,出色地完成了 142 个断面、28 条测线、2 282 个大面观测站、408 个连续观测站的观测任务,还先后完成了

图 3-3 海洋实习调查船"东方红"号

长江口、胶州湾、黄渤海、山东海岸带、东海、辽东湾、南海海域的调查任务,四次赴日本执行友好访问及海上考察任务,于 1996 年退役。

"东方红"号海洋实习调查船设计与建造的实践证明,当年兼顾教学和科学考察任务的研发思路是符合我国国情的,这在中国船舶及海洋工程设计研究院为青岛海洋大学研发的第二代、第三代海洋实习调查船"东方红 2"号(1995 年)和"东方红 3"号(2019 年)的过程中又再次得到了充分的体现。

四、第一艘海洋综合科学调查船"实践"号

20 世纪 50 年代后期,我国国民经济发展和国防建设形势,使海洋科学考察的重要性、迫切性日益增长,必须尽快进行更深入的海洋调查。鉴于南海海域在诸多方面的重要性,1959 年经国务院批准,建造南海海洋综合调查船被列为国家重要产品项目。

1960 年,中国科学院南海海洋研究所委托船舶产品设计院第二产品设计室设计海洋综合科学调查船。该船技术指标要求高,专业实验室多达 13 个,专业设备复杂。

船舶产品设计院第二产品设计室接到设计任务后,精心论证,于 1960 年 2 月,完成初步设计。其间,设计部门与使用部门多次商讨,细化技术要求,经国务院批准,召开三次会议,审查通过了技术设计。1964 年 10 月,完成施工设计。1965 年沪东造船厂开工建造,1967 年 9 月交船,由中国科学院接收,命名为"实践"号(见图 3-4)。

图 3-4   海洋综合科学调查船"实践"号

该船总长 94.73 米,型宽 14.00 米,型深 7.80 米,设计吃水 4.75 米,设计排水量 3 000 吨,设计航速 16.0 节,续航力 7 500 海里,自持力 45 天,定员 105 名(包括科学考察人员)。该船入级船舶检验局(ZC)。

该船从批准建造到交船历经 8 年,从中可以窥视我国当时经济实力有限,制造业尚处发展阶段,建造出这样一艘现代化海洋综合科学调查船的艰辛历程。"实践"号优越的航海性能、较为齐全的科学考察设备已达到现代化综合科学调查船的基本水准。该船 1977 年荣获上海市重大科学技术成果奖,1978 年获全国科学大会奖。

首先,它作为中国科学院的第一艘也是我国的第一艘现代化海洋综合科学调查船,无疑是海洋科学界的"至宝",对它寄托以深深的期望,按原技术任务书完成初步设计后,中国科学院仍召开多次会议,修改技术任务书,要求增加实验室及海洋调查专用设备,增大船的主尺度和排水量,提高抗风浪能力和扩大航行海域。对此,中国船舶及海洋工程设计研究院以研发出海洋科学界满意的科考船为己任,按要求进行深入的分析和论证,既吸取国际上先进经验,又密切结合我国制造业当时发展的水平精心设计。在设计过程中,还访问了海洋科学界著名的科学家,听取他们的意见,并在设计中具体落实。

其次,鉴于该船的重要性,且又是投资较大的国家重要项目,国家计委直接领导具体实施。

1962 年 4 月 18 日,国家计委发文指出:"建议科学院及设计部门考虑配套设备时,必须从现实出发,尽可能采用国内已生产的设备,部分配套设备需要进行设计、试制的话,则需要及早提出进行安排。"据此,国务院有关部委、中国科学院、上海地方委办及有关试制单位,对该船的 331 项配套、选型、试制等工作,进行逐项落实。除少部分项目国外订货外,其他各项产品的订货和试制,由国家计委下达研制任务,各单位安排生产和研制。

1962 年 8 月 25 日,为避免当船体建成后,因配套设备跟不上而"泡船",国家计委发文指示该项目要"先配套,后造船",并向各协作单位下达了所需的 53 项配套设备的研制计划任务,还对配套设备所需资金作出安排。中国科学院要求中国船舶及海洋工程设计研究院和中国科学院海洋研究所,为最后落实配套设备,提出具体的技术规格、型号及有关试制产品的图纸和改进的详细技术要求,以免合同签订后,再修改设计变更型号,影响试制进度,造成经济上的损失。

该船是我国首次设计综合海洋科学调查船,在中国科学院南海海洋研究所及许多设备研究单位的大力支持下,经技术攻关解决技术难题和优化设计,成功设计了一型性能优良的海洋综合科学调查船。其主要特点:

(1) 快速性、稳性、适航性等各项船舶总体性能优良。为提高船舶的快速性和适航性,确保船的稳性能抗 12 级风,在设计过程中,对船型参数的选取和线型进行了大量的计算论证和优化,并增加压载水容量,加装减摇水舱,使船的快速性、稳性、适航性等各项船舶总体性能达到优良。

(2) 综合布置,保证调查作业安全有效。海洋综合科学调查船在船体、船舶系统、动力、电气等诸多专业的要求均不同于运输船。因此,在设计论证阶段就需要从船舶的任务使命出发,进行综合考虑,确保调查作业的安全、高效。

(3) 科学确定设计吃水。设计吃水的大小与船舶各种性能关系很大,海洋综合科学调查船一般要求续航力比较大,人员也比较多,带有大量燃油、淡水和食品,出航时满载吃水较大。为确保调查作业时的船舶性能最佳,该船取载重量 75% 相应的吃水值作为设计吃水。这种设计在海洋综合科学调查船设计中是首创,并在此后该类船研发设计时多次被采用。

(4) 该船自行设计的主动舵装置,系利用电动机带动小螺旋桨作为辅助推进装置,以达到低速航行,该装置试航效果良好。在水文调查项目中,要调查海洋中同一点不同水深的水温、水质等,要求船舶停在同一位置上不动。当时尚无动力定位装置,普通锚又只能在浅水中使用,因此必须采用深水锚。深水抛锚装置当时在国内、外尚属于研究课题,为此,在多家单位的协作下,完成了500 米水深的深水抛锚装置的研制和船上安装。这是我国第一次能在水深500 米的水域实施抛锚。为了研究深水抛锚时的受力及计算方法,专门对该船深水锚装置进行了 100 米、300 米和 500 米水深的抛锚实验,测得的数据为以后的深水锚装置的研究设计提供了依据。

(5)安装自主研制的污水处理装置和先进设备。调查船进行实验时对取水水质的要求严格,要保证取水点水质不被污染,为此要严控船上污水的排放。当时,由于国内污水处理系统在技术上尚未过关,为了解决此问题,设计上采用了两种办法:一是设计为一舷排放污水,使另一舷的水保持清洁;二是将污水处理系统作为重点科研项目抓紧研制。船上预留安装污水处理系统的空间,待研制成功后再装船。后研制的污水处理系统,经陆上试验完全合格。该船安装了这套自主研制的污水处理装置,保证了实验数据的准确性;此外,还安装有许多当时国内先进的设备,如浅水水文绞车、深水中型绞车、声呐系统等。

"实践"号交船后,多次参加国内和国际的海洋调查工作。1978 年与"向阳红 09"号调查船一起参加由联合国举办的国际第一次全球大气实验、太平洋地区调查,两次航行太平洋赤道东线 160~165 度及北纬 5 度海区,并对该海区进行调查作业,历时 7 个月,历经了 11 级风和酷热的考验,圆满地完成了我国承担的工作任务,得到国内、外好评。之后还参加过中日海底电缆的敷设工作。

"实践"号作为我国自行设计建造的第一代无限航区综合海洋调查船,它承载着老一辈海洋工作者"查清中国海,进军三大洋"的光荣与梦想。在四十多年的风雨历程中,它执行过全球海气相互作用国际合作调查和中日黑潮联合调查任务及我国近海、大洋的一系列海洋调查任务。

"实践"号海洋综合科学调查船的建造,在科考船研发史中具有里程碑的意义,一是从"调查"上升到"科学调查",二是实现多项目、多学科的"综合"科学考察,实现了质的跃升。

"实践"号自 2013 年 1 月进武昌船舶重工集团有限公司(原武昌造船厂)大修和改造,经过 1 年多改装,于 2014 年 5 月以"新实践"号的船名重新入列调查船行列(见图 3-5)。

图 3-5　海洋综合调查船"新实践"号

五、第一艘沿海综合调查船"向阳红 07"号

1969 年原国家海洋局向中国船舶及海洋工程设计研究院提出要求,在原海洋水文气象船("向阳红 02"号)的基础上进行修改,设计建造为我国沿海使用的海洋综合调查船。

当时国家海洋局在江南造船厂定制了 2 艘海洋综合调查船,并由中国船舶及海洋工程设计研究院承担施工设计。1970 年 1 季度中国船舶及海洋工程设计研究院完成了图纸修改并将图纸发厂。因计划安排调整,第六机械工业部决定该船转由芜湖造船厂建造,并将江南造船厂的已订货和已制成的设备及零部件全部移交芜湖造船厂。

芜湖造船厂于 1970 年 5 月开始投料开工建造,1973 年 9 月 17 日在上海签字交船。该船被命名为"向阳红 07"号,属原国家海洋局北海分局(见图 3-6)。

该船总长 74.00 米,排水量 1 170 吨,满载吃水 3.4 米,最高航速 17.3 节,型深 4.7 米,定员 104 人,续航力 3 000 海里,自持力 40 天。

主要动力装置为 Д39 型主机两台,额定转速 500 转/分,额定持久功率

图 3 - 6　沿海综合调查船"向阳红 07"号

1 850 千瓦。

该船解决了如下两项主要技术问题：

一是该船系以日本巡视船为母型,在线型设计时,对于螺旋桨的艉流与线型的配合考虑得不够,在试航时发现艉部由于螺旋桨艉流产生了很高的波峰,特别在浅水区域航行时尤为严重,引起艉部甲板上浪。为此,经多次修改和试验,在艉部增加 0.7 米的压浪板,显著降低了波峰高度,并使之后移。

二是鉴于原海洋水文气象船和其他装有 Д39 型主机的船舶在试航中均发生过严重振动,因此,该船试航的主要项目是测试船体和主机机体的振动。1973 年 10 月 15 日专门对振动进行了测试,测试内容主要有船体自由振动、船体局部振动、主机机体振动、主轴轴系扭转振动及横向振动等。

从测试结果的初步分析确认引起振动的主要根源：一是主机本身存在二阶纵摇不平衡力矩,根据计算在主机额定转速 500 转/分时,二阶纵摇不平衡力矩达 9 吨力·米。要消除由于主机引起船体及主机机体的振动,应从 Д39 型主机内部设法予以平衡。二是螺旋桨问题。特别当主机脱开离合器后测得各点频率均为主机转速的两倍,当主机转速达500转/分时振动更明显,备品舱内平台局部地方振动达到身体发麻程度,机舱内噪声在主机450转/分时达到了120分贝以上。通过这次测试,设计人员和船厂技术人员商讨改进方案,制订修改措施,使该船船体在振动方面比母船有显著改善。

由于该船是根据海洋水文气象船进行的修改施工设计,因而先天不足。设计团队建议该船如需定型续建,应从Д39型主机内部消除二阶纵摇不平衡力矩,将螺旋桨桨叶由四叶改为五叶,并校核其对航速的影响。

1981年根据原国家海洋局要求需对"向阳红07"号进行改装。以保证"向阳红07"号参加中美联合调查和深地层剖面仪实验任务。1981年1月12日在青岛召开会议,就修复该船低速电力推进装置和安装深地层剖面仪的改装方案进行了商讨,明确了如下方案:

(1)修复低速电力推进装置。1981年2月20日以前由北海分局负责检查保养低速电力推进装置,为测试工作做好准备。

1981年2月底以前由原国家海洋局负责组织中国船舶及海洋工程设计研究院进行测试,邀请上海先锋电机厂和上海电器成套厂派员参加。在测试基础上由中国船舶及海洋工程设计研究院提供修改图纸,于1981年3月底前提交工厂。如有设备更换,工厂负责安装。完工后由中国船舶及海洋工程设计研究院负责试验。

(2)安装深地层剖面仪。确定改装项目如下:更换三号柴油发电机组,提高电站功率;增设声源舱,并安装各种基座,敷设所需电缆;艉甲板左、右舷各安装小吊杆一部,艉部安装三滚轮导缆器一个及电缆绞车基座三个;改装地质实验室内的接收机、记录监视设备等。

改装所需的技术设计图纸均由中国船舶及海洋工程设计研究院负责设计。经会审后于1981年3月底前向北海船厂提供,施工图纸由工厂自行绘制。由原国家海洋局负责于1981年3月底前将更换发电机组所需设备提交工厂。改装柴油发电机组的验收按船舶检验规范的要求进行。

(3)中美联合调查所需仪器设备安装。① 地质实验室增设交流110伏、

3千瓦电源;② 浅地层剖面仪、旁视声呐、单响地震仪等的安装固定,由中国船舶及海洋工程设计研究院在1981年2月底前提出具体要求,报国家海洋局,并派员到厂协助施工。

在各方协同努力下,该船于1981年7月20日顺利交船,保证了按时执行中美联合调查。这次多方协作充分体现了我国使用、设计、建造部门为维护国家声誉,不分彼此,为共同目标而协同配合的优越性。

六、第一艘地球物理勘探船"奋斗一号"

石油是国家重要的战略物资,20世纪50年代后期随着我国经济建设和国防建设的发展,对石油的需求量不断增加。地质部为加强对海洋油气蕴藏状况的调查,于1963年致函中国船舶及海洋工程设计研究院:"为了及早解决海洋地球物探专用船舶,促进海洋石油勘探工作的发展,委托设计500吨级地球物理勘探船"。中国船舶及海洋工程设计研究院立即组成设计团队与使用单位地质部第五物探大队商讨该船的基本作业方式,确定了用炸药在水中爆炸形成足够强的地震波,地震波到达海底地层后反射,反射波经漂浮海上一定深度的晶体检波的电缆接收转至地震仪,供海洋地质研究人员分析海底地质结构。地质部物探局特别为该船设计团队组织了现场操作参观,以便使设计更符合作业要求。第五物探大队视该船为进行海洋物探作业最基本手段,高度重视,在设计期间对船上每个作业场所的设备、布置提出了具体的要求。并成立上海办事处,以便随时与设计、建造单位协调配合。

设计团队经过详细研讨,在方案设计审查会议上提出若要使该船能很好地满足技术任务书所规定的作业要求和符合《中国海船稳性规范》对Ⅰ类海船的要求,以及对人员数量、续航力的设计要求,地质部目前确定的500吨级船偏小,排水量应增加到640吨。对于第一艘海洋石油勘探的专用船,中央相关部委对设计部门的意见高度重视,国家计委、国家科委、第一机械工业部、第六机械工业部、水产部、中国科学院等均派员与会,会议商定设计方案后,由地质部下文批准方案设计,并将 500 吨级地球物理勘探船改为"中型地球物理勘探船"。

中国船舶及海洋工程设计研究院于 1965 年初完成施工设计,沪东造船厂于 1966 年交船。该船命名为"奋斗一号"(见图 3-7)。

图 3-7 地球物理勘探船"奋斗一号"

该船垂线间长 48 米,型宽 8.8 米,型深 4.1 米,平均吃水 3.0 米,排水量 640 吨,续航力 3 000 海里,自持力 20 天,定员 48 人(其中科研人员 28 人)。

该船设计中充分考虑了进行海上物探作业的特点,采取了如下措施:

(1) 设置了被动式减摇水舱,改善适航性,提高物探人员的海上作业适应能力。

(2) 专门设计了 2 艘爆炸工作艇,该船作业方式是由爆炸工作艇每次携带 1 吨炸药到海上,按指令点爆。为保障作业效能,该艇能抗 6~7 级风,艇上固牢了爆炸机,炸药舱增加了防海水浸溅措施,艇体结构强度能经受距离震源100米内的冲击波等。

(3)在船上设置可存放10吨炸药的炸药库,并设置在远离机舱和油舱处,库内采取防振、绝缘、隔热措施,并设置直通驾驶室、指挥台的温度计和温度报警器。可安放2 000支雷管的雷管库设置在船长、政委室,以确保安全。

(4)采用了上海渔轮厂制造的可调螺距螺旋桨,可实现不大于2节的低速航行,以适应物探作业的要求。

(5)扩大艉部甲板面积,用以设置电缆绞车、小型起重机,便于物探人员作业。

(6)按用船部门要求,以客船标准设计勘探船。由于消防设置难以满足,经与船检部门商讨,采取相应措施得以通过审查。物探人员既能有较好的休息条件,又有更充沛的精力投入到艰难的物探作业中去。

该船研发成功是设计建造单位与物探部门密切协作的产物,它的建成和使用为之后同类船的研发提供了极为重要的参考资料,国家海洋局在不久后就提出对该船的设计进行适当修改后,再续建两艘。

从该船的研发过程中可得到两点启示。其一,一艘排水量仅640吨的船,在20世纪60年代被定义为“中型”,从中不难看出当时国家财力有限和缺船的状况;其二,作为地质勘探船,为获得地震反射波而采用由爆炸工作艇布放炸药是具有一定危险性的作业,但物探人员不惧危险,每4分钟引爆一次,为获得地质资料作出贡献,该船取名“奋斗”号是极为贴切的。

第四章
开拓进取、走向深蓝

第一节 概 述

随着国家经济发展和海洋调查的需要,对科考船发展的每个阶段都提出明确要求,并作出一系列相应的重大战略部署,海洋调查、考察被赋予更为重要的使命,海洋科考要为国民经济发展和国防安全、维护我国的海洋权益服务。

20 世纪 60 年代中期,我国成功试爆原子弹、氢弹,在拥有了核武器之后,又成功地运用"长征 1 号"火箭向太空发射了人造卫星。但是,只有将这两者结合,拥有能长距离发射核弹的能力,才算真正拥有了战略武器,才能给潜在的侵略者以威慑。60 年代我国在西北沙漠无人区进行了近、中程导弹实验,此后,又研制了洲际导弹,而洲际导弹需进行长距离发射试验。虽然我国幅员辽阔,但仅在陆地上,无论在哪个点上丈量都不能达到符合足以进行洲际导弹试验所要求的空间跨距。唯一可供选择的只有大洋,也就是公海,即将靶场置于公海上。为此,党中央决定建立远洋船队,对拟定的洋域进行调查、考察,获得海况、气象、水文、物理场等第一手资料,方能确定海上靶场的具体位置。在实施发射试验时,远洋船队还需承担跟踪、回收等重任。国务院决定由中国船舶及海洋工程设计研究院选用在役货船设计改装为远洋调查船。中国船舶及海洋工程设计研究院极为重视这一任务,委派以许学彦、张炳炎两位院士为首的研发团队参与选船并承担改装设计任务。由于该团队拥有 10 多年沿海多型调查船设计的经验，改装设计顺利完成。广州造船厂于 1972 年完成改建，该船被命名为"向阳红 05"号远洋调查船。并先后 4 次赴南太平洋进行了运载火箭溅落区勘察，圆满地完成了前期调查任务。

与航天测量船"远望"号同时问世的我国第一艘自行设计建造的远洋科学调查船"向阳红 10"号，在新中国海洋调查船研发史上具有里程碑的意义。

为配合洲际导弹试验，需建立海上测控船队，中央决策在应急改装远洋调查船的同时，决定自行设计建造新船。时处"文化大革命"时期，中央部委领导排除干扰，下令组织以中国船舶及海洋工程设计研究院领导和科技人员为主，抽调有关单位的人员，组成专项工作组，规定工作组不参加"运动"。工作组人员以国家利益为最高原则，深知身负的重大使命，全身心投入设计工作。在设计过程中及时与设备制造厂商、总装造船厂沟通联络，确保整船研发工作有序、系统地推进，并于 1979 年 10 月在江南造船厂顺利交付了"向阳红 10"号。

"向阳红 10"号排水量达 13 000 吨，不但具有良好的远洋航行性能，而且攻克了远洋调查船较突出的技术难题，包括远洋通信、气象中心系统、水声电源配置、直升机舱面系统等。该船具备海洋调查、考察、资源获取的综合能力。它的研发成功，标志着我国的海洋调查船的研发能力已从沿、近海走向深蓝，在总体设计技术水平和施工建造能力上已进入世界先进行列。"向阳红 10"号船于1985 年获国家科技进步特等奖，2006 年被评为中国十大名船之一。

1980 年 5 月 18 日，该船参加了洲际导弹海上靶场试验任务。当天上午10 时，一道耀眼的弧光拔地而起，神箭般向东飞向南太平洋，一端连着我国发射中心——酒泉，另一端连着东经 171 度 33 分、南纬 7 度 42 分 23 秒的南太平洋的海上靶场。火箭高速向预定溅落海域飞来，在距离海面几千米的高空，装有火箭飞行重要参数的仪器舱，从火箭弹头中自动弹射出来，降落伞打开，仪器舱徐徐飘落海面。"向阳红 10"号上的直升机迅速起飞，在仪器舱上空垂直悬停在离洋面 30 米的空中,潜水员沿悬梯跳下海中,将吊具连接到仪器舱,使之随直升机运回到调查船。至此,我国从本土向太平洋海域发射运载火箭实验获得了圆满成功,我国成为继美国、苏联、法国之后,具有航天科技领域海上测控技术的国家。在此次试验中,远洋调查船发挥了重要作用。

一个没有自由海洋疆域的大国是不可能成为世界强国的。在 1978 年全国科学大会上,原国家海洋局响亮地提出了海洋科学界"查清中国海,进军三大洋,登上南极洲"的战略目标。参会的船舶工业界人士对此积极响应,表示与海洋科学界相互融合,紧密沟通,研发出适应这一战略需要的各型海洋调查船。

为"查清中国海",这一时期中国船舶及海洋工程设计研究院为自然资源部所属北海、东海、南海分局及其他涉海调查单位设计了"向阳红"系列综合调查船或水文气象、电力技术探测等单项调查船,包括"向阳红 04"号、"向阳红 05"号、"向阳红 06"号、"向阳红 07"号、"向阳红 09"号、"向阳红 10"号、"向阳红 14"号、"向阳红 16"号和"向阳红 21"号,分别由江南造船厂、沪东造船厂、芜湖造船厂建造成功,同期中国船舶及海洋工程设计研究院等总体设计研究所亦为海洋科学界地质调查部门研发了多型调查船,如"实验 2"号、"大洋一号"等。依靠这些调查船,海洋科学考察、调查机构为查清我国黄海、渤海、东海、南海这四海的水文气象、地质、地貌、海洋化学、生物、物理特性等收集了大量资料。

为"进军三大洋",按国家要求,海洋科学界参加了 1978 年 12 月由国际气象组织主办的首次全球大气实验。原国家海洋局按该次特定调查要求,委托中国船舶及海洋工程设计研究院设计 4 000 吨级远洋综合调查船"向阳红 09"号,于 1978 年 11 月由沪东造船厂建成。仅入列一个月,就代表我国参加世界气象组织主办的首次全球大气实验,这是新中国恢复联合国合法地位后参加的第一次全球性合作实验。两次航行在太平洋赤道东经 160～165 度、北纬 5 度海区进行调查作业。在 168 个站点的调查作业过程中,向世界气象组织提供了该海域的海洋、水文、物理、地质、生物等学科的调查资料,其中还包括钻取长达

4.3 米的地质柱状样品,圆满地完成了我国承担的世界全球大气研究计划的项目,得到世界气象组织大气实验负责人的致函赞扬。"向阳红 09"号在参与此次实验的 50 多艘调查船中脱颖而出,扬名世界。

根据国际《海洋法》的规定,不论哪个国家,只要在国际海域探测到海底矿产资源的确切资料和样品,它就享有在该海域的开采权。1993 年"向阳红 09"号被派往太平洋进行海底地质矿产调查,在长时间航程中,科学家经过艰苦的勘探作业,获得了证明某海域海底蕴藏的可供开采的矿产资源的充分实证,使我国首次拥有了在太平洋国际海域 7.5 万平方千米矿区的开采权。根据科学估算,以每年开采 300 万吨矿石计,至少可开采 20 年,造福子孙,功不可没。继"向阳红 10"号多次为专项任务驶入太平洋后,此次"向阳红 09"号的大洋矿产调查,开启了我国进军三大洋逐渐成为常态化的进程。

南极是地球上"未开垦的处女地"。西方各大强国均窥视长久,先后有美国、法国、苏联强势登极建立起科学考察站,在南极四个必争之点:极点、冰点、磁点、高点中占领了前三点。国际南极考察科学委员会主席诺克斯教授曾说:"我们正逼近一个经济利益,随后是政治利益主宰南极一切活动。"由此可见国际上对南极海权争斗之激烈。1983 年 6 月,我国成为《南极条约》的缔约国。1984 年 6 月 25 日,中央批准国家南极考察委员会、国家海洋局等主要海洋考察调查机构,以"向阳红 10"号和远洋打捞救生船等组成考察船队,包括近百名科学家、工程技术人员在内 591 人的考察船队开赴南极。同年 12 月 26 日,船队越过盛行西北风带的海域(该海域 8 级以上大风每年多达 300 多天,风速经常达到 40~50 米/秒),到达南极乔治王岛民防湾。1985 年元旦,我国第一个南极考察站(长城站)落成典礼在洁白的冰雪世界里举行。长城站的落成填补了我国科学事业上的一项空白,标志着我国南极科学考察进入了一个新阶段。船队此行经受了考验,为助力海洋考察事业,登上南极作出了重大贡献。

为更进一步加强赴南极考察任务,1990 年国家海洋局决定建造一艘南极考察破冰船,委托中国船舶及海洋工程设计研究院进行预研工作。中国船舶及海洋工程设计研究院极为重视，委派曾随"向阳红10"号首赴南极的该船总设计师、工程院院士张炳炎挂帅进行预研工作。他提出两个方案，一是改装"向阳红10"号，二是造一艘新船。当时因国家财力有限，新建计划一时未能落实，又恰逢乌克兰有一艘在造新船，由于苏联解体，无力支付船款而准备弃船，张炳炎看了该船资料经详细分析后认为该船载重量适中，基本符合要求，如经适当改造即可成为一艘南极综合科考船。经原国家海洋局同意，张炳炎院士率团赴乌克兰经过艰难谈判最后购买该船，于1993年4月驶回上海。1994年进行了第一次改装，优化了部分设施，取名"雪龙"号。经10年使用后，又于2004年和2012年分二期进行了间隔升级改装。首期改装由上海船舶研究设计院和上海造船厂完成，第二期改装由中国船舶及海洋工程设计研究院和江南造船厂完成。"雪龙"号从1994年10月首次执行南极科学考察任务至2018年，已先后34次远赴南极，为我国南极极地考察、建立中山站和为我国征服南极高点发挥了重要作用，也为我国在南极必争的四点中夺得了仅剩下的一点。"雪龙"号还9次赴北极，为建立北极黄河站同样起到重要作用。此外，该船在长期作业中所积累的经验和教训，为其后中国船舶及海洋工程设计研究院研发"雪龙2"号极地科考破冰船提供了可贵借鉴。

至此，我国海洋调查船为国家海洋科学考察调查事业快速发展、走向深蓝提供了有力的支撑。

经过早期改装船和调查船的试制经验积累，我国已逐步掌握了调查船设计和建造的关键技术。近海调查已不能满足国家海洋科学和国防建设的需要，随着国家重大海洋专项及远程运载火箭发射试验等国防工程需求的提出，我国开始有计划地发展不同型号的远洋调查船，开启了自主设计和批量建造大型远洋调查船的时代。由于国家国防建设的需要，这一阶段的调查船型，基本属于军、民两用型，船线型瘦长、上层建筑矮小、抗风能力强、人员编制多。

这一阶段科考船建造，既有综合型的，也有专用和特种调查船，调查海域从近海发展到远洋,船舶吨位从数百吨级发展到数千吨级甚至万吨级以上,为我国海洋科学调查研究提供了较为充足的技术装备。这一时期的调查船,有的到过南极建站科学考察,有的赴大洋探取过深海锰结核;有的到过南太平洋,进行了大量的高空气象调查;有些船参加了中日合作西北太平洋黑潮调查;有的则参与过中美合作调查南太平洋。我国的调查船不再只限于国内近海科学考察,逐渐参与国际合作。

通过 10 余年的海上作业实践,海洋科学家们逐渐认识到海洋调查船既需要在海上准确定点,又要在同一海区各网点同步观测,实时处理信息数据,只有组队配套才能达到较理想的要求。因此,既需要发展综合各学科研究的调查船,也需要发展一些高效专用的调查船,各司其职,互相补充。20 世纪80 年代是我国海洋调查船的迅速发展期,调查船的数量和质量都更上一个台阶,调查船已经形成了一个个系列,如"东方红"系列、"向阳红"系列等,代表船型如为远程运载火箭全程飞行试验改装和建造的"向阳红 05"号、"向阳红 09"号及"向阳红 10"号远洋调查船,"东方红 2"号海洋综合调查船等。到20 世纪末,我国已拥有 40 余艘各种型号的调查船。"大洋一号"和"雪龙"号的改装入列,使我国海洋科学考察事业真正进入了深远海以及极地海洋科学考察时代。

这一时期设计建造的调查船呈现出如下特点:

(1) 为了提高航速,线型瘦长,船的长宽比较大。

(2) 为了提高抗风能力,上层建筑比较矮小。

(3) 调查船的稳性要求抗 12 级风,并研究出标准抗 12 级风的稳性计算方法,从而成为行业标准。

(4) 这一时期的调查船大都配备小功率辅助动力装置或主动舵或可变螺距螺旋桨,以满足调查船复杂多变工况的要求。

(5) 为了定点测量,部分调查船上配有深水抛锚装置。

(6) 采取多种措施,满足减振降噪的要求。

第二节　典型科考船

一、浅海石油地震勘探双体船

浅海石油地震勘探双体船,主要用于水深 5 米以下的浅水海域进行作业。就渤海而言,这一海域的作业线就超过 8 000 千米,而调查部门原先拥有的勘探手段每年仅能完成近 200 千米,迫切需要现代化浅海石油地震勘探船以加快勘探进度。因此,燃化部华北石油会战指挥部 641 地质调查指挥部为加快在我国沿海海区进行海底石油资源和地震勘探工作,于 1974 年 9 月向中国船舶及海洋工程设计研究院提出了浅海石油地震勘探双体船的设计任务。

中国船舶及海洋工程设计研究院于 1974 年 10 月组成设计团队,先后到天津、渤海 641 地质调查指挥部以及广州进行了实地和实船调查。鉴于勘探船需要较大的甲板面积,所以采用双体船方案,作业方法以高压空气枪为主,炸药震源为辅。1975 年 4 月,在塘沽召开了方案审查会议,11 月在上海召开了技术审查会议。

1976 年 6—7 月在大沽船厂进行了施工设计,1979 年 8 月 27 日试航交船。

该船为双体、钢质、单甲板,两片船体之间以连接桥连接,采用柴油机驱动,双螺旋桨,双舵,艏柱前倾,巡洋舰式船尾。

该船总长 38.2 米,型宽 12.60 米,型深 3.0 米,设计吃水 1.50 米,设计排水量 240 吨,单片体宽 4.0 米,片体中心间距 8.6 米,试航航速约 11.5 节,续航力为 1 000 海里,自持力 10 天,定员 36 人。

稳性:满足 1974 年颁布的《海船稳性规范》对三类航区船的要求。

主机:12V1135ZC 柴油机 2 台,每台主机额定功率 365 千瓦,额定转速 1 500 转/分。

该船主甲板艉部设置等浮电缆绞车一台,主要性能:拉力 1 500 千克,电缆长度 1 500 米,滚筒直径 1 100 毫米;炮缆绞车一台,拉力 150 千克,滚筒直径 309 毫米,炮缆长度 300 米。主甲板设绞车控制室一间。下甲板设炸药库,储存量约 8 吨。上甲板两舷分别设 4 米长工作艇各一艘,配起重量 600 千克手摇回转式小型吊杆各 1 台。艉部和两舷各设吊桥一台,吊桥用人力吊转,桥头上有座位,并设炮缆挂钩。吊桥长 3 米,采用三角式结构。

该船设计特点:

(1) 由于该船在沿海浅水地区进行石油地震勘探,所以受水深限制,最大吃水要求不超过 1.5 米。同时用户方希望有大的甲板面积,因而采用双体船型,但双体船型的船体重量比相同排水量的单体船约重 30%。这样在吃水不变的情况下,只能增加主尺度和方形系数来增加排水量,但从减小阻力角度考虑,以增加方形系数较恰当,因而该船方形系数较大。

(2) 为了尽量控制重量,该船在布置上做了多种方案,但甲板间高度较低,上甲板至驾驶甲板为 2.15 米,驾驶甲板至主罗经平台为 2.00 米,给使用带来一些影响,所以第二艘船相应都提高了 150 毫米。

(3) 用变换尺度的船模进行阻力和适航性试验,通过分析比较,选取了最佳主尺度。

(4) 在螺旋桨设计中,由于船模阻力试验尚未进行,因而按泰勒法计算单体阻力,然后另加上二片体之间的干扰阻力,考虑试航中多种因素,又增加了 20% 裕量。后来经船模试验证明试验阻力数据与计算阻力数据基本吻合。

该船设计符合技术任务书的要求,是第一艘能够在浅海海域进行勘探作业的勘探船,也是当时唯一的一艘浅海作业船,用户对该船很满意。

641 地质调查指挥部当时正和英国、法国在黄海、渤海进行联合勘探,虽然对勘探设备的租用我国有选用优先权,但当时我国没有设备可供租用,因而租用了德国的船舶,租费高达 250～1 000 美元/千米,费用由外方支付。由于德国的船舶也只能在水深大于 5 米的水域进行勘探,因此小于水深 5 米的水域仍无船可用。因而之后采用我国自行研制的勘探船进行浅海地区勘探,不但加快了浅海勘探作业的进度,还获得了可观的外汇收入。

二、1 000 吨级科学调查船"实验 2"号

由于国家急需获得开发海上石油必备的地质资料,地质部、国家海洋局、中国科学院均迫切要求拥有千吨级的海洋地质勘探船。除中国科学院由于需连带进行其他项目的科学调查,需另增若干设备外,各部门的要求基本相同。经第六机械工业部批准,由中国船舶及海洋工程设计研究院设计,于 1977 年在广州造船厂一次性建造三艘,"奋斗四号"和"奋斗五号"归原国家海洋局,科学调查船"实验 2"号于 1980 年 6 月交付中国科学院南海海洋研究所(见图 4-1)。

图 4-1　科学调查船"实验 2"号

该船与"奋斗一号"不同,不仅加大了吨位,提升了作业效能、扩大了作业海域,而且将炸药爆炸引起地震波改为采用高压空气爆引起地震波,取消了原先带有危险性的、由爆炸工作艇上操作人员控制起爆的方式,整船更显示出现代性。

该船总长 68.45 米,型宽 10.0 米,型深 5.4 米,吃水 3.6 米,排水量 1 100 吨,续航力 3 000 海里,自持力 30 天,定员 61 人。

该船的设计特点如下:

（1）采用当时国际上开始流行不久的高压空气爆作业方式。船上配置4台空气压缩机，排气压力200千克/平方厘米。相应配置高压空气瓶10只，每只容量410升，满足气枪最大用气量（60升/分）的工作要求。

（2）配置的相关设备使工作流程清晰安全。作业时，高压空气经滤清器、气水分离器等附件，通过截止阀调节工作压力为150千克/平方厘米，进入气枪电磁阀进口，由地震仪送来的信号通过空气压缩机总配气板发出引爆信号，控制电磁阀动作，电磁阀每接通一次就气爆一次。2部气枪分设于两舷外4.5米处，由气枪起落架收放。一般间隔仅10多秒，较之炸药每4分钟引爆1次，大幅度提高了工作效率。

（3）配置磁力仪，由磁力仪绞车收放磁探头，实施作业；配置重力仪等仪器，勘探海洋重力场。船上相应设有磁力仪室和重力仪室，增加了勘探海底地质构造的手段。

（4）装备有双频道自动卫星导航系统，满足作业时准确地确定船位的需求，提高作业效能。

（5）为提高船的使用功能，配置了水文、气象等调查设备，使该船具备了多项科学调查能力。

（6）由于装备4台空气压缩机，运转时会引起很强的局部振动，经船体结构合理设计和辅以增加减振器等措施，经原华南工学院测试结果证实减振效果良好，保证了空气压缩机机组可正常全负荷运转。

该船在交船后近15 000海里的航程中，完成了气爆实验、南海冬季暖流调查、西沙礁盘调查和重力调查等项目，运行情况良好。在南海及邻近大洋边缘航行和作业中，遇到过八级和九级大风，经受了大风浪的考验。用船部门认为该船达到设计要求，建造质量良好。

1982年10月，由中国科学院广州分院领导主持"国家验收鉴定"。验收领导小组意见如下：

"实验2"号的设计和施工达到了技术任务书的要求；船舶的技术状况符合

国家船检标准;造船图纸资料和装船设备的主要文件齐全;科调设备,包括已引进的"卫导"系统的安装调试基本符合技术标准。经过地球物理测量、冬季暖流等的调查,证明船的适航性能可靠。

三、为"718"工程改装的远洋综合调查船"向阳红05"号

为配合我国洲际导弹发射实验,国防科委、海军组织有关科技人员反复论证,决定建造包括远洋综合调查船在内的5型7艘舰船,建立选择远洋靶场、航天测量和远洋救生打捞船队。

为提前做好调查工作,决定先期利用现有的远洋运输船改装成远洋综合调查船。

1969年原国家海洋局委托中国船舶及海洋工程设计研究院加入该局和总参气象局等单位组成的选船小组并承担改装设计任务。选船小组先后到交通部和广州远洋运输公司下属船队开展实船调研,共调查了3艘客船和9艘货船,查阅了大量资料,考察了实船,并进行了广泛深入的讨论。选船小组的张炳炎推荐1967年在波兰建造、交通部购买现属中国远洋运输有限公司广州分公司的"长宁"号货船。主要依据是该船基本上属于新船,排水量11 000吨,船长152米,吨位和主尺度适中,机电设备基本齐全,可利用的空间足够,可全球航行。该建议获得选船小组同意,上报后经周总理批准,将其调拨给原国家海洋局实施改装。

中国船舶及海洋工程设计研究院立即进行改装设计。改装的重点是按远洋调查的需要增加包括水文、气象、水声、地质、波浪、生物、探高的调查仪器、作业支撑设备和众多实验室,加设通信系统,包括雷达站、短波电台、保密电话系统等,增加油、水、食品装载量以提高续航力和自持力。增加部分固体压载,调整重量分布,提高船的稳性、耐波性,满足Ⅰ类航区的抗风标准,以具备远洋综合调查的能力。

1970年5月,交通部正式将"长宁"号货船移交给原国家海洋局。1970年9月底在广州造船厂开始改装,1972年完成改装,经试航竣工交船,该船被命名

为"向阳红 05"号。该船服役伊始即进行近海实验、训练,为远航做准备(见图 4-2)。

图 4-2 远洋综合调查船"向阳红 05"号

第一次改装后,该船在 1972—1978 年共进行了 4 次太平洋远洋科学调查。1977 年 3 月 8 日至 5 月 20 日,"向阳红 05"号远洋综合调查船执行远洋调查任务,其中在太平洋特定海区考察了 20 多天。1978 年 3 月 15 日至 6 月 1 日是在太平洋时间跨度最长的一次远航,为中国从大洋中得到了第一块锰结核地质样品。1978 年 8 月 21 日至 10 月 21 日,为了对前 3 次远航所选择导弹靶场海洋环境资料进行最后一次验证,进行了第 4 次远航,取回了大量太平洋水文气象、重力、磁力、海洋环境和地质资料,海上高空探测达 32 000 米,深海取样深度为 2 600 米,填补了我国远洋调查事业的空白。

经历 3 年多的 4 次远洋航行,发现该船由于设备条件限制,船上工作生活条件较差,影响远洋调查的顺利开展。为提升该船的科学考察能力,原国家海洋局向中央专委申请对该船再进行进一步改装。经批准,于 1978 年 9 月确定仍由中国船舶及海洋工程设计研究院进行第二次改装设计,广州造船厂承担改装任务。

该次改装原则：统一规划、统一布局、分期施工；确保完成测量任务。具体改装设计包括：

增设落点测量设施，完善远洋调查设施，大幅度增加实验设备，其中增设实验室 24 间，增设 352 甲雷达、272 水声机天线、6 000 米水文绞车和 6 000 米地质绞车。

增设辅机舱，改装 No.4、No.5 货舱及上层建筑。

满足我国远海航区（Ⅰ类航区）稳性要求，且将Ⅰ类航区的风压标准由 1 302 帕提高至 2 354 帕（达到 12 级突风风压标准）。

1979 年 4 月完成该船改装设计。1979 年 3—11 月实施改造。1979 年 12 月 9 日—1979 年 12 月 29 日赴海南岛琅琊湾海域试航，并在桂山岛签字交船。

1980 年 5 月在执行"580"实验任务中，该船担任指挥舰，参加了由 18 艘舰船、4 架直升机、5 000 余名海、陆、空军将士和航天、海洋、通信等科学工作者组成的远洋特混编队，赴南太平洋执行导弹数据舱回收任务。在执行任务中，雷达和水声测量系统捕捉目标正确无误，气象预报正确，通信系统和各种仪器工作良好，使用正常，保证了指挥畅通，该船成员在整个实验中作出了突出贡献，荣获集体二等功。该船 1986 年荣获国防科委科技进步奖三等奖。

四、远洋综合调查船"向阳红 09"号

为了参加 1978 年世界气象组织主办的首次全球大气实验，1972 年原国家海洋局委托中国船舶及海洋工程设计研究院设计 4 000 吨级综合远洋调查船。设计团队经过分析认为国家海洋局规定该船排水量为 4 000 吨，较同为执行远洋综合调查任务的"实践"号大，应可在作业能力、航行性能等方面有所提升。在总结既往科考船设计经验的基础上精心设计，于 1975 年 6 月完成设计。沪东造船厂于 1977 年 9 月正式开工，由于使用、设计、建造三方

均充分认识该船的首次任务关系着国家的声誉,密切配合,船厂做了大量的开工准备工作,仅用14个月即完成建造,于1978年11月交船,如期参加了年底的全球大气实验。由原国家海洋局北海分局接船,该船被命名为"向阳红09"号(见图4-3)。

图4-3　远洋综合调查船"向阳红09"号

该船总长112米,型宽15.20米,型深8.20米,设计吃水5.50米,设计排水量4 400吨,航速18节,续航力10 000海里,自持力60天。主机型号9ESDZ43/82B低速柴油机2台,主机功率(MCR)4 500千瓦,200转/分。该船入级中国船级社(CCS)。

该船设计特点:

(1)提高稳性:该船要在无限航区及恶劣海况下工作,因此船的安全可靠显得特别重要。由于调查任务的需要,在上甲板上布置了12台绞车,2.5吨、5吨起重机各1台,以及各种实验室,这些对船舶稳性均会产生不利影响。另外,在海上作业过程中发生的从满载到空载的油水变化也严重影响了稳性。为解决这一难题,采用深油水舱和压载水舱来调节稳性,并按满足两舱不沉的要求设计,在满足Ⅰ类航区的要求外,还对船在12级风海况下作了稳性校核。

(2)改善适航性和低速航行。该船设置了简单可靠的被动式减摇水舱及加大的舭龙骨,降低横摆幅度;为了减少甲板上浪,提高了艏脊弧。根据调查作业的需要,设置了2台250千瓦的潜水电机,实现了0.5~5节低速航行。

(3)操纵性和航向稳定性。该船采用双机、双舵及能转至90度的双主动舵,保证了该船的操纵灵活性及良好的航向稳定性。

(4)扩大甲板和实验室面积。为了最大限度地给科学调查提供工作条件,船上前后甲板较宽敞,以供作业用;设有共计262平方米的16个实验室,66平方米的标本舱和64平方米的备品舱。

(5)船体结构。全船采用横骨架式,考虑到该船要在恶劣的气候环境中工作(如通过已破碎的薄冰区),因此采用3级冰区加强。

(6)绞车设备。该船设置了12台9种类型特种甲板绞车,其中首次选用国内最先进的6 000米地质绞车、11 000米深水水文绞车、13 700米深水底栖绞车。该船使用6 000米地质绞车,在太平洋水深5 000米处取到了4米多长的样棒,这是当时国内最高水平的柱状样棒。

鉴于该船执行任务成绩显著,在承担国际任务时还附带进行了"718"工程海区的调查任务,荣立集体三等功,受到国防科委、海军司令部的嘉奖。

为了研究海洋的需要,原国家海洋局又在"向阳红09"号的基础上投资建造了两艘同型船,"向阳红14"号和"向阳红16"号。

2007年11月,原国家海洋局南海分局委托中国舰船设计研究中心进行改装设计,由上海立丰船厂施工,将"向阳红09"改装成7 000米载人潜水器母船。

1)改装原则及内容

确保水面支持系统的安全性;在潜水器水面支持系统的设备布置方面,必须充分考虑适用性以及操作、维修的方便性;考虑潜水器水面支持系统功能与母船上已有装备系统功能以及甲板面积、舱室空间使用的兼容性,确保母船以及潜水器水面支持系统的安全性和可靠性。

为了满足潜水器布放/回收时潜水器距离艉部的安全距离,设置了 A 型架,并对艉部线型进行了修改。由于艉部 A 型架基座在起吊过程中将承受 1 000 吨力·米的弯矩,同时艉部 A 型架自重为 50 吨,潜水器重量为 25 吨,为此,对上甲板艉封板向船首 9 米范围水线以上部分的结构进行了重新设计并进行了更换。

2）潜水器轨道等的布置

在上甲板艉部中线面布置两根轨道,两根轨道之间的距离为 3 米。由于该艉部舷弧较大,在不改动上甲板结构的前提下,为了确保潜水器在轨道上安全运动,将轨道设置成为与船舶基线夹角小于 15 度并成艉倾,并在布放/回收的过程中保持船体适当艉倾。

将该船原厨房改造成潜水器支持设备室,支持设备室分隔为四个房间,分别为危险品仓库、机械液压操作间、充电间和电子电气操作间。危险品仓库由隔热材料密封,设置有普通的三层标准货架,存放 1 吨重的水银和二氧化碳吸收剂等物品。机械液压操作间布置 1 台液压泵、1 台加油车、1 台框架式空气压缩机、1 台氧气填充泵和 4 桶液压油,并布置工作台、水槽。充电间内 2 个舱门之间设置工作台,工作台底部设置抽屉式工具箱,充电间可存放银锌蓄电池充电器 1 台、铅酸蓄电池充电器 1 台、主蓄电池 1 台、副蓄电池箱 1 台。电子电气操作间内设置环绕的工作台以及工具箱。

更换发电机组和配电屏。更换了 3 台 600 千瓦发电机组,保留了 1 台 400 千瓦机组作为停泊发电机。更换了机舱监控台和驾控台。对空调系统进行了彻底改造。

3）布放/回收系统的功能

吊运功能:在规定海况下,能将 7 000 米载人潜水器从母船吊起布放入海中,以及将潜水器从海面吊起后运送全甲板,稳妥地坐落在存放架上。

拖曳功能:当载人潜水器完成其水下任务、上浮至海面后,用拖曳缆绳与之挂钩,利用拖曳绞车将载人潜水器引至母船艉部附近,并可在起吊过程中控制潜水器的动向,在应急情况下,可以长时间牵引潜水器航行。

止荡功能:在规定海况下,在母船与潜水器具有各自的摇摆与升沉运动的情况下,通过对液压随动装置、液压阻尼止荡装置等采取措施,使潜水器在布放/回收过程中的运动处于受控状态,安全、平稳、可靠地运作。

兼容功能:该布放/回收系统除能布放/回收7 000米载人潜水器外,还能通过与其他专用绞车配合,布放和回收重型ROV(带有中继器TM5)、声学拖体与光学拖体以及载人潜水器的声学系统等,并能进行6 000米以上的深海拖曳调查作业。

"向阳红09"号(见图4-4)改装交船后,先后多次搭载"蛟龙"号载人深潜器进行各种深度的实验。2012年6月3日,搭载"蛟龙"号,从江苏江阴苏南码头启航,奔赴马里亚纳海沟区域执行7 000米深潜任务,"蛟龙"号成功地承受了最大作业水深7 062米的考验,创造了我国深潜的纪录。在130多次的下潜中,"蛟龙"号创造了下潜最深纪录,考察了海底地貌,发现了新的物种,带回了宝贵的生物样品,极大地促进了我国的深海研究。

图4-4 载人潜水器母船"向阳红09"号

五、中国十大名船之一"向阳红10"号

在利用民用运输船改装成远洋综合调查船的同时,中央部委同时部署研发新型远洋调查船,以求在科学考察能力、设备配套、船舶性能上都更适合远洋科学调查,更好适应"718"工程的要求。自主研发担负重任、投资巨大、时间紧迫的新型科考船是一项艰巨任务,必须从可行性分析、方案探讨、研究国外同类船舶水平和国内设备制造能力等方面着手,逐步深入直到完成施工设计,方能提供给船厂施工建造。为此,中央部委下令以中国船舶及海洋工程设计研究院领导和科技人员为主力,抽调有关研究单位的人员组成专项工作组,在"文化大革命"期间,工作组仅开展正面教育全力进行新船设计工作。

1971年2月工作组成立。在中央部委领导下,经过全组人员夜以继日的努力工作和全国几十个研究、制造单位的支持,于1975年上半年完成了技术设计。随后,中国船舶及海洋工程设计研究院组织近百人到江南造船厂组成由使用单位、船厂、设计单位组成的三结合小组进行施工设计。1975年7月江南造船厂开工建造。为确保按期建成,采取边设计边建造的方式。1979年10月交船,该船被命名为"向阳红10"号(见图4-5)。

图4-5　远洋调查船"向阳红10"号

该船总长 156.2 米,型宽 20.6 米,吃水 7.75 米,排水量 13 000 吨,最大航速 20 节,续航力 18 000 海里。

该船的主要使命为勘察和选择海上实验靶场;发布所在海区的中、短期天气预报和危险天气预报,为实验船队和导弹飞行实验提供水文和气象保障;调查地球重力场和磁力场,为弹道修正提供资料;保证全天候远洋短波通信和实验的长时间数字传输以及通信频率预报;调查海洋水声,为导弹数据舱水下打捞的水声布阵提供海洋水文资料;承担导弹落点时的直升机遥测任务等。

该船具有远洋综合科学考察能力,可进行各大洋的水文、气象、水声、地质、地貌、地球物理、海洋物理和化学、海洋生物和微生物等多学科的海洋调查研究,可收集有关海洋的众多资料,对包括海洋气象、海洋波浪、潮汐、海流、冰层、海水的理化性质、海深、海底地形、矿物、地质、沉没物体、海底资源、地壳构造等进行广泛的调查,为海洋资源的开发和海洋科学研究及技术的发展服务。

较之改装船,该船配置有更完备的科研装置,主要包括:

(1) 设直升机停机坪和机库。机坪面积为 533 平方米,机库顶部设指挥塔和导航台,可满足一架"超黄蜂"型直升机长期在海上使用的要求。

(2) 前甲板设有起重量 29 吨起重机,供吊放和回收深潜器用。

(3) 齐全的气象体系包括气象火箭发射系统、探空气球系统、测风和测雨雷达、卫星云图接收、气象传真等设备,可以承担中、短期气象预报和危险天气预报。

(4) 大功率发信机通信系统和其他通信设备,能同时进行两个方向的远距离通信以及船-船、船-岸、船-空的一般通信,远距离通信用天线布置在前桅和后桅顶端,罗经甲板和驾驶甲板四周竖立着众多的鞭状天线。

(5) 配有包括卫星导航定位系统在内的先进导航设备,能在全球范围内安全航行并能满足海洋调查高精度定位要求,卫星导航定位天线布置在机库顶部甲板上。

(6) 上甲板的两舷和艉部设有供调查用吊杆 9 台,1 200 米至 11 000 米的电缆、缆绳绞车 10 台,供水文、物理、化学、水声、地质、地磁、生物等项实验以及拖网作业用。此外,船上设有各学科用的实验室及计算机室数十间,可以在现场进行各项实验、数据收集和分析处理。

该船在主要技术要素上进行了精心分析、实验,以求达到理想的各项船舶性能。主要设计特点:

(1)排水量的确定。考虑到该船在使用过程中载荷变化范围比较大,出港与到港状态船的性能差别比较悬殊,而取中途状态作为设计排水量比较合适,即以空船重量、人员行李和 50%～60%可变载荷作为设计排水量。

(2)选取合理的主尺度。船长:主要考虑船的总布置、阻力和节省钢材等三个要素;船宽:既考虑直升机坪、机库、充放气球室以及快速工作艇等均需要较宽的甲板面积,又考虑抗 12 级台风应有一定的初稳性高,为此选取适当的船宽与吃水之比;吃水:为改善适航性、提高抗风力、增加桨、舵浸深以及防止深油舱高出水面等,采用了较大的吃水深度;型深:在满足抗沉性的前提下,尽量取小的型深,以保持较低的空船重心和较小的受风面积;稳性:为提高大倾角稳性和增加舱室容积,采用了长艏楼。

(3)线型设计主要从抗风浪性能考虑,采用 V 形艏、艉线型,艏部水上部分适当外飘,艏部水下部分采用梨形小球艏。因该船的船长稍大和较深的吃水,故采用较小的方形系数,该船的阻力可以与世界著名的泰勒系列船媲美。

(4)该船满足 12 级风的抗风稳性。当时我国还没有制定标准 12 级风抗风稳性计算标准,经过广泛的调研和大量的计算分析,并研究国内、外有关规定和计算方法及其发展演变的情况和趋势,找到了比较适合的风压计算值和其计算公式及初始横倾角的修正,在标准 12 级风的抗风稳性计算方面做了开创性的工作。

(5)提高船的稳性。为保障该船一些专用设备正常工作,对船的稳性有较高的要求。为此,采用减摇鳍一对,其执行机构设在辅机舱内,控制部分和指示仪表等分别置于电航仪舱和驾驶室内;为提高低航速时的稳性,设置了被动式减摇水舱。

（6）优良的抗沉性。全船设 9 个水密横隔壁并直达上甲板，设计中做到在满载状态时，任何相邻两舱同时进水后的水线在分舱甲板边线以下 76 毫米，满足抗沉性要求。该船水下部分除主机舱、辅机舱、艏尖舱外，均为油水舱，经核算主、辅机舱进水后该船仍能保持足够的正值稳性。为避免过大的自由液面修正和破舱的非对称性，下部各液舱的边舱两舷相通，以提高抗沉性。

（7）设有全天候远洋通信系统。为了尽量避免各种信号在接收时的互相干扰，特别是大功率短波发信所产生的强射频磁场引起的非线性宽带射频干扰，确保在接收与发信同时进行时，通信信号保持良好运行。船上的电磁兼容性是一大技术难题，在设计中采取的有效措施为：采取屏蔽措施、分区设置天线、收信和发信天线设在发信遮蔽区、发信天线尽量设在远离生活区城等，保证了在"580"实验中的全天候远洋通信。

（8）设置直升机船面系统。该系统可确保船载直升机可在海上长期使用、存放、加油和维修保养。经单项和综合性实用实验，证明该系统安全、可靠，可供一架"超黄蜂"直升机在海上长期使用。该系统的研制成功，填补了我国这一领域的技术空白。

（9）气象预报和气象保证系统，在设计中给予优先考虑。通过走访气象台站，进行广泛深入的调研和分析比较，设计出一套以分析预报为中心，按作业流程合理分布的完整有效的气象中心系统，可探测 30 000 米高空大气要素和 500 千米范围内台风的形成和移动，能进行中、短期天气预报和危险天气警报，成为海上的气象预报中心。

（10）配置大功率水声电源。任务要求船上应设有大功率水声实验系统，而且连续实验时间长。为谋求新的供电方式，利用"实践"号调查船进行实验，最后决定采用振动噪声小的柴油发电机组作为电源，可长时间连续进行海洋水声测试和声呐设备实验。

"向阳红 10"号远洋调查船交付使用后，参加执行"580"实验任务。在历时 62 天的近海合练和远航任务中做到气象水文保障可靠、通信联络及时畅通、航海作业准确无误、机电设备运行正常、船舶操纵安全稳妥,得到海上编队指挥部的充分肯定。该船荣立集体二等功。

该船以后又顺利完成专项重大远洋调查任务,多次进入太平洋,完成了通信转发和信息传输、重力调查和水文测量、气象保障和海区气象环境调查等任务。多次赴南极执行考察、建站任务。南极是地球上最寒冷、最干燥、暴风雪最多、风力最强的地方。"向阳红10"号为我国开辟了通往南美洲最近的新航线,并已被我国远洋运输船队采用。远洋通信系统开通了南极与北京之间的短波通信网络,创造了我国电信史上最远距离的短波通信纪录,并初步揭开了南极和南大洋通信的奥秘。该船还为中国南极"长城"站的建设运载了500多吨物资、设备、工具以及众多人员。

在首次南大洋科学考察中,跨过了南极圈,获得了数以万计的数据和样品,并在十几个项目取得了突破性成绩,有些项目在国内属于首例。1985年1月26日在南极圈附近进行大洋调查时遇到了12级以上的极地气旋风暴,海面上卷起巨浪,高达13米,在狂风巨浪中,船体大幅度起伏,推进器露出水面,主机9次飞车,经过十多个小时同狂风恶浪的顽强拼搏,"向阳红10"号终于闯出了极地气旋风区。该船经受了考验,保证全船财产和人员生命的安全,赢得世界各国的赞誉。该船荣立集体一等功。

在执行东海大陆架调查任务中,在9级风中不停顿地连续作业、高效率地完成了大面积的调查任务,获取了国家急需的大量科研资料,为涉外事务提供了强有力的论据。

"向阳红10"号以其美观的外形、合理的布局和优异的技术性能赢得了有关单位的一致好评。海军原司令员刘华清说:"这艘船是真正考验过了。"海军装备技术部原部长陈佑铭在参观该船时说:"就数这艘船的样子好。""军辅船甚至军舰的设计应参考'向阳红10'号的一些好的方面。"国家海洋局原副局长律巍说:"这艘船是我们海洋局最好的一艘,以后我们要升到美国去访问,让他们看看。"执行过试航的同志说:"参加这艘船的试航感觉有美的享受。"参加"580"

任务的人员说："我们都争着到这艘船上来，工作生活都很方便；条件好，很少晕船。""向阳红10"号原船长张志挺说："我们在9级风中照样放绞车进行漂泊调查作业。"时任国家南极委员会主任武衡在欢迎我国首次赴南极考察编队胜利归来的仪式上说："我国自行建造的科考船，经受了严峻的考验……这一切标志着我国科学技术提高到了一个新的水平。"《解放日报》和《文汇报》在报道该船战胜12级风暴时写道："……这在中国海洋科学考察史上是没有先例的。"

"向阳红10"号远洋调查船的诞生标志着我国远洋科学调查船的设计和建造技术已达到世界先进水平，其意义重大、影响深远。

该船1979年荣获国防科学技术工业委员会重大科技成果一等奖；1985年荣获国家科技进步奖特等奖；2006年被评为"中国十大名船"之一。

1998年8月，"向阳红10"号改建为航天测量船"远望4"号，主要担负导弹、卫星和航天飞船的海上跟踪、遥测、通信和控制任务。并于1999年10月以新的舷号首次远赴印度洋、执行"神舟一号"飞船海上发射测量通信任务。多次远征太平洋和印度洋，出色地完成了我国风云系列卫星，载人航天飞船和"嫦娥一号"绕月卫星的测控任务（见图4-6）。

图4-6　航天测量船"远望4"号

六、科考船"科学一号"

20世纪70—80年代,参与我国海上科学考察的大都是一些小船,载重量大多几百吨,最大的也仅有千吨级。我国急需要功能齐全、载重量较大的科考船。1980年作为我国最早一批自主设计建造的专业科考船"科学一号"的诞生在当时对于我国海洋科学研究具有划时代的意义,在一定程度上。"科学一号"代表了我国当时海洋科学考察的探索能力(见图4-7)。

图4-7　科考船"科学一号"

"科学一号"由沪东造船厂建于1980年,入级CCS。该船总长104米,吃水4.9米,排水量3 324吨,主机(柴油机)5 280马力、2台,最高航速19节,经济航速15节,最低速度4.5节,续航力8 000海里,定员101人(船员38人,科研人员63人)。该船配备有10个实验室。可进行地质、地球物理、物理海洋、气象、化学、生物和环境保护等综合性考察。实验室总面积为187.5平方米,其中导航定位和数据收集室24.5平方米,地震室32.7平方米,地貌室22平方米,磁力和气象室17.9平方米,湿性室20.5平方米,干性室22平方米,重力室22平方米,气枪室 8.4 平方米,空压机室 8 平方米,资料室 9.5 平方米。

该船作业甲板配备有 3 000 米水文绞车、3 000 米 CTD 绞车、6 000 米 CTD 绞车、8 000 米液压地质绞车,万米液压牵引地质绞车等各种性能的绞车 10 余台,配备 A 型架一台,倒 L 型架一台,6 台高压空压机及 12 个高压气瓶,为专业考察提供了有力的保证。

"科学一号"科考船在国家"八五"至"十二五"期间,多次承担"863"计划、"973"计划、国家攻关、国家攀登、国家重点、国际合作、国防科技项目,以及国家科委、中国科学院等众多的考察项目,曾两渡赤道,多次远征西太平洋,采集了数以万计的科研数据,取得了极有价值的科研成果。在远航太平洋的考察中,科学家发现了"棉兰老潜流",改变了有关对太平洋西边界流动力学结构的传统认识。对海洋经向热量传送、平衡和气候有重要影响。在中国陆架考察中发现了中尺度涡"东海冷涡",推进了中国陆架环流的研究。自 1980 年以来,"科学一号"一直是我国科考船的主力船,航行轨迹遍及渤海、黄海、东海、南海及太平洋等海域,最远曾到达巴布亚新几内亚独立国,总航程 60 余万海里。

"科学一号"考察船服役以来,培养出一支经验丰富、业务精湛的专业海洋科学考察队伍,作为科研支撑体系的一部分,"科学一号"以服务海洋科技为宗旨,勇于进取、大胆改革、开拓创新,在科学考察工作中取得了显著成绩,为我国的海洋科学事业作出了重大贡献。

2016 年 5 月 20 号"科学一号"海洋科学综合考察船在青岛光荣退役。这艘服役 36 年的我国功勋科考船被安置在青岛西海岸新区古镇口军民融合区海军公园,改造成为海洋科学科普教育基地和海洋科技人才实训基地。青岛西海岸新区属国有企业,融发集团按照"智变融合、科教融合"的基本思路,对"科学一号"进行投资营运,建成后将全面展现我国海洋科学考察和海洋科学研究的发展历程,打造成为青少年提升海洋意识、学习海洋知识、了解海洋科学考察的科普教育基地,成为集科普教育、文化旅游、餐饮娱乐等为一体的综合互动体验型展区。同时,"科学一号"还将成为海洋和传媒专业学生的学习实践平台,培养更多优秀的海洋科技人才。

七、海洋地质调查船"海洋四号"

"海洋四号"海洋地质调查船于 1980 年 11 月由沪东造船厂建成,1986 年 12 月首航中太平洋,先后执行 10 多个航次大洋科学考察任务。1990 年 12 月远航南极,被誉为科考英雄船(见图 4-8)。

图 4-8　海洋地质调查船"海洋四号"

"海洋四号"海洋地质调查船装备有较大的油舱、海水淡化装置、油污水处理装置、万米绞车、艏侧推装置、避碰雷达等设备,适合承担远洋考察任务,是当时国内调查手段较多、较齐全的海洋地质地球物理综合调查船。

该船船长 104.27 米,型宽 13.47 米,型深 7.8 米,吃水 4.95 米,排水量 3 325 吨,航速 15 节,续航力 15 000 海里,自持力 60 天,主机两台 B&W 公司 6K45GF 柴油机,功率 3 533 千瓦×2。

"海洋四号"是久负盛名的科考船,从 1980 年建造完工开始投入使用,航迹遍及中国海、太平洋,曾远赴南极承担我国海洋基础地质、油气资源、天然气水合物资源、大洋矿产资源调查等一系列重大任务,为维护国家海洋权益、服务海洋经济建设作出了重要贡献。为了更好地发挥其调查功能,由中国船舶及海洋工程设计研究院承担改装设计,广东中原船务工程有限公司承担改装施工。改造项目自启动以来,该院在前期调研论证、方案可行性分析、配合船厂招标设计、详细设计、配合建造等过程中做了大量工作,特别是在详细设计过程中,设计团队密切协同用船部门、船厂、船级社和监理公司克服了改造船船龄大、原船资料缺乏、工期要求紧等诸多困难,凭借着扎实的基本功和高度的责任感,攻克了轴系计算、分段对接等技术难关,为整个项目的顺利进行铺平了道路。试航结果表明,船舶后甲板作业面积得到显著增加,船体振动大幅度降低,舵效及船体稳性得到有效提升,各项技术性能符合设计要求,各项技术指标达到预期目标。通过此次改造工程,"海洋四号"拓展了地质调查手段,提升了野外采集的科技含量,促进了水下调查设备向机电一体化、多功能化、智能化方向发展。

该船配备的主要调查设备有全球定位系统、综合导航系统、多波束测深系统、海洋重力仪、磁力仪、浅层剖面仪、单道地震仪、数字与模拟单道地震系统、深海摄像系统、CTD 测量系统、安德拉海流计、万米测深仪、大型重力活塞取芯器、有缆重力取芯器、大洋 50 型有缆抓斗取样器、箱式取样器、多管取样器、无缆自返式抓斗、结壳拖网、结核及表层生物拖网。另外现场化学实验室还配备 X 荧光分析仪、原子分光光度计、pH 值计。沉积物剪切仪、偏光显微镜等物理、化学、生物现场分析仪器。其具有的先进调查技术手段包括:

一是多波束全覆盖测深技术——重现深海海底地形地貌。多波束全覆盖测深技术是我国国际海底区域矿产资源勘查工作的主要调查手段之一。通过多波束测深系统采集数据,经过处理和成像,海洋地质工作者可以重现几千米水深海底的地形地貌。这一重要调查手段,对于查明海底多金属结核和富钴结壳资源的分布与富集区至关重要。

广州海洋地质调查局"海洋四号"船在 20 世纪 90 年代中期首次引进了 SEABENM2110 多波束测深系统,在此基础上进行了研究和开发,与差分 GPS 导航定位技术、精细后处理和电子数字化自动成图技术等多项技术集成,总结出了一套多波束系统全覆盖精密探测技术,使我国在海底地形地貌探测技术方面达到了当时的国际水平。

从 1997 年开始,"海洋四号"在多个航次使用这一重要调查手段,完成了结壳区多波束测量 4 363 千米,可覆盖面积达 3 万平方千米。与过去使用的单波束测深系统相比,多波束测深系统采集的数据量、工作效率和探测的精度有了显著的提高。

二是海底彩色摄像系统——海洋地质工作者的望远镜。"海洋四号"拥有我国自行研制的可深入 6 000 米水深的海底彩色摄像系统。海底摄像系统仿佛海洋地质科学工作者的眼睛,将神秘的海底世界展现在世人的面前。这套系统由甲板和水下两个部分组成,通过 7 000 米长的同轴铠装电缆将两者连接和传输通信信号。由水下摄像机对海底进行近距离拍摄,仪器舱的控制人员和调查船甲板上绞车操作人员通过监控图像和高度数据对水下摄像单元可以及时进行拍摄监控和海底观测。

1998 年该系统初次下水,在东太平洋成功获得了四个测站的清晰的海底纪录,通过海底摄像,清晰地观测到了在 5 000 多米的深海平原的"红黏土"和游鱼、软体动物以及海底底栖生物的活动痕迹,更重要的是可以直接观察到被"红黏土"半遮半掩的土豆大小的黑褐色锰结核散布海底。其后,这套系统迅速投入试生产,在中太平洋的富钴结壳靶区复杂的海底地形条件下取得彩色摄像拍摄纪录;并于 2001 年应用于我国天然气水合物资源调查之中。在该航次中,"海洋四号"对麦哲伦海山区和中太平洋海山区的结壳区及结核合同区进行了23 个测站的海底摄像记录,取得了调查区的直观观测现场录像。

1999 年,我国作为世界上第五个向联合国国际海底管理局登记的国家,在东太平洋 7.5 万平方千米的国际海底区域拥有了专属勘探权和优先开采权的多金属结核合同区。在"十五"期间,在中国大洋协会的统一组织下,又将在国际海底区域进行富钴结壳资源调查列为工作重点,抓紧时间开展这一资源的调查。圈定出具有远景的富钴结壳矿区,已适时向国际海底管理局提出我国的合同矿区申请任务。

"海洋四号"曾执行过 10 多个航次的大洋调查和南极南太平洋科学考察。它是我国目前参加大洋调查航次任务最早、每次都圆满地完成科学考察任务的科考船。中国大洋协会理事长曾高度赞扬"海洋四号"为中国大洋科学考察树立了一面旗帜。

2002 年 10 月 30 日,广州黄埔军校码头人头涌动,彩旗飘扬。广州海洋地质调查局"海洋四号"远洋科考船全面完成我国《国际海底区域研究开发"十五"计划》的 DY105－13 航次科学考察任务返回广州。历时 174 天,航程 24 000 多海里的此次科学考察,取得了重要的科学考察成果,发现了两个具有勘查前景的富钴结壳新区;进一步查明了重点靶区结壳资源情况,证实了三个结壳调查区的资源前景,为我国在即将面临的新一轮国际海底区域矿产资源竞争中争取了主动,体现了中国大洋勘查开发活动正由单一的多金属结核资源拓展为面向国际海底多种战略资源的重要战略调整。

2003 年 5 月下旬,"海洋四号"从广州出发,远赴太平洋,经过 164 天的海上科研考察,航程两万多海里,完成了中国《国际海底区域研究开发"十五"计划》(代号为 DY105－15 航次)的科学考察任务,于 11 月初返回广州。

"海洋四号"DY105－15 航次是中国大洋勘查开发活动由单一的多金属结核资源拓展为面向国际海底多种战略资源战略调整的重要调查航次,在太平洋国际海底区域实施了富钴结壳资源的勘察和多金属结核资源合同区的勘探,取得了一些重要的调查成果。该次考察初步确定出部分富钴结壳申请的候选区,为即将开展的富钴结壳矿区申请打下良好的基础,富钴结壳是深海最重要的固体矿产资源之一。针对以往航次调查中确定的麦哲伦海山区及中太平洋的部分重点海山区,"海洋四号"通过开展加密拖网取样和海底摄像调查等调查工作,对富钴结壳的分布规律和资源状况有了更清晰的认识,进一步查明重点地区富钴结壳资源情况。同时,这次考察还进一步揭示了中国多金属结核合同区东区结核的小尺度分布规律,为今后采矿设备的设计及方案的选择提供了依据。

八、远洋综合考察船"大洋一号"

为统筹国内各领域海洋的优势力量,开展国际海域工作,维护我国海域权益,在原国家海洋局领导下,于 1990 年 4 月成立中国大洋矿产资源研究开发协会(简称"中国大洋协会")。

中国大洋协会为进行大洋矿产资源调查的需求,于 1994 年 7 月从俄罗斯远东海洋地质调查局购入一艘海洋地质和物理考察船。该船 1984 年建成,原名"彼得·安德罗波夫"号,改名为"大洋一号"(见图 4-9),由原国家海洋局南海分局代为中国大洋协会管理。

图 4-9　远洋综合考察船"大洋一号"

该船按苏联船舶入级与建造规范建造,船体为钢质结构并进行冰区加强,相当于我国 B3 级抗冰能力,无限航区。

该船总长 104.5 米,型宽 16 米,型深 10.2 米,满载吃水 5.7 米,最大航速 16.2 节,自持力 60 天,定员 75 人,满载排水量 5 600 吨。

中国大洋协会根据使用情况,前后三次委托中国舰船研究设计中心进行改装设计。

1995 年第一次在广州文冲船舶修造厂进行改装。改装的主要项目有拆除艉部单杆吊机和艉楼及有关绞车，前桅前移，后桅移至两烟囱中间，加装艏侧推装置、多波束探测仪、万米深拖绞车及其液压站、水下机器人及电缆绞车、两台伸缩吊和一台折臂吊及实验室等。改装后该船成为海洋地质、地球物理、海洋化学、海洋生物、海洋声学等多学科研究的工作平台，可以承担海底地形、重力和磁力、地质和结构、综合海洋环境、海洋工程以及深海技术装备等方面的调查和实验工作。

该船第一次改装后，经过几年的大洋地质调查，发现由于船舶系统和调查系统存在某些问题，难以适应繁重的调查任务。例如，船舶横摇周期超过了原设计值，适航性较差；船舶压载系统损坏，浮态差，调整困难；主推进系统存在缺陷，实际航速低于设计航速；主发电机带病运行，全船供电能力不足；后甲板作业区离水面过高，起吊设备功能差，收放调查设备困难，且不安全；实验室数量与有效面积不能满足需求；通信导航设备较差；未安装动力定位系统，无法执行较复杂的调查项目；未设置全船计算机网络系统，无法实现全船数据共享等。

2001 年，为了适应我国大洋资源调查从单一的多金属结构资源向多种资源的战略转变，更好地完成我国大洋资源的调查任务，在沪东造船厂进行了第二次改装，增设了多波束和浅剖实验室、重力和 ADCP 实验室、磁力实验室、地震实验室、综合电子实验室、地质实验室、生物基因实验室、深拖和超短基线实验室和多种考察设备。其中我国自主研发的先进设备有现代化船舶网络系统、6 000 米深拖光学系统、4 000 米测深侧扫声学控拖系统、3 000 米浅地层岩芯钻机、3 000 米电视抓斗、3 000 米海底摄像连续观测系统、船载深海嗜压微生物连续培养系统，以及多种我国自主研发的深海取样设备，如多管、箱式、拖网等。进口的先进仪器设备包括多波束测深系统、高精度双频条幅式测深系统、地层剖面系统、全海洋宽带非线性差频浅地层剖面系统、6 000 米(超长程)超短基线定位系统、光纤运动参考单元系统、6 000 米深拖声学系统、6 000 米测深/侧扫和多波束系统、6 000 米深海照相系统、6 000 米声学释放系统等。

再次改装的“大洋一号”远洋综合考察船成为一艘接近国际先进水平、能满足我国在国际海底区域资源研究开发需求、面向国内、外开放的海洋调查与深海设备实验相结合的现代化综合性远洋综合考察船。自 2003 年以来,"大洋一号"执行了繁重的海上考察任务,为"十五""十一五"和"十二五"期间的我国大洋科学考察作出了重大贡献。

该船先后执行了 7 个远洋调查航次的中国大洋矿产资源研究开发专项任务和大陆架勘查多个航次的调查任务,在东太平洋和西太平洋进行了海底结核资源调查,西南印度洋执行了热液硫化物质资源调查,为中国的大洋事业的发展打下了坚实的基础。

2005 年 4 月—2006 年 1 月,完成了我国首次横跨三大洋的环球科学考察航次任务,并取得四大成果:

(1) 获取了三大洋目标区海底热液口附近的硫化物、岩石、沉积物以及生物和其他实物样品,为进一步的研究提供了资料。

(2) 初步考察了某些区域内海底热液硫化物"黑烟囱"的资源分布状况。

(3) 探索了目前世界科学界关心的前沿和焦点问题,推动了大洋科学研究的发展。

(4) 带动了相关海洋技术装备的发展。

2009 年 7 月—2011 年 3 月,又执行了两次环球航行任务,其中 2009 年 7 月—2010 年 5 月的第二次大洋环球科学考察,取得了多方面的历史性突破。科学家们在大西洋首次发现了热液区多金属硫化物,使我国成为能独立发现三大洋热液区的国家,并首次使用自主研发的深海无人缆控潜水器观察抓取"黑烟囱"群。2010 年 12 月启航的大洋 22 航次是该船的第三次环球科学考察,总航程达 4.5 万海里,历时 376 天,是我国当时历时最长的大洋科学考察任务之一。

"大洋一号"所执行的这三次环球科学考察,都有一个与未来经济发展密切相关的重要任务——"捕获"海底热液硫化物"黑烟囱"。

"黑烟囱"是大陆板块与海洋板块之间的火山口,位于海底热液区,状如烟卤,富含各种稀有金属,是各国都很关注的矿产资源。

寻找海底"黑烟囱"对一个国家来说有相当重要的意义。这种黑色的物质含有工业社会需要的各种资源,不仅有铜、镍、锌等重要金属,还有制造纯平显示器需要的铟,甚至贵金属黄金都可以在"黑烟囱"中找到。"黑烟囱"周围还会形成一个特殊的生态系统,不依靠阳光和光合作用的"黑暗生物群",这些生物对未来生物医药的发展大有裨益。

迄今为止,我国已经发现了 17 个海底热液区,约占世界三大洋 30 多年来已发现热液区的 1/10。

2014 年 11 月—2015 年 6 月,该船完成了大洋第 34 次航次,历时 215 天,航程 28 125 海里,取得了 6 个方面业绩:

(1) 切实履行了我国西南印度洋多金属硫化勘察合同,在合同区圈定了多处矿化异常区,对热液区的分布范围和构造特征取得了新认识。

(2) 实践了海底多金属硫化物资源的工程化勘探,开展了沉积物化勘探、近底磁力等勘探方法的探索,形成了一套海底矿化异常区圈定的探测方法。

(3) 我国自主研发的"进取者"号中深孔岩芯取样钻机、电法探测仪等硫化物勘探的关键设备的应用取得了突破。

(4) 在多金属硫化物合同区开展了断面的环境基线调查,获取了国际海底管理局要求的年度环境基线资料和生物样品。

(5) 系统地获得了多金属硫化物合同区部分区块的地质、地球物理、水文、环境等方面数据和样品,为科学家研究该区块的硫化物多样性特征等提供了重要的支撑资料。

(6) 在中印度洋海盆首次发现了大面积富稀沉积物,对沉积物进行了现场测试分析,测出较高的稀土元素含量,达到了成矿条件。

为了彻底解决该船因长期使用、设备老化、确保船舶安全运行,适应新形势下国际海底区域资源调查任务的要求,"大洋一号"于 2016 年 12 月由武昌船舶重工集团有限公司进行了第三次修理和改装。此次改装工程引进了国际先进的丹麦制造的 ROV 绞车和意大利制造的 12 吨折臂吊机;更换主机及相应的配套设备;改装了驾驶台和集控台,实现了航行设备、船舶操纵和动力定位的全面集成。改装后的"大洋一号"整体性能得到大幅度提升,船舶降噪,船舶信息智能化、船员生活设施等都得到较大改善和提升。改装后的"大洋一号"可继续服役 15 年左右。

九、南极科考破冰船"雪龙"号

为了给南极科学考察活动提供更有力的支撑,根据南极冰区的海洋环境,原国家海洋局决定建造一艘南极科考破冰船,并于 1990 年由原国家海洋局南极办委托中国船舶及海洋工程设计研究院进行预研,提出可行性报告。预研团队经过详尽研究分析,在提出新建船方案的同时,从当时国家财力以及造船周期考虑,曾提出利用"向阳红 10"号改装或新建一艘破冰船,这两个方案供原国家海洋局南极办选择。后获悉乌克兰有一艘在建新船,由于苏联的解体,无钱支付,准备弃船。该船总长 167.0 米,型宽 22.6 米,型深 13.5 米,满载吃水 9.0米,满载排水量 21 025 吨,最大航速 18 节,续航力 20 000 海里。属 B1 级破冰船,能以 1.5 节航速连续破冰厚 1.1 米(含 0.2 米雪)。预研团队分析了此船资料后,认为这艘船总体性能、机电设备、抗冰航行能力等要素基本符合在南极航行的要求,如经适当改装,即可成为一艘南极综合考察船。据此原国家海洋局决定采购,于 1993 年 4 月购买成功,并根据需要,实施了多次改装。

几次改装的要点如下:

为适应极地科学考察的需要,1994 年进行第一次改装,重点改装第一货舱。货舱的上甲板和下甲板的货舱盖全部拆除,然后封闭上下甲板舱。封板结构强度满足承载滚装车辆的要求,保留上下甲板之间的滚装货舱,并设绑扎固定设施,在第一货舱部位的上甲板上加装 4 层上层建筑,上甲板上布置实验室和调查设备,艏楼甲板上布置餐厅和居住舱室。增设大型实验室两间、样品处理室三间、洁净室一间、数据中心、样品库、培养室等,实验室总面积约 200 平方米。

新增设的实验室、工作室、居住舱室和公共处所均设置空调装置。加装鱼探仪和声学多普勒海流剖面仪,加装CTD绞车和伸缩调查行车、1 200米生物绞车。下甲板与内底之间设400吨淡水舱和600吨南极站用轻柴油油舱。

该船改装后,按照中国南极考察事业的奠基者和组织者武衡的提名,被命名为"雪龙"号(见图4-10),"龙"代表中国,"雪"意味着南极的冰雪世界。

图4-10　南极科考破冰船"雪龙"号

经过近10年的航行,"雪龙"号已不再适应极地安全航行的要求,于2004年开始又进行升级改装。此次改装分两期进行,2004—2007年的改装,由上海船舶研究设计院和上海船厂完成;2012—2013年的改装,由中国船舶及海洋工程设计研究院和江南造船厂完成。项目虽然分二次完成,但在船东中国大洋协会的有效策划和管理下,两期改装目标明确,次序筹划合理,内容有机互补,使"雪龙"号实现了"安全、先进、适用"的改装目标,进入了国际一流极地考察破冰船的先进行列。

经升级改装后,"雪龙"号主甲板以上的所有设备、设施全部更新。船上的实验室面积也从原来的200多平方米扩大到580平方米,并更换了全部实验室设备。改装后的"雪龙"号具有先进的导航定位、自动驾驶系统,配备了先进的通信系统及能容纳两架直升机的起降平台、机库和配套设备。船上设有大气、水文、生物、计算机数据处理中心、气象分析预报中心和海洋物理、海洋化学、生物、地质、气象和洁净等一系列科学考察实验室。更新了用来探寻磷虾及其他极区水生动物的鱼探仪,可在航行时测定海水流速、方向的声学多普勒海流剖面计以及用于测量海水温度、盐度、深度(CTD)等的大批先进仪器设备。

改装后,"雪龙"号可搭载 130 人。一般考察队员居住舱室为双人间,每间 10 平方米左右,设置中央空调系统,24 小时供应热水,冰箱、衣柜、写字台等一应俱全,还有端口可供上网发邮件。"雪龙"号还设有学术报告厅、邮局、医院、游泳池、图书馆、健身房、桑拿房、室内篮球场、网吧、洗衣房等生活设施。

"雪龙"号考察船是我国当时最大的极地考察船,是我国唯一能在极地破冰连续航行的船舶。船上装有可调螺距螺旋桨,在航行时操作灵活,有利于破冰。船体用 E 级钢板制作,即使在零下 40 摄氏度的严寒气候条件下,该船的各种性能良好。该船可运输杂货、大型、重型货物及各种车辆(设置滚装舱)、冷藏货物、贵重货物、炸药、矿物、标准集装箱以及各种油料。

"雪龙"号从 1994 年 10 月首次执行南极科学考察和物资补送任务起至 2018 年,已先后 34 次远赴南极,9 次远赴北极,足迹遍布五大洋,创下多项中国航海史上的新纪录。

1999 年 7—9 月,我国组织了对北极的首次大规模综合科学考察,"雪龙"号搭载了 124 名考察队员首航北极,历时 71 天,航行 14 180 海里,对北极海洋、大气、生物、地质、渔业和生态环境等进行了综合考察。

2003 年 7 月,中国政府组织了第二次北极科学考察,"雪龙"号搭载了 109 名考察队员破冰挺进北纬 80 度的北极,全程历时 74 天,航行 12 600 海里,开展了海洋、大气、海冰和生化等多学科的综合考察,并运用了水下机器人等高新技术,深化了对北极海洋、海冰与大气相互作用的研究。

2007 年"雪龙"号在南极冰穹 A 地区进行冰盖典型断面综合考察、冰穹 A

地区冰芯钻探、地球物理探测和天文学观测等。冰穹 A 地区是南极冰盖的最高区域,气候环境极其严酷,被称为"人类不可接近之极"。

此次科学考察创下了多个"首次":在世界上首次绘制出南极冰穹 A 地区 450 平方千米范围内的 1∶50 000 地形图;首次在南极内陆地区进行地震观察;首次进行光学天文的实验观察等一系列开创性的壮举。天文学家在南极冰穹 A 地区进行了天文台选址,计划建一个天文自动观测站,建立由几百个望远镜组成的庞大矩阵,开展变星统计、宇宙暗物质研究。还进行了冰芯钻探,钻取了约 3 200 米深度的冰盖完整冰芯,查看了冰穹 A 地区是否存在超过 150 万年的古老冰体。

这次科学考察团队还有一个很重要的任务,就是在冰穹 A 地区大本营周围 6 000 平方千米范围内考察,测定南极内陆考察站址及环境参数,为建设中国第三个南极科考站奠定基础。

2012 年 3 月,中国进行了第 28 次南极考察,"雪龙"号成功地穿越了南纬 45 度的"咆哮西风带",这是"雪龙"号在该航次中第四次穿越"咆哮西风带",相对而言,也是最为艰难的一次。与前 3 次相比,此次穿越过程受气旋影响最大,持续时间最长。6 日晚"雪龙"号从南极中山站所在地的普里兹湾启航后即受到一个气旋的影响,该气旋为西风带气旋南压所致,在气旋与极地大陆高压的共同影响下,海上风浪逐渐加大。自 7 日白天开始至 11 日晚间,"雪龙"号遭遇了剧烈的颠簸和摇晃,一直在摇摆颠簸中向北航行。船体最大摇摆幅度达 20 度,舱室内大型物体都被绑扎固定,桌子上铺上了防滑垫。即使这样,每一次大幅度的摇摆,都能听到舱室内物品从高处跌落并在地板上来回滚动的声音。11 日晚间,"雪龙"号成功地穿越了"咆哮西风带"。此次南极考察,"雪龙"号执行"一船三站"的南极考察任务,共 4 次穿越终年狂风巨浪盛行的"咆哮西风带",总航程达 2.8 万海里。该船经受住考验,实践证明改装是成功的。

十、海上综合实践和研究平台"东方红 2"号

中国海洋大学是培养我国海洋科学人才的摇篮,在育才的整个过程中,该校在20世纪60年代就拥有的海洋实习调查船"东方红"号发挥了重大作用。中国海洋大学考虑到该船已营运近30年,即将退役,必须有新船接班,经报请批准,由国家计委、财政部、教育部和地方共同集资为该校建造海洋综合调查船。该船由中国海洋大学委托中国船舶及海洋工程设计研究院设计,中华造船厂建造,于1995年12月28日交船,该船被命名为"东方红2"号(见图4-11)。"东方红2"号最大限度地承担了部属高等院校海洋学科不同层次的需要,成为符合我国国情并具有特色的海上综合实践和研究平台,并能承担近海域和各大洋的水文、气象、物理、化学、地质、生物和地球物理等海洋科学多学科的综合观测、研究和学生航海实习,同时又能承担全球性海洋研究的国际合作项目,为海洋产业部门开发利用海洋资源提供理论和技术依据,并可以普及海洋教育,增强全民海洋意识。

图4-11 海洋综合实践和研究平台"东方红2"号

在设计开始阶段,设计团队在充分调研"东方红"号使用情况的基础上,倾听校方的要求,在造船经费的允许范围内。经过精心设计、试验,该船在主尺度、航海性能、作业能力、设备仪表配置等方面均比"东方红"号有全面的提升，获得使用方的赞扬。

全船设有 15 个不同类型的实验室，可提供海洋物理、海洋大气、海洋化学、海洋生物、海洋地质和海洋地球物理等海洋学科的综合调查和部分专业调查，并可进行分析研究工作。该船设计布局适用进行多学科交叉科学考察，航行保障设备安全可靠、操作管理简单、维护检修容易、经济实用、机动性强。

该船总长 96.0 米，型宽 15.0 米，型深 8.8 米，设计吃水 5.0 米，设计排水量 3 400 吨。航速：在设计吃水 5.0 米，风力不大于蒲氏风级 3 级时，最大航速为 18 节，经济航速为 14 节，采用可调螺距螺旋桨推进，可保证航速从 0.5～18 节之间无级变速。续航力在经济航速下为 12 000 海里，定员为 196 人，自持力为 60 天。

该船采用长艏楼、上甲板不对称布置，为海洋考察提供了较大的工作空间，采用小球鼻艏，增加船舶抗波浪性能，艉部采用低船舷便于海洋科学考察作业。

其主要配置：

1）主要设备和仪器

该船配有自容式 CTD、直读式 CTD、船载相控阵 ADCP、浅地层剖面仪、浅水多波束系统、深水多波束系统、高精度卫星差分全球定位系统（differential global position system，DGPS）、光纤船姿态测量仪、常规气象观测仪、声速剖面仪、碱度测量仪、自容式波高仪等设备和仪器。

2）主要绞车和吊杆

该船配置了多种绞车和吊架，主要有 6 000 米水文液压绞车、3 000 米生物液压绞车、1 300 米液压绞车、2 500 米 CTD 液压绞车、8 000 米 CTD 液压绞车和水文采样吊杆、生物采样吊杆、大、小门型吊杆等。

3）实验室

驾驶甲板上设置气象室和遥感室，艇甲板上设置航海实习室和气象探空室，上甲板上设置中心计算机站、重力仪室和 5 个通用实验室，可根据海洋调查任务的需要,分为干、湿、半干湿三种类型,为水文、物理、化学、生物、地质等海洋调查和科学考察任务提供了良好的平台。

该船解决的主要设计难点有 9 个方面:一是船的吨位确定。从当时世界上海洋综合调查船现状和发展趋势来看,这类船在 5 000 吨左右较为理想,但考虑到该船的最初投资和将来使用维修费用等经济方面的因素,船的吨位宜控制在 3 500 吨以下。经反复分析计算,在满足使用要求的前提下,最终确定了该船的吨位为 3 400 吨,并得到了校方的认可。二是为了获得最佳的船舶主尺度和船型系数,设计团队搜集了 1965—1989 年以来国内、外已建成的 11 艘海洋调查船资料,经分析比较后选择最佳方案,使该船海军常数可达 304,快速性较好。三是为改善船的耐波性和提高对海况的适应能力,除在船的总体设计中加以考虑外,还采用了气动式减摇水舱装置,减摇效果可达到 50% 左右。四是通常单桨、单舵船在低速状态下的回转机动操纵性欠佳,特别在大风大浪中严重失速的情况下,难以及时调整航向。如采用动力定位系统费用又太大,经研究后采用既节省费用又基本有效的艏侧推装置方案,解决了航向调整欠佳的问题。五是该船结构设计符合 1989 年出版的中国船级社《钢质海船入级与建造规范》及1991 年《钢质船入级与建造规范修改通报》的各项规定。为提高冰区航行的安全性,在满足规范 B 级冰区加强的各项规定下,将冰区加强部位的外板的钢材提高到 D 级钢(比规范要求高一级)。六是船上除了设置必备的各类系统之外,还首次配备了 IBS - 200 型综合导航系统一套,可在中央控制显示屏上对船舶各种航行参数(航迹、航线计划、船舶实际航行情况等)实施实时全景显示,并通过对各类参数计算后控制全数字化自动舵,实现了最佳自动跟踪航线功能,保证了航海的安全可靠。七是采用了双机并车单轴可调螺距螺旋桨推进装置,其优点是:工况变化灵活、可满足多项任务的需要,双机全功率航速可达 18 节,单机航速可达 14 节,调查作业时可低速航行,推进效率高,经济性好。同时,双机可互为备用,生命力强。八是在中心计算机站设置了网络线路与接口,实现了各实验室计算机与导航系统的联网,并可实现各学科的调查资料共享和实时数据传递与处理。各实验室也可通过网络获得船位及航行资料(如经纬度、航速、航向、水深、风速、风向、罗经航向等),并能够实时记录和回放。九是该船安装了符合全球海上遇险与安全系统(global maritime distress and safety system,GMDSS)的甚高频(very high frequecy,VHF)电话、单边带无线电话(single side band,SSB)、数字选择性呼叫(digital selective call,DSC)、卫星 C 站和卫星 B 站。安装的丹麦卫星 B 站系统,可通过卫星使船与其他船舶进行通信,也可使船与陆地间直接通话、电传、传真和发送与接收 E - mail,实现了海陆间实时信息的传递。

截至 2011 年 8 月,"东方红 2"号海洋综合调查船自交船起 16 年来,科学考察航程已达 30 多万海里(相当于绕赤道 14 圈),航迹遍布渤海、黄海、东海、南海和西北太平洋海域,承担了"973"计划、"863"计划、国家自然科学重大基金项目等逾百项国家级重大研究课题的综合性海上航次任务,搭载科研人员 4 000 余人次,与国内、外 30 多家相关海洋研究单位及院所进行了广泛合作。

2016 年 10 月海洋综合调查船"东方红 2"号在马里亚纳海沟成功完成了万米深海研究科学考察任务,通过自主研发的海洋仪器设备,获得了诸多珍贵海洋观测资料,填补了多项海洋科研领域空白。该航次是海洋国家实验室启动的以战略任务为导向的、首个面向全国的远洋科学考察开发共享航次,标志着海洋国家实验室深远海科学考察平台进入了实质性运行阶段。

"万米深海行动"计划是海洋国家实验室"透明海洋"重大战略任务的子任务之一,相当于"把人类的眼睛放到万米深海",促使我国深海科技创新能力从"跟踪国际先进水平"向"引领世界深海科学创新"为目标的巨大改变。

该航次主要执行完成了三大科学考察任务:一是对海洋国家实验室海洋动力过程与气候变化功能实验室构建的国际上第一个马里亚纳海沟海洋科学综合观测网进行了回收。二是对 4 000 米深海智能浮标、远程水下航行器、波浪滑翔机、深水实时式、自容式高清摄像机、万米深水采样装置及深海万米重力沉积物采样器等多种完全自主研制的海洋仪器与装备开展了系统化的海上实验,为形成我国自主深海仪器装备产品开发提供技术数据,推动我国深海创新技术发展进程,改变我国目前深海仪器与装备受制于人的被动局面。三是开展了马里亚纳海沟大断面全水深海环境参数测量、大体积水体采样和深海海底沉积物采样,科学考察人员对采集的样品进行了深海细菌的种质资源、酶资源、药用资源的深度开发研究工作,这些研究工作不仅填补了我国在深海微生物研究领域的空白,还为研究深海生命起源与演变、深海碳循环与地球生物化学循环及深海海洋药物资源提供了宝贵的数据、样品和资料。

2017 年 4 月 22 日,"东方红 2"号圆满地完成了为期 20 天的国家重点研发计划项目"中国东部陆架海域生源活性气体的生物地球化学过程及气候效应"春季首航科学考察任务。该项目是我国第一个系统地研究海洋非二氧化碳生源活性气体的重大基础研究项目。来自中国海洋大学、厦门大学、山东大学、复旦大学、中国气象科学研究院、天津科技大学等 6 家项目承担单位的 72 名科学家参加了该航次科学考察。该航次紧密围绕项目的研究目标及其关键科学问题,以中国东海及南黄海为研究区域,开展了海洋化学、海洋生物、海洋物理、海洋沉积物、大气环境等多学科的综合调查,采集了 2 万余个样品,可为研究不同界面生源活性气体的迁移转化过程提供重要的数据支撑。

十一、科考船"实验 3"号

"实验 3"号科考船为综合海洋调查船,为适应多种海上科学考察项目需求,"实验 3"号科考船实现向模块化方向的发展,现已成为一个海上综合实验平台,不同航次,装备不同实验设备,即可完成海洋地质、水文、化学、生物、声学、探空、气象等不同种类与不同项目的海上科学考察实验任务。主要用于执行南沙群岛海域的海洋科学考察任务。"实验 3"号于 1979 年在沪东造船厂建造,1981 年交船,隶属于中国科学院南海海洋研究所(见图 4 - 12)。

该船船长 104.2 米,型宽 13.7 米,吃水 4.95 米,排水量 3 243 吨,航速

图 4-12　科考船"实验 3"号

19.5 节,续航力 9 000 海里,自持力 40 天,定员 94 人,(其中船员 35 人,科研人员 59 人)。主机功率 2×4 800 马力。船上共设有 14 个实验室,总面积 230 平方米。

"实验 3"号科考船,拥有先进的导航定位系统、避碰装置、温盐深探测系统、拖曳体系统、多瓶采水系统、海洋光学多参数测量仪、极谱仪、万米测深仪、956 方向波浪浮标、波浪骑士、浮游生物采集器、水下电视系统和底栖生物拖网等海洋综合调查仪器设备。船上配有实验辅助设施包括 3 吨吊机、10 吨液压门吊架和 6 000 米地质绞车和 8 000 米生物绞车。

该船还装备一套大型观测设备,航行时可连续不间断测量航经海域海的水温度、盐度、深度、自动观测并记录相关数据。

服役后,"实验 3"号科考船完成了《曾母暗沙:中国南疆综合调查研究报告》"七五"至"九五"期间的国家科技专项《南海群岛及其邻近海区综合科学调查研究报告》等项综合海洋调查任务;承担了国家 908 专项"我国近海海洋综合调查与评价"海洋调查任务以及"南海北部开放航次科学考察"任务。

1984 年 7 月、1985 年 6 月和 1986 年 4 月,"实验 3"号科考船在南沙群岛海区进行了 3 个航次的海洋学综合科学考察,历时共 140 多天,航程1.2 万千米,采样观测站 167 个,并对曾母暗沙海区开展了专题考察,取得大量的海底地形、地貌、沉积物及海洋水文气象、海水光学特性、海洋化学、海洋生物等方面的第一手资料。

1987 年 3 月,国务院批准由中国科学院牵头,会同有关部委联合组织开展为期 5 年(1987—1991 年)的《南沙群岛及邻近海区综合科学调查》。"实验 3"号科考船在 1987—1990 年,进行了 4 个航次的海上考察。在南沙国土资源、生态、环境和海洋权益等领域取得了一大批重要成果。2004 年起,"实验 3"号科考船已进行了 4 个开放航次的海上调查;2009 年在海上进行第五个开放航次的调查。2010 年 5 月 25 日,中国科学院南海海洋研究所"实验 3"号科考船完成国家自然科学基金委 2010 年度南海多学科综合航次胜利返回广州新洲码头。该航次的科学目标确定为,研究南海海洋环境科学问题,了解和探索全球气候变化背景下南海区域海洋动力、环境与生态过程对区域的影响,以及自然与人类活动对南海生态系统影响,为南海经济与社会的协调、可持续发展与决策提供科学依据。

应巴基斯坦国家海洋研究所邀请,"实验 3"号科考船于 2017 年 12 月 30 日从广州启航,经马六甲海峡前往北印度洋,于 2018 年 1 月 14 日抵达巴基斯坦外海的莫克兰海沟,开展海洋地质,物理海洋、海洋生物与微生物等多学科综合考察。这是我国科考船首次抵达莫克兰海域。在考察期间,中国和巴基斯坦两国科学工作者在目标海域,获得多领域的第一手考察资料与样品,促进了具有特殊科学意义的莫克兰海域科学研究,丰富了两国科学工作者海上合作经验,为进一步推动中巴海洋科技合作奠定了坚实的基础。圆满地完成任务后,"实验 3"号科考船于 2 月 4 日从巴基斯坦卡拉奇锚地启航回国。在浩瀚大海的见证下,全体船员和考察队员度过了一个难忘的海上春节。这次联合考察由中科院南海海洋研究所牵头组织,我国 10 多家科研院所和巴基斯坦国家海洋研究所等 70 多名队员参加。考察队重点研究莫克兰海沟的大尺度地质构造以及邻近地区的地震、海啸等地质灾害,为巴基斯坦海上安全与减灾提供科学依据,同时为"一带一路"倡议的建设服务。2018 年 2 月 22 日经过 12 230 海里的航行,"实验 3"号科考船圆满地完成中国和巴基斯坦首次北印度洋联合考察任务返回广州。

"实验 3"号科考船于 2021 年 4 月 15 日启程,执行 2020 年度国家自然科学基金委员会的东印度洋共享航次。该航次共有来自中科院南海海洋研究所、中科院海洋研究所、厦门大学、天津大学、天津科技大学、中国海洋大学、中国地质大学和中国气象科学研究院等单位的 34 名科学考察队员参加。该次主要调查海区为东印度洋海域,共完成调查设计断面 6 个、大面 CTD 的站位 103 个。该航次主要开展了水文气象观测、海洋沉积物采集、生物化学、大气气溶胶及大气电磁波调查等工作,涉及海洋生物、海洋物理、海洋化学及海洋地质学等多个学科,获得了大量的现场观测数据和样品。针对孟加拉湾低氧区和海岭的特殊海洋动力区,科研人员还进行了 25 小时连续观测;同时在航次的上、下半程对海岭区进行重复观测。该航次获取东印度洋季风爆发前后不同时间段海岭区的中尺度海洋动力过程特征,为了解该区域中尺度特征引起相应的生物地球化学等特殊现象研究创造了条件。

东印度洋综合科学考察航次是国家自然科学基金委员会资助的共享航次之一,旨在通过对热带东印度洋进行多学科综合交叉调查,加深对海域、海气过程的认识,增强对该海域环流的季节和季节内特征的理解,阐释生物地球化学关键因子的循环过程及环流系统对该过程的贡献,揭示该海域地质特征,推进印度洋沉积与古海洋环境学的研究。

第五章
勇攀高峰、迈入先进

第一节 概 述

21世纪伊始，我国科考船研发设计进入第三阶段。勤劳勇敢智慧的中国人民在中国共产党的领导下，全面建设小康社会，这一阶段国家经济实力逐步提升，文化建设、科学事业不断发展。

自力更生是中华民族自立于世界民族之林的奋斗基点，自主创新是我们攀登科技高峰的必由之路，科考船的研创也一样。科考船是特种船型中综合性能较高、具有代表性的高技术船舶类型之一。70年多来，在我国科考船的研发设计中，科技人员针对科考船集成性、协调性、实践性、探索性的设计特点加强研究，因为关键技术是要不来、买不到、讨不着的，只有掌握关键技术，才能为我国科考船的研发和超越打下基础。

党的十八大以来，以习近平同志为核心的党中央开启了中国特色社会主义新时代，全国社会主义现代化国家进入新征程。一方面，作为海洋大国，要实现现代化，必然与探索海洋、开发海洋、经略海洋紧密相连；另一方面，人类社会在开发利用海洋资源过程中，由于缺乏规划和计划，各行其是，各得其利，又缺乏有力监管，加之自然界的不可知因素，导致海洋被严重污染，包括每年千吨以上泄漏于海中的石油形成了海洋黑潮；河流排污、鱼虾类养殖场的废水、石油废料等诱发了赤潮;而气候变暖、海平面上升、海洋风暴生成的飓风等亦给人类的安全带来巨大的威胁。因此,对海洋水文气象、海洋生态、海洋化学、海洋物理、海底沉积物等海洋状态的研究,无论在广度、深度、精确度上都必须在质量上得到提高。我国作为世界上负责任的大国,不但要从本国的利益考虑,还必须从人类命运共同体的高度,加强和推进对海洋的科学考察调查。这给海洋科学界、海洋实业界和教育界赋予了更加繁重的责任和使命:其一是建设海洋强国必须发展海洋科学,必须加速探索海洋资源,这是建设海洋强国的基础;其二是要进一步掌握海洋生态环境的变化;其三是要推进深海科学考察,以更广阔的视野进行战略性的科学考察。为实现这项艰巨的任务,在国家财力允许的情况下,提出了研发一批各具特点的高、精、尖综合或专项科考船。与此同时,我国海洋科学考察专用设备得到了相应发展,提升了调查能力,亦为科考船的研发提出新的要求。国家海洋管理机构,工业产品质量管理部门对海洋科学考察调查的高度重视,制定了若干专门针对资质的认证制度,其中包括海洋地质调查入级证书、实验测试证书、海洋测绘证书、中国合格评定国家认可委员会实验室认可证书等。这就意味着新研发的科考船不但要按船级社的各相关规范和国际上众多公约、规则进行设计,还要满足上述各项认可证书的要求。船舶必须取得相关证书,具有相应的资质才能从事海洋调查活动。

我国船舶工业界勇于迎接这一新的挑战。科技兴则民族兴,科技强则国家强,一个国家科技创新能力从根本上影响国家的前途和命运,影响行业的发展,船舶研发也不例外。为此,国家非常重视,对船舶研发工作不断地提出新的要求和指标。进入 21 世纪,我国已是世界第一造船大国,船舶研发创新能力已进入世界前列,施工建造能力足以满足建造各类新型科考船舶的需要,已按照海洋科学界、实业界、教育界的需求,研发出多型世界一流的科考船。

2009 年研发成功的"海洋六号",是我国第一艘天然气水合物(可燃冰)综合调查船。在我国南海海域进行了天然气水合物资源的调查,为其后半潜式平台的研制打下基础。

2009年研制交付的小水线面双体综合科考船"实验1"号,开启了科学考察调查新船型的研发序幕。

海洋科学综合考察船"科学"号是国家"十一五"规划的重大科技基础设施项目,创新的设计理念,充分考虑与国际科考船发展的趋势接轨,打下了我国新一代综合科考船研发的基石。

综合调查船"大洋一号"是中国大洋协会"开展深海勘探、发展深海技术、建立深海产业"的核心基础装备,有效地提升了我国对深海海域资源环境的综合调查能力、探测能力与研究水平。

深渊海沟科考母船"张謇"号作为我国万米级载人深潜器的母船向深海进军,实现我国海洋科学界"可下五洋捉鳖"的梦想。

极地科考破冰船"雪龙2"号是我国"十三五"规划中"双龙探极"专项工程的重要项目。总吨位达12 769,破冰能力达到1.5米冰加0.2米雪,能够在极区大洋双向破冰航行,是获得中国船级社和英国劳氏船级社双船级的极地科考破冰船。

此外,在这20年间还研发了包括"向阳红"系列、"海洋地质"系列、"海洋"系列在内的40多艘科考船。我国科考船研发设计人员,以胸怀海洋、不负使命的高度责任感和科学精神,在研发过程中勇于创新,使研发的科考船有了质的飞跃,跨入了世界先进行列。

这批科考船的典型特点是既与国际接轨,又结合国情,充分考虑了我国海洋科研工作的实际需要,船型创新,设计理念先进。无论是设计水平和建造质量,还是船舶性能和船舶功能,都达到或超过国际科考船的先进水平。

在船型主尺度方面,为了增加在海上航行和科学考察作业时的稳性和抵抗恶劣海况的能力,增加了甲板横向作业面积,加大了船宽,早期瘦长船型悄然向短胖船型演变。船的上层建筑层数增多,可利用的工作甲板面积增加,驾驶室视线得到明显的改善,同时更多的居住舱室分布到主甲板以上,船员居住条件更为舒适。

新技术和新设备的研发和应用,导致设计理念质的转变,这其中当属全电力推进技术和全回转推进系统的首次应用。2005 年 8 月,江南造船厂建造并交付使用的"中国海监 83"号是我国首艘采用全电力推进技术和全回转吊舱推进系统的海监船。因全电力推进技术和全回转吊舱推进系统性能优越,噪声低,满足了科考船的特殊需要,从此拉开了全电力推进技术和全回转吊舱推进系统在科考船上应用的序幕,现电力推进技术几乎成为我国现代科考船的标准配置。

先进的动力定位技术、通信导航技术、声学探测技术、减振降噪控制技术等使 21 世纪的科考船作业和探测能力实现了跨越式发展。

多波束防气泡干扰一体化设计被认为是科考船船型的关键技术。科考船主要用于海洋科学调查,其中水下探测功能是科考船至关重要的能力。为此,国内、外一些科考船普遍安装了各类深海声学设备。科考船的线型为艏部较尖瘦且底部平坦且边线较窄,此外艏部一般都配有艏侧推装置。通常安装在船首底部的声学设备如深水多波束、浅水多波束、万米测深仪等均需要一定的低噪声工作环境,因此在线型设计之初就需要密切关注此类声学设备的尺寸和安装方式。中国船舶及海洋工程设计研究院科考船研发团队领衔攻关,通过计算流体力学分析评估以及创新的船模气泡下泄观察实验,对船首线型进行反复优化,并针对换能器探测精度进行综合比较,着力研究嵌入式安装的船首线型,在顾及声学设备效能的同时提高船舶航行的经济性,经优化设计的船型,实船验证这种线型获得成功。

这一时期设计、建造的科考船大都具有多学科、多功能、多技术手段一体化的综合调查能力,能在海上为各类学科提供同步调查和科研活动。如"向阳红 03"号综合科考船,它能满足深海海洋多学科交叉研究需求,具有海洋动力环境、地质环境、生态环境、海底资源、能源综合探测与实验等功能,能进行深水探测、大气探测、海底探测、深海极端环境探测、遥感信息现场验证、船载试验,具有船载网络等尖端船载科学技术,具备进行高精度、长周期的海洋动力、海洋地质、海洋生态和大气环境等综合海洋观测、探测以及保真取样和现场分析的能力。

这一时期船型创新，有小长宽比节能型船型，多波束防气泡干扰球艏船型，艏、艉双向破冰船型，并提出了全新的科考船艏部气泡层减阻验证的船模试验方法等。这一时期设计建造的科考船具有如下特点：

（1）改进船型。为扩大甲板作业面积，船型由尖瘦型向丰满型过渡，呈现船的长宽比较小的特征。可以用较小的尺度、较小的吨位实现较大的甲板作业面积和实验室面积，改善船员居住条件。

（2）重量、重心控制。编制专门用于重量、重心控制的程序，对船舶设计和建造的各个关键阶段的全船重量、重心进行计算、动态评估，并及时预判。

（3）舒适性设计。提高抗风稳性和抗风能力，增加生活设施，改善居住舱室条件，提高了船员和科学考察人员工作和生活的舒适性。

（4）自动化设计。新一代科考船在"无人机舱，一人驾驶"的基础上更加注重自动化。随着电子技术的发展，安装了自动驾驶系统、通过卫星定位和计算机实现航线自动化、导航自动化和避让自动化。

（5）减振降噪。船舶设计中的减振降噪已从过去的被动减振降噪转为以主动降噪为主、被动降噪为辅，把减振降噪贯穿到船舶设计和建造的全过程，并编制专门预报振动噪声的程序，根据预报有的放矢地采取减振降噪措施。

（6）新型推进器的应用。全电力推进技术和全回转推进器得到了推广应用，该类设备紧凑、占用空间小、机动灵活，振动噪声较小，能较好地满足科考船的多变工况。

（7）动力定位普遍应用。DP-1动力定位系统已成为标准配置，少数科考船已配备了DP-2动力定位系统。

（8）计算机网络化。新建的科考船实现计算机网络化，实现系统软、硬件资源共享、数据库资料共享和调查数据交换。全船配备了各种传感器，实现全船信息的全方位智能感知、获取、交换和展示，大大提高了船舶的智能化水平。

(9) 建造模块化。随着调查项目的多样化和不确定性,为了缩短调查仪器设备的更换时间,提高海洋调查的效率,实验室模块化得到广泛的应用。集装箱实验室可根据不同航次,换装不同功能的集装箱模块,以完成各类调查任务。

第二节　典型科考船

一、科考船"科学三号"

"科学三号"是 2005 年由武昌造船厂建造的一艘科考船,主要用于我国近海物理海洋学、海洋地质学、海洋生态与环境科学和海洋化学等综合考察与实验。该船于 2005 年 7 月开工建造,2006 年 2 月下水,2006 年 7 月交船,由中科院海洋研究所使用和管理(见图 5-1)。

图 5-1　科考船"科学三号"

该船总长 73.3 米,型宽 10.2 米,型深 4.6 米,最大吃水 3.4 米,满载排水量 1 224 吨,经济航速 14 节,最大航速 16 节,续航力 5 000 海里,自持力 30 天,定员 48 人(其中科学家 30 人,船员 18 人)。动力装置:两台 B&W6K45GF 柴油机,单机功率3 882千瓦。该船实验室总面积124.6平方米,其中湿性试验室43.3平方米,通用试验室48平方米,分析室16平方米、信息处理中心17.3平方米。该船还可携带20英尺标准集装箱实验室,集装箱实验室配有水、电、网络及通信等接口,各实验室之间以及到后甲板作业区,均配有走线孔。甲板作业面积为330平方米(前甲板150平方米,后甲板180平方米)。实验室配有网络终端、网络接口、罗经接口、6 000米测深仪、冷冻柜、烘箱、通风柜、水池等。

后甲板配有8吨A型架一台、2吨折臂吊一台、1吨伸缩吊(水文)一台、1吨倒L型架(水文)一台、6 000米地质绞车一台,3 000米水文绞车一台。前甲板配有2 000米水文绞车及吊杆两套,绞车及吊杆操作均由控制台控制。

2010年6月8日,"科学三号"科考船执行了2010年东海(长江口)海洋科学共享航次任务。该航次是国家自然科学基金于2009年度试点资助的5个国家自然科学基金项目"海洋科学调查船时费共享航次"之一,由海洋研究所负责组织实施,共承担了18项国家自然科学基金项目,对长江口及东海陆架海域7个科学考察断面的46个调查取样站位进行了考察,来自海洋研究所、厦门大学、中国海洋大学、南京大学、华东师范大学的25名专家参加了该航次科学考察。

2010年12月,"科学三号"驶离青岛海事局码头,赴黄海、东海海域,执行2010年秋季开放航次任务。该航次预计海上调查约15天,航程约1 800海里,48名科研人员参加了该航次科学考察。该航次考察内容包括海洋水文观测、海流及气象观测、海洋生物与生态化学观测、海洋地质等。调查区域位于北纬31度以北、北纬39度以南的黄东海近海海域,共设站位49个,其中CTD测量测点49个站、浮游生物拖网和底栖生物拖网各25个站。

2012年6月12日,"科学三号"考察船驶离青岛奥林匹克帆船基地码头,赴东海执行2012年国家自然科学基金"东海科学考察实验研究"海洋科学共享航次任务。

这次考察以东海海域海陆互相作用为主线,围绕"长江口及邻近大陆架的海洋环境演变和生态系统响应"关键科学问题,依据高效和一船多用的原则,开展区域内的水动力环境、海洋生物与生态以及水体和沉积环境的综合科学考察,研究东海海洋生态系统的结构、功能及其时空演变规律,描述物理、化学、生物过程对海洋环境演变的影响及生态系统对其变化的响应和反馈机制,进一步理解在全球变化背景下东海陆架海域海洋生态环境演变和生态系统响应。

来自国内中国海洋大学、厦门大学、同济大学、暨南大学、聊城大学、中国水产科学院东海水产研究所和中科院海洋研究所等 7 家科研院所和高等院校的 30 多名考察队员参加了该航次科学考察。

2019 年 12 月 2 日,负责执行中国科学院海洋大科学研究中心"健康海洋"秋季联合航次南黄海航段的"科学三号"科考船完成科学考察任务,返回中科院海洋研究所西海岸园区码头,航次共计 19 天,完成了南黄海海域 7 个断面共计 49 个站位的物理海洋、海洋化学、浮游生物、海洋生物等多学科调查内容。

在该航次执行过程中,科学考察人员测量了不同站位、不同深度海水的温度、盐度、营养盐等多种海洋物理、化学参数。对于研究海洋生态环境变化有重要的指导意义。通过箱式取泥和阿氏网作业获得了珍贵的底栖生物和贝类样品,对研究海洋底系生物多样性及生物迁移规律起到至关重要的作用。利用船载的自动气象站等设备实时获取了大气参数和海流参数,实现了三维立体的海洋观测,为海洋科学的持续、深入研究奠定了坚实的数据基础。该航次由中科院海洋研究所负责组织,共搭载了中科院海洋研究所、中科院烟台海岸带所、中科院南京土壤所、北京大学、山东大学等单位的 21 位科学考察队员。

2018 年 7 月 5 日,中国两艘先进的科学调查船"科学"号和"科学三号"于青岛母港顺利通过了中国船级社青岛分社对船舶的安全管理体系临时审核认证,现场发放了船舶临时 SMC 证书。这是继青岛华阳管理的科考船"向阳红 01"号和"向阳红 18"号之后,青岛地区再次获得 SMC 证书的两艘科学调查船,开启了中国科学调查船规范管理的新篇章。

"科学"号和"科学三号"通过认证,壮大了科考船、公务船自愿符合《国际安全管理规则》(International Safety Management Code，ISM CODE)要求的队伍，为今后科考船的科学化、规范化管理，持续改进、提高船舶安全管理水平、安全航行，保障海洋开发事业奠定了良好的基础，发挥了对我国科考船、公务船安全管理体系审核认证的引领作用。

二、海洋石油物探船"海洋石油 718"号

"海洋石油 718"号海洋石油物探船是利用金陵船厂 2001 年 7 月建造的滨海 256 三用工作船改装而成的一艘六缆双震源深海作业物探船。上海澄西船舶有限公司于 2005 年 3 月开工改建，2010 年 12 月完成改装，交付中海油田服务股份有限公司。

该船船长 78 米，垂线间长 70.2 米，型宽 18 米，型深 7.4 米，吃水 6.06 米，航速 13.5 节，总吨位 5 082(见图 5-2)。

图 5-2　海洋石油物探船"海洋石油 718"号

改装后，船体部分设置了由震源甲板、电缆甲板与直升机甲板组成三层甲板，而船舶关键的物探设备包括液压系统、高压空气管路系统、电缆油系统、工业电视摄像监视系统，全部按照规范要求安装调试一次完成，所采用的地震勘

探专业设备均选用世界上先进的设备,甲板电缆收放缆系统和震源收放系统等机械设备采用的是挪威 ODIM 公司产品,其整体自动化程度、收放速度、对电缆和震源系统以及作业人员安全保护功能等技术性能都是世界上先进的。该船采用大功率、高压空气压缩机组、驱动宽阵列和长阵列的气枪,产生和释放高能量地震波,可穿透 6 000～9 000 米的海底地层,再由物探船释放的多道检波电缆接收,可拖曳 6 根 5 000 米长的等浮电缆,可在世界各海域从事三维地震采集作业,是亚洲地区作业能力最强的三维地震船。2010 年 12 月 27 日该船改造竣工投产,为该公司物探事业部发展注入了活力。投产后,中海油田服务股份有限公司年三维地震采集能力将增加 60%。

南海 53/30 区块地震采集作业,是中海油田服务股份有限公司最大的单区块深海三维地震采集项目。项目启动以来,"海洋石油 718"号物探船按照雪佛龙石油公司对项目安全及质量管理的高标准,克服了恶劣海况的天气、严重的渔业影响和工区作业测线短等不利因素,在船队各单位的密切沟通与通力协作下,通过采取一系列措施,严格要求,历经艰苦奋战,2011 年 8 月,圆满地完成雪佛龙石油公司在中国南海 53/30 区块的三维地震采集作业任务。此次作业的成功,进一步提升了中海油田服务股份有限公司的竞争力,为该公司拓展国际物探市场奠定了基础。

"海洋石油 718"号在中海石油(中国)有限公司深圳分公司恩平工区作业时,因时间过长,按照燃油使用情况,该船需要靠码头补给燃油和食品。正常靠码头补给需要收线、放线、码头补给、往返航行总计需要 128 小时(约 5.3 天)。为节约时间,提高效率,中海油田服务股份有限公司通过与中海石油(中国)有限公司深圳分公司商讨后决定进行海上加油。在"南海 219"号的大力协助、密切配合下,"海洋石油 718"号物探船进行了海上航行平靠加油和补给,第一次进行了南海多缆地震作业海上燃油补给作业,取得了圆满成功。此次加油作业仅用了 5 小时,正常情况下收放一条缆和一个扩展器约 8 个小时,共需 13 小时,此次实行海上加油共节省 115 小时(约 4.8 天),节约了黄金作业时间,最大限度地提高了作业效率,直接及间接的经济效益相当可观,为多缆地震作业实现海上燃油补给积累了经验。

2015 年底,"海洋石油 718"号通过国际招标为壳牌公司新西兰海域进行二维地震采集作业。壳牌公司以对项目的安全、环境保护和船队管理方面的要求严格著称。该船在整个投标过程中严格根据客户所需,针对作业要求做了大量翔实的准备工作,最终凭借其丰富的作业经验、完备的作业计划、优秀的团队协作一举夺标。

"海洋石油 718"号物探船于 2015 年 12 月 15 日抵达新西兰新普利茅斯港之后立即响炮作业,并顺利完成合同任务。

这是中海油服务股份有限公司和壳牌公司在国际海域的首次合作,对提高该公司物探业务在国际市场中的竞争力和知名度具有积极的推动作用。

三、远洋教学实习船"育鲲"号

大连海事大学是一所以航运专业为特色,多学科综合发展的交通运输部直属的理工科院校。回首往昔,百年大连海事大学在历经创伤的同时,也积淀着深厚的文化底蕴,创造了无数光辉成就。昂首踏入的 21 世纪是一个风云变幻的世纪,带着历史的重任,肩负着国人的期望,我们正向着更高的方向迈进。剧变的世界格局,高速更新换代的科学技术,使我们面临更多挑战,更重要的是未来的海洋不单单意味着市场、财富,对于我们而言,它意味着全中国进步的关键。在这关键时期,仅仅依靠我们原有的技术,依赖我们原有的管理方式和我们原有的体制,显然是不够的。而作为培育航运精英的大连海事大学,为培养人才曾拥有"红专"轮"育红"轮"育英"轮"郑和"轮和"育龙"轮等远洋实习船,但现只有"育龙"轮服役。仅靠一艘"育龙"轮实习船逐渐"独臂难支"。随着高等航海教育事业的发展,大连海事大学计划的招生人数也逐年扩增,为了提高航海教育的质量,为祖国培养出更多的优秀船员,2002 年交通部批准大连海事大学建造新的远洋教学实习船。

大连海事大学委托上海船舶研究设计院设计,武昌造船厂建造远洋教学实习船。该船于 2006 年 11 月 15 日下水,2008 年 4 月交船投入使用,取名为"育鲲"号(见图 5-3)。

图 5-3　远洋教学实习船"育鲲"号

该船船长 116 米,型宽 18 米,型深 8.35 米,设计吃水 5.4 米,排水量 5 878.8 吨,航速 16.7 节,续航能力 1 万海里。定员 236 人,其中 40 名船员、教师、见习生和实习生 196 人。

"育鲲"号远洋教学实习船为中艉机型、单机、单桨、轴带发电机、前倾艏柱、球鼻艏和方艉,全船设置两层纵通甲板,长艉楼和四层甲板室。"育鲲"号主机选用 MAN B&W6S35MC 柴油机,最大持续功率 4 440 千瓦,采用可变螺距螺旋桨,设置艏侧推装置。

该船具有良好航海性能和安全性。船舶设置综合驾驶系统、AUT-0 级机舱自动监控系统、可调螺距螺旋桨、轴带发电机、柴油发电机组、艏侧推装置和可收放式减摇鳍。改善了船舶性能,在稳性、分舱、消防、救生、脱险通道等方面除满足规范要求外,还留有充分的裕度。该船可以全球航行,其中救助艇特别新颖,可以下潜 60 米。该船装备了雷达波浪测试仪、船舶姿态测试仪等先进的测试仪器,设置计算机局域网,全船的机电数据和视频信息除输送到工作场所外,还可以传送到教室和实验室,为教学实验和航海科学研究提供综合的实时信息和数据。该船不仅是现代化的专用航海教学实习船,还可用于交通运输工程、航海工程和轮机工程的实船测试和科学研究。每个航次可供196名学生在船上实习。由于该船不设货舱,专门用于学生的教学实习,因而增加了学生的实际操作时间,以保证学生的实习质量。"育鲲"号不仅为大连海事大学航海类专业学生实习提供服务,还作为辽宁省高等院校辅导员思想道德建设的海洋教育基地。"育鲲"号主要用于培养、训练航海类专业人才,航海学科的科学研究与实船试验和测试及航海科学文化普及,代表中国高等航海院校对外交流等。该船的建造填补了我国航海高等学府无专用教学实验船的空白,在我国高等航海教育中具有里程碑的意义。与世界同类教学实习船相比,该船专门针对航海专业学生教育实习而进行设计,合理设置各类教学实习和科研场所,舱室标准较高,功能区域布局合理。

2008年7月9日—12日,"育鲲"号应邀参加2008中国航海日庆祝活动。"育鲲"号7月9日下午靠泊江苏太仓港集装箱码头,10日上午太仓市委、市政府举行了隆重的欢迎仪式,船长代表"育鲲"号与太仓市委、市政府互赠纪念品。10日下午,海协会会长等领导来港视察了前来参加活动的"育鲲"号。7月11日,"育鲲"号参加了2008年中国航海日庆祝活动太仓码头分会场的庆祝活动。通过现场直播的方式,传到了主会场大屏幕上,主、分会场遥相呼应,场面热烈壮观。身披节日盛装,设备先进,洁白亮丽的"育鲲"号和英姿勃勃的"育鲲"号师生,接受出席庆祝大会的中央首长、与会领导和嘉宾的检阅并赢得了赞誉。"育鲲"号参加庆祝活动期间,苏州电视台、太仓电视台不同频道多次对"育鲲"号进行了专题采访,"育鲲"号师生和参加庆祝活动的"南海救101"号,"新苏州"号和台湾木船"郑和一号"船员进行了互访交流活动,并参加了在郑和公园举办的联谊活动,重温郑和七卜西洋的伟大壮举。

2008年9月2日,中国航海院校代表团及大连海事大学教学实习船"育鲲"号从大连港启航前往韩国进行为期10天的交流访问，这是我国航海院校专用教学实习船的首次出访。该次活动由交通运输部主办，代表团成员主要由大连海事大学、上海海事大学、武汉理工大学、集美大学和青岛远洋船员学院等航海类专业的学生和教师，各地海事局、港航企事业单位的人员共130余人组成。其间"育鲲"号停靠韩国釜山港和木浦港，参观韩国海洋大学和木浦海洋大学，与两校师生开展文化、体育和航海技能等方面的交流活动，并邀请两校师生参观"育鲲"号。此次出访，代表团将作为中韩航海文化交流的使者，充分展示我国航海教育风采，增进中韩两国人民的友谊，促进两国航海类院校的交流与合作，为我国航海教育的发展作出积极的贡献。

大连海事大学有着100多年的历史，是世界一流的航海类院校，毕业生遍布世界各地航运界，每年航海类毕业生达1 000多人，而中国台湾同类院校的台湾海洋大学每年航海类毕业生仅100名，这就使得中国台湾急需航海类毕业生到中国台湾航运业服务。近年来有越来越多的中国台湾学生希望到大连海事大学就读。为了进一步扩大双方的合作，应台湾海洋大学、高雄海洋科技大学校长邀请，经有关方面批准，大连海事大学决定由本校师生乘坐远洋教学实习船访问中国台湾两所高等院校，展示大连海事大学办学实力和师生的风采。同时就双方互派学生，继续加强校际开展合作与交流进行广泛深入的探讨，为实现两岸直接"三通"再续精美华章。2009年5月远洋教学实习船"育鲲"号，从大连港启程直航中国台湾，对中国台湾两所高等院校进行为期7天的交流访问。访问团由大连海事大学100余名师生及工作人员组成。这是内地远洋教学实习船首次赴台访问，标志着海峡两岸航海教育交流与合作迈入新的历史时期。"育鲲"号访问团对台湾海洋大学和高雄科技大学进行交流访问，邀请两校师生参观"育鲲"号，举办校际篮球比赛和联欢会。与此同时，大连海事大学与台湾海峡大学签署了两校互派访问学者、学生互访，相互交流学术论文与学术专著，举办学术研讨会和专题研究讲座以及双方科学研究领域的合作与交流等合作备忘录。

2012年6月20日，大连海事大学"育鲲"号由中国航海协会批准为"航海科学普及教育基地"。"育鲲"号作为面向公众提供航海科普和科教服务的重要平台和载体,充分发挥公益性航海科普和科教基础设施的作用,结合自身条件,彰显专业、实船特色,在中国航海学会的领导和部署下,贯彻国家"科学技术普及法"和"科学技术进步法",将《全民科学素质纲要》的有关任务落到实处,积极主动发挥航海科普教育基地作用,致力于打造独具特色、高水平的航海科普教育平台,为航海科普教育作出了贡献。

在完成相关实习教学任务的同时,"育鲲"号也承担了大量对外交流活动,先后访问了韩国、菲律宾、越南、新加坡、俄罗斯、马来西亚、日本等国家的航海专业院校,为我国开展对外海事交流与合作活动,培养我国航海人才的国际化理念和扩大视野作出了积极的贡献。2013 年 5 月 14 日—6 月 6 日,"育鲲"号完成了对马来西亚出访任务。其中 5 月 14 日—23 日,大连海事大学环境科学与工程学院"海洋石油烃类污染物调查研究"组和船上师生在"育鲲"号出访期间,对大连、三亚、马来西亚巴生港航线进行了夏季航次污染综合调查。调查研究采集的海水样品,测定海水中石油烃的含量,并根据目前的污染情况对海洋生态风险进行评估。

四、小水线面双体综合科考船"实验 1"号

2009 年交付中国科学院的新型综合科考船"实验 1"号是我国第一艘 2 000 吨级以上大型小水线面双体船,也是我国当时仅有的一艘小水线面双体综合科考船。

2002 年 1 月,经中国科学院批准立项,由中国船舶科学研究中心设计、渤海船舶重工建造的"实验 1"号(见图 5-4),于 2009 年 4 月交船。

该船总长 60 米,型宽 26 米,型深 10.5 米,设计吃水 6.5 米,满载排水量 2 560 吨,最大航速 15 节,续航力 8 000 海里,自持力 40 天,定员 72 人(船员 27 人,科研人员 45 人),6 级海况可正常工作。

"实验 1"号主船体为钢质全焊接结构,变频调速电力推进、双机、双桨,采

图 5-4　小水线面双体综合科考船"实验 1"号

用小水线面双体船型,双层连续甲板,右船体艏部设置侧推装置,左、右片体内侧艏、艉各设一对艏鳍和艉鳍。

该船设计特点如下:

采用全船减振降噪措施,具有全船自动化、动力定位等先进功能,能满足在近海、远洋进行水声、海洋物理、海洋生物、海洋化学、海洋地质、海洋大气环境等多学科、交叉学科、综合科学的考察研究需求;可承担大范围、大尺度观测网络的布设、观测、调控和监视等任务;可进行海洋环境实时立体监测体系和综合信息系统研究;还可为水下机器人海上综合实验研究提供必要条件。

船上设有 11 个实验室,实验室实行网络化和自动化管理,实验室获得的科学数据可通过卫星实时传送到岸上实验中心。

"实验 1"号设计起点高,建造难度大,由于采用了独有的小水线面双体船船型,耐波性能优良,稳性好,11 级风可正常航行,即使在恶劣海况下,船舶姿态也很好,不会出现大的颠簸和摇摆,因此该船在国内船舶设计和建造等方面具有标志性意义和发挥了技术引领作用。并且因其优异的耐波性、良好的安静性、出色的操纵性、优秀的动力定位、宽敞的实验室与甲板面积,以及较好的经济性等诸多适合海洋科学考察的特点,成为当时国内最先进的综合科考船之一。该船为我国在近海、远洋进行水声学、海洋学等学科和交叉学科的综合考察提供了重要的支撑平台。

2010年4月,"实验1"号首航印度洋执行科学考察任务,历时48天,航程7 900海里。该船主要任务是调查印度洋、南海西部海区。该航次取得了两项重大的收获:

(1)获得了较全面的孟加拉湾——赤道东印度洋实测海洋学数据,结合南海多年来积累的数据库,可进行系统的科学研究,深入探讨南海与周边海域的关系。

(2)对海洋物理、海洋生态、海洋地质和海洋气象实施走航与站位观测,对热带印度洋的区域海洋学有了初步了解,为以后的海洋调查奠定了基础。

2017年3月,该船赴南海,执行国家自然科学基金委员会2017年南海中部海盆综合科学考察航次,历时44天,航程约4 000海里,设计综合观测站位共计70个,来自中国科学院南海海洋研究所、广州地球化学研究所、国家空间科学中心、自然资源部第二海洋研究所、厦门大学、中国海洋大学、天津科技大学等单位的40多位科研人员参加了考察。

此航次开展的南海中部海盆深水区域观测,主要包括海洋水文观测、海流与气象观测、海洋生物、生态、化学调查、海洋沉积物采集等工作,涉及海洋物理、海洋化学、海洋生态、海洋环境及海洋地质等学科,为深入了解南海中部海盆深海动力过程、生物化学过程与地球物理过程提供了科学依据。

五、地球物理勘探船"海洋石油720"号

地球物理勘探(简称"物探")是油气勘探的第一步。三维地震被称为勘探科学工作者寻找油气的"眼睛"和"耳朵",三维地震为地质研究提供了翔实的研

究资料,有效地提高了勘探成功率,降低了勘探的风险,特别是深水勘探的风险。在我国广袤的南海,蕴藏着丰富的油气资源,总量占我国油气资源储量的1/3,其中70%位于深海区域。由于深海装备的不足,我国勘探开发的海上油气田水深普遍小于300米,大于300米的深水区的开发仅处于起步阶段。工欲善其事,必先利其器,为突破深水勘探开发障碍,必须建造深水物探船。

物探船作业时借助船载人工震源和船尾拖带的信号接收电缆,接收地震波传输、反射时经过的海底以下多个地下垂直面或横截面数据,形成三维立体面,即大量的连续切片或横截面。物探船所拖曳的设备(震源"气枪阵列"和信号电缆内检波器)的精确位置,必须利用海上综合导航定位测量系统确定。其作用在于指引物探船行驶方向,确定船位,测定震源位置和电缆内检波器方位,实时控制放炮和接收,并提供海底地形变化情况。通过在每隔数秒内完成数以千计的复杂和精确的位置计算,完整、实时地收集地震数据。

12缆地球物理勘探船是国家"十一五"海洋石油开发的核心装备之一,被列入"十一五"科技重大专项"大型油气田及煤层气开发"课题。中国船舶及海洋工程设计研究院承担该重大专项的子课题"12缆物探船设计研究",同期还承接了"高技术船舶科研项目——高性能物探船自主研发"课题。

中海油田服务股份有限公司在委托挪威 skipsteknisk 设计公司进行该船的基本设计后,于2008年9月委托中国船舶及海洋工程设计研究院进行详细设计,在合同中明确了中国船舶及海洋工程设计研究院应对挪威设计公司提供的方案设计承担所有技术责任。

中国船舶及海洋工程设计研究院的设计团队采取由资深设计师担任技术顾问,并借助两项同步展开的国家级物探船课题研究的技术储备和船东的丰富物探专业经验,以及在造船厂的全力支持和配合下,顺利地完成了设计工作。在完成各项船模试验对比、总布置全面优化、结构形式优化、重量、重心调整、主要机电设备及物探设备选型和深入剖析方案设计的基础上,各专业对挪威设计公司提供的基本设计共提出300多项技术优化措施。深化的详细设计除满足物探船水下噪声和拖力指标外,还涉及全面满足中国船级社(CCS)2009年最新版本的相关规范,包括稳性、Clean标志、应急拖带、压载舱涂层保护、压载水处理及管理计划、舱室的舒适性等新要求。

该船总长107.4米,型宽24.0米,最大宽度28.0米,型深9.60米,设计吃水7.50米,总吨位12 797,定员75人,主发电机(4台)功率4 320千瓦、750转/分,推进电机功率4 500千瓦2台,艏侧推装置功率1 200千瓦,艉部伸缩全回转舵桨功率1 500千瓦,直升机甲板直径和最大起飞重量分别为22米和12.8吨,减摇水舱型式为可控被动式。

该船由上海船厂崇明基地建造,于2011年4月22日交船,被命名为“海洋石油720”号(见图5-5),使用单位为中海油田服务股份有限公司。

图5-5　地球物理勘探船“海洋石油720”号

物探船的功能主要是在满足CCS关于对安全与环保的最新规范要求的基础上,营造科学、合理的12缆及相关物探设备的使用、维护、储存空间;低噪声、低振动工作环境;确保拖力(正常拖力与恶劣海况解决方案)、精确的导航定位能力,较高的续航力,长期海上作业人员的舒适性;解决好航渡与地震作业不同工况下的降低油耗问题。

该船设备配置有空气枪阵(双震源),排气枪阵列空气压缩机(3 000 磅力/平方英寸①、51 立方米/分)3 台,震源绞车为双联炮缆绞车(卷筒直径4 200 毫米)5 台,8 000 米长的电缆,12 根电缆绞车为双联电缆绞车(卷筒直径5 600 毫米)6 台。

"海洋石油 720"号地球物理勘探船是中海油田服务股份有限公司深海油气开发的"五型六船"之一,是亚洲首艘最新一代三维地震物探船,该船又称为12 缆三维物探船,是国内自主设计和建造的满足 PSPC 标准的第一艘大型深水物探船,是一艘由柴-电推进系统驱动、可航行于全球无限航区的 12 缆双震源大型物探船。该船设计特点:

1. 优化挪威设计公司提供的基本设计

中国船舶及海洋工程设计研究院设计团队按照制订的技术路线和使用单位要求,对国外图纸逐张解读、消化,提出修改方案并得到 CCS 和使用单位的认可,为详细设计创造条件、铺平道路。

1) 优化基本设计

(1) 相比挪威设计公司提供的基本设计,全船居住舱室区域重新划分布置,优化仪器舱室内部布置,调整震源值班室、增加轮机部门和甲板部门办公室,调整洗衣房数量和位置、优化厨房与冷库布置等。中国船舶及海洋工程设计研究院的详细设计完全满足了规范对船舶的安全性要求,符合船舶使用功能的要求,增加了必要的设备与系统,通道宽度合理,全船通道长度缩短、舱室面积利用率提高,内装布置简洁整齐,更符合中国文化、居住和工作特点。

(2) 调整了艉轴支架的角度,减小了局部涡流及降低了阻力;同时避免了螺旋桨吸入轴支架根部产生的气泡。经 CFD 估算,表明调整后阻力有所下降,

---

① 压力单位,1 磅力/平方英寸=6 894.757 帕。

航速略有提高。

(3) 专项委托的两次船模拖曳试验,证明该船在 6.5 米吃水、5 节航速时的拖力达到了 108 吨以上;满足了在同等条件下拖力大于 100 吨的要求。在船厂进行的对应试验条件下的实船系柱拖力试验也获得了满意的结果。

(4) 增加了燃油舱和淡水舱的舱容,提高了续航力。

(5) 将被动式减摇水舱改为可控被动式减摇水舱,提高了减摇性能,扩大海况适应范围。

2) 按照最新规范设计

(1) 该船从满足原特种用途船舶国际海事组织(IMO)的 A534(13)要求,改为满足新的《特种用途船舶安全规则(SPS,2008)》,涉及破舱稳性计算、防火要求和救生要求的变化。

(2) 从满足原 SOLAS(2004)改为满足新版 SOLAS(2009)。由此对于不规则双底层,增加了附加破舱计算,调整个别液舱,避免出现不合理分舱,并简化了破舱计算。

(3) CCS 在浮力块取用上有特殊的要求,对结冰装载需要计算出港、到港工况。详细设计中通过调整,满足了 CCS 对浮力块和结冰装载计算的要求。另外通过与 CCS 讨论,对减摇水舱的自由液面采用实际值考核。

3) 重量控制

该船重量的控制是一个重点,挪威设计公司提供的基本设计估算的空船重量是 6 750 吨。详细设计伊始,设计团队对重量的控制进一步跟踪,要求平均一个月重量更新一次。第一版初估重量 7 500 吨;第二版调整为 7 400 吨左右,在建造过程中重量数据的反馈并不理想,最多时达到令人难以置信的 7 873 吨。采取了下列措施来确定真实的重量:

(1) 统一船厂与中国船舶及海洋工程设计研究院的重量分项对应内容。

(2) 逐项、多次计算与核实。建议使用单位、船厂按照中国船舶及海洋工程设计研究院设计要求进行施工,尽量减少可用、可不用的替代材料或新增材料。

（3）做了极限重量、重心估算，对最坏情况预备好对策。经核算后发现，船厂的管系重量分项和电缆重量分项计算偏高 200～300 吨，并发现船厂在个别分项上重量的余量系数偏大。

下水和交船前进行的两次预定倾斜试验，逐次验证了中国船舶及海洋工程设计研究院前期估算的准确性：下水前（2010 年 12 月 20 日）第一次倾斜试验结果空船重量为 7 530 吨；试航前（2011 年 4 月 10 日）第二次倾斜试验结果空船重量确定为 7 379 吨，全船重量得到了有效的控制。

2. 船型主尺度与物探设备系统布置

1）船型主尺度分析

物探船船型主尺度体现出短、宽、高的特征。而物探设备系统的布置，是决定三维物探船主尺度、使用性能乃至船型开发成败的关键因素。统计数据表明，8 缆以上物探船的 L/B 范围为 3～4.2。船宽增加的决定因素是单位电缆所需的布置宽度，缆数越多，宽度越大，该船 L/B 取为 4.025。

为了降低由于船宽增加而引起阻力增加的负面影响，在确保稳性的前提下，多缆物探船的船宽往往呈现主甲板以上最大宽度大于水线宽度的特征，以减小水线处航行阻力。该船主甲板以上水线处宽度为 24.0 米，艉部最大宽度扩大到 28 米，即为布置总体优化选择的结果。

最大吃水的选择应考虑在恶劣海况下尽量保证导管螺旋桨的浸深，以确保螺旋桨可提供足够的拖曳力。全景驾驶室左、右舷外挑设计，则更有利于作业观察。

2）物探设备系统

物探设备系统通常由震源设备系统、电缆设备系统、综合导航定位及数据后处理系统组成。各部分的技术要求不尽相同，震源设备系统运行时要有足够的空压机容量和枪阵数量，因此对隔振、舱容、备件、操作空间等有特定要求。电缆设备系统，除对设备、操作空间及配套设备储存提出要求外，其布置的数量、位置，是影响最大船宽（B_{max}）和受风面积的最重要因素。综合导航定位的船载设备及数据后处理系统所处的物探机室和仪器室,则对保障设备、计算机及其软件正常工作的环境提出了严格的温度控制、通风、低噪声、低振动、开阔空间和联络便捷的要求。

3. 总布置

针对性的解决方案之一是设置物探作业区域,其中分别设置如下设备:

(1) 足够长度的专用震源甲板用于布置震源(即空气枪阵列)。双震源一般由两组,且每组各 3～4 排气枪阵列组成。空压机舱尽量设在主甲板下方,远离导航设备区域和居住舱室区域。

(2) 设置专用电缆甲板,缩小甲板宽度。根据统计数据,三维物探船单位缆数所占平均甲板宽度一般在 1.88～2.3 米/缆之间(该船为 2.0 米/缆)。在保证稳性的前提下,单位缆宽影响到船的型宽,而型宽直接影响到阻力、航速和稳性。

(3) 避开发电机舱顶部区域布置导航及数据处理系统仪器室(即物探机室)。并考虑减振降噪设计,配置独立的空调机组。

(4) 物探设备主要功能与物探设备系统所处的空间有很大的关联。据此,将物探功能分别布置在如下 6 个不同的甲板区域:涉及导航功能布置在驾驶及罗经甲板区域;克令吊和扩展器的收放和存放在直升机起降平台甲板艉部区域;电缆绞车及电缆关联设备位于电缆甲板区域;枪阵布置在震源甲板区域;物探核心计算机数据处理中心布置在震源甲板前部仪器舱区域;空压机舱室位于下甲板艉部区域。

(5) 三维物探船有其独特的海上作业原理与方式。物探区域布置是设计的关键问题之一,可通过加大主甲板艉部最大船宽(B_{max})的方式解决布置与减小航行阻力之间的矛盾;主甲板以下双壳、优化物探区域局部结构、加强对震源设备区域阻尼减振处理,是综合解决结构重量、稳性、控制水下辐射噪声和空气噪声的有效手段;控制电路谐波干扰,降低振动和噪声,实现较低和恒定的机舱环境温度,确保先进的船载综合导航定位系统正常工作;在安全、环保与节能方面达到国际先进水平。

4. 最大拖力和拖力保持、最大航速、水下辐射噪声

1) 拖力需求与同步解决的难题

该船功能决定船型取用较大的方形系数、较小的 L/B 和双导管可调螺距螺旋桨,使得该船的水下附体阻力较大,船身效率 η 和螺旋桨效率较低,船型"先天不足"。而该船要求最大航速≥16 节,5 节航速拖缆作业时最大水下辐射噪声≤168 分贝,最大拖力≥100 吨,并应保证恶劣海况下的电缆、枪阵的应急回收。因此,需同步解决水下低辐射噪声、最大航速、最大拖力及其恶劣海况下拖力保持的关键技术难题。

2) 螺旋桨、拖力及水动力性能解决方案

依靠船模试验、CFD 计算、螺旋桨设计和合理选择推进装置的功率、型式、数量和位置,是该船解决最大航速、最大拖力和拖力保持问题的综合方法。具体技术措施包括以下几方面:

(1) 选择两套可调螺距 5 叶侧斜导管螺旋桨,直径为 4.20 米。

(2) 螺旋桨设计以最大螺距比实现最大航速;以适当螺距比实现 5 节航速时最大拖力;以最优螺距比满足各种工况、变缆数、变航速拖缆作业的需求。

(3) 该船采用轴包架或轴支架两种方案的船身效率相差不足 1%。比照船模试验结果,经 CFD 优化计算,该船通过合理调整轴支架前倾角度和横向夹角,解决在船模试验中发现的局部气泡及紊流问题,同时也简化了建造工艺。

(4) 用拖力估算方法,考虑了在单桨故障或恶劣海况下,采用伸缩式全回转舵桨与导管可调螺距螺旋桨配套,解决了 2 节航速下安全拖曳等问题。船舶提供的拖力一般由经验公式和船模试验决定,作业所需的拖力则取决于设备资料、统计数据和综合分析的结果。实船应用结果表明,拖力指标达到并超过了预期值。

3) 螺旋桨及船体对水下辐射噪声解决方案

该船对 5 节航速拖缆作业时水下辐射噪声有明确限定。因此,对整船设计而言,进行噪声前期评估并提出优化措施,成为控制噪声的重要手段。利用有

限元方法评估船体振动对水下辐射噪声的影响度;通过计算评估船载动力设备噪声对水下辐射噪声的影响度;通过船模水池试验,确定螺旋桨噪声对水下辐射噪声影响度。并据此提出设计优化建议方案,这些建议包括提出对螺旋桨叶梢卸载降噪的设计修改,提出局部薄弱结构局部加强的措施,并维持了全船双壳设计方案。

4) 物探功能指标

该船水下辐射噪声、航速和拖力三项指标均全面满足了设计任务书要求(见表 5-1)。

表 5-1 水下辐射噪声、航速、拖力三项指标设计任务书要求和实测对比

序号	指 标	1/3 倍频程最大噪声/分贝	水下噪声总值/分贝	最大航速/节	最大拖力/吨
1	设计指标	168	176	≥16	≥100
2	实船指标	满足	满足	16.3	110

导管可调螺距螺旋桨与变频电力推进的组合应用,打破了以往电力推进的固有模式,充分考虑了功能、环保与节能的相互关系,大幅度降低了在多种工况、变缆数、变航速拖缆作业时的噪声值,尤其是解决水下低辐射噪声、最大航速、最大拖力及其恶劣海况下保持拖力等关键技术的有效方法,成为该船技术创新的亮点之一。

5. 结构强度与全船重量、重心控制

1) 重量关联稳性、有效减振降噪及使用功能

物探船结构重量占空船重量的比重往往较大。该船为国内首次设计建造的大型物探船,在解决好丰满型上层建筑、有效地减振降噪的前提下,重量、重心控制是设计的关键问题,这还涉及稳性和物探船功能效果。该船 L/B 值仅为4.025,并需满足冰区加强的要求,常规结构计算方法不能完全满足 CCS 规范要求。

2) 解决方案

(1) 基于有限元计算的船体结构方案。对于 L/B 小于 4.5 的船型,按照北

大西洋波浪分布图进行结构有限元计算是解决问题的方法之一。采用首先将常规计算与有限元计算的结果进行比较,然后决定船体钢结构构件尺寸,并用支柱代替钢质围壁和全船纵、横向结构对齐的方法,可以减轻部分结构重量,避免振动并保证船体强度。

(2) 局部结构自然频率(F_c)计算。经分析,仪器室和物探机室的主要激励源为附近双层底中的柴油发电机组。通过有限元建模,对物探仪器室(及机舱)、居住舱室等重点区域的自然频率与激励源频率进行计算比较,发现仪器室和机舱的自然频率与该船柴油发电机组的激励源可有效地错开。确保了物探仪器室(及机舱)等区域的结构设计,可在不增重的前提下满足低振动、低噪声的使用要求。

(3) 综合处理手段。经综合分析该船的冰区加强与控制水下辐射噪声、排水量储备、稳性裕度、机电设备与舾装设备重量后,采取了加厚主甲板以下船壳板厚度,优化物探船局部结构形式,使用轻质内舾装材料,加强对震源设备区域阻尼减振处理,同时降低上层建筑上部阻尼材料的使用等方法,达到了控制重量及减振降噪的效果,并延长了船壳使用寿命。实际空船重量较估算值低0.43%;重心高度较估算值低5.0%。

6. 综合导航定位测量系统

综合导航定位测量系统的作用是指引物探船行驶方向,确定船位,实时测定震源位置和电缆内检波器方位,实时控制放炮和接收,动态控制拖缆定位的数据,实现整个海上勘探作业的自动、可视、控制与预测。近年来,DGPS 定位系统已被广泛应用于海洋石油物探综合导航定位测量系统中。

除了选用高性能的海上导航定位设备外,船载定位设备工作环境的稳定、达标,也是实现先进的综合导航定位系统正常工作的保障。为此该船在设计中主要考虑了以下措施:全船电气设计控制电路谐波干扰小于 5%;低振动、低噪声环境(如仪器室及其周边的舱室噪声低于 60 分贝);在充分计算分析的基础上,船东、设计团队与国内设备厂商充分合作,首次研制并采用了有三项发明专利的国产可控被动式减摇水舱,使该船减摇效果所对应的海况范围增大,取得了良好的减摇效果。

该船在设计和建造中应用了多项新技术，交船后刷新了多项作业纪录。

（1）关键技术的突破与新技术的综合运用，是现代物探船发展的技术特征和趋势。该船实现了控制全船噪声、满足 5 节航速时拖力、满足最大 16 节航速、满足 Clean 标志、满足特种用途船舶安全规则（SPS 2008）、满足 2010 年开始实行的应急拖带指南；增加了燃油舱、淡水舱容积；设置了低硫油舱、压载水和舱底水处理装置，实现了节能减排、配置了控制电力推进系统谐波的措施；采用了双壳体、双层底结构；加强了物探专用设备、考虑了局部疲劳计算、总纵强度、工艺；达成了物探理念设计技术的先进性。

（2）上海船厂在该船建造过程中人性化的管理、高效的执行力和团队的凝聚力得到了充分的体现，安全、周期、质量得到全面保证，实现了 380 万工时无事故的施工安全要求目标。在安全、质量、设计、采购、计划、建造、调试等各专业的密切配合下，"海洋石油 720"号建造团队攻克了导流罩分段预装，全船重量控制、400 千米电缆敷设、中压发电机调试等一个个技术难关。上海船厂还充分利用国内知名院所的优良资源，实行产、学、研、用相结合，对该船物探设备的安装调试、复合型可控被动减摇水舱等技术难点进行攻关，掌握了物探船建造的关键技术，最终完成了"海洋石油 720"号地球物理勘探船的设备选型、安装、调试。在设计和建造中，研发团队在应用物探控制布置技术、物探船水动力性能与船型优化技术、三维设计和虚拟现实应用技术、水下噪声分析和控制技术等多项技术方面，都处于国内领先水平。

（3）"海洋石油 720"号地球物理勘探船的建造成功，充分体现了安全、安静、准确、清晰、高容量、高续航力、环境友好、低能耗等新一代、高性能三维物探船的特点。通过该船设计，实现了若干技术创新，全船技术性能达到了世界先进水平。其日采集量高达 96 平方千米，远超国外同类船型，补线率和故障率亦远低于国外同类船型，得到使用单位的好评。交船后投产不到一个月就完成1 000 多万美元的产值，它将为我国地球物理勘探和海洋油气开发作出越来越大的贡献。该船的研制成功,填补了国内空白,提高了自主设计、建造该类型船的能力,打破了国外垄断。我国海洋工程勘探作业能力得以极大提升,深海勘探能力从水深 500 米提升到 3 000 米,社会效益深远且巨大,标志着我国已成功进入海洋工程深海勘探装备的顶尖领域。该船 2013 年荣获中国造船工程学会科学技术进步奖一等奖和中国船舶工业集团公司科学技术进步奖一等奖;2014 年荣获中国海洋学会科学技术进步奖二等奖和上海市科学技术进步奖一等奖。

(4) 该船 2011 年 6 月在荔湾 43/11 勘探作业中创下日采集量 75.93 平方千米的国内最高纪录,同年 7 月在东沙 25 工作区作业中将单日采集纪录提升至 96.495 平方千米,同年 8 月创下月采集量为 1 607.79 平方千米的一流成绩,多次刷新中海油田服务股份有限公司的采集作业纪录。2011 年冬季首次在中国海域进行非常规三维作业,开创了物探船队在中国海域全天候作业的先例。

六、深水工程勘探船“海洋石油 708”号

2011 年 12 月 16 日,国家科技重大专项“海洋深水工程重大装备及配套工程技术”项目之一的“深水工程勘察船及配套技术”研究课题的目标船,国内首艘 3 000 米深水工程勘察船“海洋石油 708”号在广州中船黄埔造船有限公司龙穴厂区举行隆重的交船仪式(见图 5 - 6)。该船为全球首艘集起重、勘探、钻井等功能的综合性工程勘探船,作业水深 3 000 米,钻井深度可达海底以下 600 米,该船填补了我国在海洋工程深海勘探装备领域的空白,作为我国实施深海油气田开发重大装备,“海洋石油 708”号的研制成功对南海油气田的勘探开发发挥了关键作用,极大地提高了我国深海海洋资源勘探开发能力,提升了我国海洋工程核心竞争能力,标志着我国海洋工程勘察作业能力从水深 300 米提升到 3 000 米,成功进入海洋工程深海勘探装备的顶尖领域。

“海洋石油 708”号概念设计/基本设计为挪威 VIK - SANDVIK,详细设计为上海船舶研究设计院。该船隶属于中海油田服务股份有限公司,由广州中船黄埔造船有限公司建造。

图 5-6 深水工程勘探船"海洋石油 708"号

该船总长 105 米,型宽 23.4 米,型深 9.6 米,续航力 16 000 海里,自持力 70 天,定员 90 人。排水量约 11 600 吨,无限航区。设计吃水下最大航速 14.5 节,抗风能力不低于 12 级,并保证在 9 级海况、蒲氏 12 级环境条件下能安全航行。

该船后甲板作业面积 846 平方米,拥有 7 米×7.2 米的月池,入级 CCS 和 DNV[①]。船型为短艏楼,球鼻艏,B3 级冰区加强,一层连续干舷甲板,设直升机起降平台。由四台 3 360 千瓦柴油机电力推进系统驱动两台 3 500 千瓦全回转定距舵一桨装置,两台 1 500 千瓦变频舯侧推装置,两台 1 500 千瓦变频伸缩式全回转推进器,另有一台 700 千瓦应急柴油发电机,具备 DP-2 级动力定位能力。船上反渗透制淡系统一天可生产淡水 40 吨。船上配备有深水钻探取样系统,井架高度 34.5 米,可在最大工作水深 3 000 米的条件下钻探 600 米,具备升沉补偿功能。配有 150 吨大型海洋工程起重机,工作水深 3 000 米,最大吊距 31 米。船上装备有工作水深 3 000 米的 AUV[②],最大航速 5 节,续航力为 20 小

---

① 挪威船级社,Det Norske Veritas。

② 无缆水下机器人,autonomous underwater vehide。

时,船上还装备有高精度多波束、单波束测深仪,拥有250吨A型架,5000米深水取样绞车,23.5米超长保温、保压采水器,可从事3000米水深海域工程物探调查和工程地质钻探、取样作业。其投入使用标志着中国海洋工程勘察作业能力从水深300米提升到了3000米,上了一个大台阶。

"海洋石油708"号在研制过程中取得如下技术创新:工程物探调查从拖曳式向自航式的功能升级,采取AUV搭载勘查仪器实施深水海域的水深地貌和浅地层资料的采集,并实施水下精确定位;深水高保真取样技术的研发和应用,可进行23.5米长深水海底水合物保温、保压取样,水合物样品可在现场进行测试和保存。船上安装1台起重作业能力为150吨/10米甲板克令吊,并具有升沉补偿功能,保证克令吊平稳工作。另配置8吨吊一台、2吨吊三台;ROV作业。

"海洋石油708"号是集工程勘探,地震调查,工程地质钻孔和钻井,深海取芯,海底表层采样以及原位静力触探测试,大型海洋工程起吊等作业一体的具有高度综合性工程勘探船。该船采用电力推进,DP-2动力定位系统,具有工程物探调查,数字地震调查、3000米水深工程地质钻探、ROV作业,海底表层采样,位静力触探试验(static cone penetration test,CPT)测试、海上工程支持服务、大型海洋工程起吊等功能。

该船设计特点:

一是可以无人驾驶。一人就可完成船长、水手、操作手、通信员、指挥等5个人的工作,该船还可以实现无人自动驾驶。

二是能轻松上天入海。该船能抗12级海风、抗冰块撞击,保证在9级海况下安全航行。该船上配备了机器人、小型潜艇、直升机,可以轻松上天入海。其中AUV可以潜入距离海底500米左右的地方进行勘探,实现无人驾驶,完成任务后自动返回;机器人可以携带科学家深入到海底完成指定作业。在上层建筑的最顶层设置直升机起降平台,"美洲豹"直升机可以在上面充电、起降,完成接送物资、人员的任务。南海海面常有风浪,要应付南海上的勘探工作,船舶定位必须可靠,该船的定位系统可以应对2.5米浪高,在风大浪急的情况下,钻井可以正常工作。配备了动力定位系统和补偿定位系统。当风浪来袭时,船上5个螺旋桨同时开动,将船保持在原来的位置上。2.5米的浪高,海底钻头的垂直移位不超过5厘米,可以正常工作。该船抗风能力不低于12级,并保证在9级海况下安全航行,每年能在海上工作280天左右。另外,该船可以抗击20厘米左右厚的冰块,在海上结冰的情况下也能航行。

三是海上五星级酒店。是国内第一艘通过挪威C3V3舒适度专项认证的船舶。在该船上所有的桌椅设备全部告别了用挂钩固定在地板上的方式,而是像陆地上的房间装修一样可随意放置。即使遇上再大的风浪,船也很平稳。进了船舱,犹如进了一家五星级酒店,装饰精美的会议室、餐厅、高级会客厅,配备浴室、液晶电视的舱室,而且还有桑拿间。来自东、西方不同国家的船员可以根据自己的饮食习惯,选择中餐或者西餐,也可以在作业之余,泡上一杯咖啡,尽享海上休闲之乐。

七、天然气水合物综合调查船“海洋六号”

天然气水合物(简称“可燃冰”)是天然气与水在高压、低温条件下形成的类似冰状的结晶物质,遇火即燃,是新型的清洁能源,分布于海底和陆地冻土区,其储藏量远超石油、天然气。早在20世纪60年代,我国科学家对此已开始研究。由于开采海底可燃冰的技术难度远超油气开采,所以在相当长的时期内仍停留在研究、调查阶段。由于地球上的油气资源日趋枯竭,进入21世纪以来,国际上众多国家开始对开采海上可燃冰投入更大注意力,形成新的热潮。我国在进行数次科学考察调查的同时,制订了对全国海域可燃冰进行全面且精确调查的规划。

国土资源部于2002年批准了广州海洋地质调查局建造水合物调查船的立项,中国船舶及海洋工程设计研究院通过设计任务招标获得该船设计任务。2007年12月完成详细设计,由武昌船舶重工集团有限公司建造,2009年10月交船,命名为“海洋六号”(见图5-7)。该船总长106.00米,设计吃水5.5米,排水量 4 600 吨,定员 65 人(其中科研人员 39 人),续航力 15 000 海里,自持力 60 天,试航航速 15.2 节,抗沉性两舱不沉,无限航区,能抗 12 级风,具有 B3 级冰区加强。

图 5-7 天然气水合物综合调查船"海洋六号"

针对该船所承担的主要科学考察任务并充分考虑提高其作业率,设计团队依据海上科学考察作业的特点,与海洋地质调查局专家一起经过精心分析,将其设计成一艘综合地震作业、地质调查作业等多功能为一体的综合调查船。船上配置有 4 000 米级深海水下机器人"海狮"号、深水多波束测深系统、深水浅地层剖面系统、长排列大容量高分辨率地震采集系统等设备。全船分为地质调查、地震调查、声学设备换能器三个作业区域,调查设备分为地球物理调查、地质取样调查、深海水下遥控探测和水文调查四大类。根据实际工作需要可增减或更换其他有关设备,以具备多功能一体化的综合调查能力。

该船不仅持有 CCS 证书,还持有海洋地质调查甲级证书、实验测试甲级证书、海洋测绘甲级证书、资质认定计量认证证书、中国合格评定国家认可委员会实验室认可证书、中国船级社符合证明(document of compliance,DOC)和船舶安全管理证书（safety mangement certificate，SMC）等，具有承担以海洋高新技术为支撑的海洋国土资源与环境调查、国际海域矿产资源的战略性勘查评价和发展海洋地质科学等的能力。

该船在设计中为满足使用和需求上的特殊性，解决了如下技术难点：

1）球鼻艏和槽道式侧推装置孔对深海多波束的干扰

国内、外新建科考船由于球鼻艏、侧推装置孔的不良干扰严重影响深海多波束仪的工作，该船由于航速要求和码头靠港及动力定位需要，不但设有球鼻艏，而且艏部还设有槽道式侧推装置。通过大量的数值分析和试验研究确定的优化船型方案，最终确保了该船深海多波束仪的正常工作。

2）重量、重心的控制

重量、重心对于科考船而言尤其重要。该船从船型论证开始就对重大设备的布局进行优化，同时提前评估它们对重量、重心变化带来的影响，进行一定的敏感度分析。通过在设计各阶段采用控制手段以及与造船厂密切配合，最终达到了预想的效果。

3）抗风稳性与适航性

科考船对稳性有较高要求，而舒适性和安全性要求是相互矛盾的。该船设计时，在确保最高抗风稳性的前提下，尽量优化船舶的摇摆周期、横摇角、横摇加速度等摇摆特性，通过多次船模试验、优化船的线型，较好地解决了这一矛盾。

4）动力系统

采用电力推进系统，配备三大一小（3 台 1 900 千瓦和 1 台 760 千瓦）共 4 台柴油发电机组，可长时间并车运行，可提供多种功率搭配，避免浪费。同时该船采用动力定位、全回转舵桨等先进技术与设备，没有传统的舵和螺旋桨，而是通过电动机带动短轴，通过齿轮传动带动螺旋桨，即舵桨合一，从而实现 360 度回转及无级变频变速，具有较高的机动、低速航行特性，对航行状态多变、航区复杂的科考船显出巨大的优越性。

5）减振降噪

采取了一系列减振降噪措施，如柴油发电机组使用浮筏；在柴油发电机组的排气管路中设置了能降低 25 分贝噪声的消声器；风机及空压机组采取弹性安装；风机采用流线型进口并内涂吸声材料；排气管选用弹性拉撑；发电机组基座表面涂阻尼材料；机舱两舷及前、后舱壁顶板涂阻尼材料；风机及风道采取隔离间、吸声等措施。经测量，振动和噪声值均较低。

6）消防安全

科考船人员较多，除船员外，临时上船工作的科研调查人员对船的情况不熟悉。为提高船的防火安全性，全船划分防火区，设置防火隔堵，加大扶梯、通道的通畅性，加强了探火和消防灭火措施。

7）避碰问题

《国际海上避碰规则》规定了在船上设置航行灯的具体位置和高度要求。按规定和要求，需在船的中后部设置较高的灯桅，但该桅将影响吊机的使用。为此，该船对设置主桅的位置和形式进行了优化，做到完全满足规则对航行灯设置的各项规定和要求，同时避免了对吊机作业的影响。

8）居住环境

该船充分体现了人性化设计。所有的居住舱室都配备卫生间、淋浴设备、电视机、互联网，船上还配有健身房、阅览室、桑拿房等，为船员和工作人员创造了一个舒适的生活环境，在设计上严格地把生活区域与机械处所完全隔开。配置的造水机采用两级过滤，可以达到纯净水的标准。同时，各层甲板上还配置有经紫外线消毒的直饮水装置。

"海洋六号"是我国首次自行研发成功的天然气水合物综合调查船，是国内第一艘拥有自主知识产权的专业地质调查船，它的研制成功，标志着我国海洋地质调查装备步入了国际先进行列。

作为一艘具有多功能科学考察能力的调查船，在交船后的几年中，该船完成了多项重大海洋调查任务。

2012 年 5 月，该船进入南海北部区域，对该区域的可燃冰资源进行新一轮精确调查。调查海域包括琼东海域、西沙海域和东沙海域等，为下一步更加精确的勘探工作做好准备。目前已对我国南海海域多个地区进行了卓有成效的科学勘探作业。为我国在 21 世纪 20 年代前在南海海域钻采出百吨级可燃冰作出了贡献。该船还将为完成对目标海域可燃冰资源的普查，继续发挥主力船的作用。

2011 年 6 月—11 月，该船执行中国大洋协会第 23 航次科学考察任务。该航次远洋考察是维护我国海洋权利，履行与国际海底管理局的勘探合同义务。考察区域位于太平洋的 CC 区[①]和西太平洋的海山区，主要开展多金属结核和富钴结核调查，同时开展区域内的环境和生物调查以及相关的科研项目研究。该航次考察历时 120 余天，完成了下述 4 项任务：

（1）我国载人潜水器"蛟龙"号 5 000 米级海上实验警戒与保障任务。在深潜实验区开展了 CTD 测量和多波束海底地形地貌测量。

（2）多金属结核区海洋环境与生物调查、地质取样等调查任务，履行了中国大洋协会与国际海底管理局签订的多金属结核资源"勘探合同"任务。

（3）海山区富钴结核资源与环境基线调查。

（4）"蛟龙"号更大深度海试选区的调查。

远航归来，中国大洋协会向"海洋六号"赠送了"首航深海大洋科学考察业绩卓著"的金色牌匾，它标志着该船已成为中国大洋科学考察有力的新生力量，可以承担我国大洋科学考察重任，为维护我国海洋权益、和平利用海洋资源作出更大贡献，将有力地推动我国海洋地质事业的发展。

2012 年 7 月，执行我国载人潜水器"蛟龙"号 7 000 米级海试警戒与保障任务期间，首次对世界最深海沟——马里亚纳海沟南端的"挑战者深渊"进行了高精度多波束测量，填补了我国在该领域的科研空白。

---

① 著名的多金属结核成矿区。

八、新一代海洋科学综合考察船"科学"号

在国家"十五"规划圆满完成时,我国各海洋科学研究机构已拥有近40艘多型科考船,依靠这些科考船对近海海域和少数国际海域以及南、北极地进行了卓有成效的科学考察。进入21世纪以来,国际上对海权的争夺和海洋资源及海洋灾害的科学考察热潮持续高涨。我国对此高度重视,在"973"计划、"863"计划中均制订有高层次的海洋科学考察项目,担负海洋油气、矿产资源开发的机构也迫切需要高精度的海洋矿产资料。为此,作为我国海洋科学主力军的中国科学院海洋研究所依托国家"十一五"规划的重大科技基础设施项目,拟建造一艘满足无限航区航行要求、4 000 吨级海洋科学综合考察船,为国家深海及洋区的海洋科学基础研究和高新技术研发提供海上移动实验室和实验平台。经批准于2007年7月26日正式立项。

2009年5月,通过公开招标,由中国船舶及海洋工程设计研究院设计、武昌船舶重工集团有限公司承造。2010年10月28日开工建造,2011年10月30日下水,2012年6月30日交船,船名"科学"号(见图5-8)。

图5-8 海洋科学综合考察船"科学"号

该船总长 96.60 米,型宽 17.8 米,型深 8.9 米,设计吃水 5.6 米,设计排水量 4 600 吨,服务航速 12 节,续航力 15 000 海里,自持力 60 天,定员 80 人(其中科学调查人员 49 人),入级 CCS。

推进形式为双吊舱电力推进,推进功率 2×1 900 千瓦。该船设 B3 级冰区加强和直升机起降平台。

设计团队充分认识到该船将承担各大洋区深海海洋科学综合考察任务,包括海洋动力环境、地质环境、生态环境、海底资源、能源综合探测、军事海洋学综合观测与实验等重大海上调查任务,为国家急需解决的海洋资源、能源、国防安全、减轻自然灾害影响等重大海洋科技问题提供技术支撑和保障;同时,为我国科学家参与国际重大海洋研究计划,增强我国海洋科技在国际海洋研究中的影响提供先进的探测研究平台,将成为我国远洋科学综合考察的主力船之一。为此,在方案设计阶段就结合国际上海洋综合考察船的发展趋势,制订了要在整体上达到国际先进水平,船舶性能在未来 20 年仍能保持其先进性的设计理念。

1) 深远海综合科考新船型设计

该船用较小的主尺度、较为合理的吨位满足了综合科学考察的要求,从定员、续航力、油舱容积以及甲板作业面积、实验室面积分配等方面均高于国外同期设计的船型。

船型主尺度论证和经济性分析是针对船舶各项技术指标的反复论证和优化。例如,排水量指标、航速(阻力)指标、续航力指标、科学考察作业面积指标、港口水深以及电站规模和布置条件、稳性核算情况等,通过反复比较,找出优化的主尺度和船型系数;另外,由于科考船是大量科学考察设备和测量仪器的平台,同时载有较多的科学家和船员,因此科考船的线型设计除快速性外还应特别关注艏部线型优化与声学设备的匹配问题;同时还需特别关注该船的耐波性和适航性。船型分析和线型设计是相互关联的,不同的船型主尺度和线型决定了不同的阻力特性、耐波性等船体性能,还将影响船底声学设备的工作效果、推进器选型和主机配置,进而影响整个船型的经济性、功能性和适航性。因此在船型分析和线型设计中必须综合优化。

　　设计团队在分析多艘优秀线型的基础上提出多种主尺度方案,按照多波束凸出船底安装和多波束嵌入船体安装进行比较分析和试验优化,从科学考察效果、航行经济性、气泡干扰控制三个方面综合考虑,通过前期 CFD 方案比选、船模试验优化对比得到最终线型。"科学"号属于 4 000 吨级深远海综合科考船,经快速性、耐波性和经济性的充分论证,最终在以往科考船船型基础上缩小了长宽比并相对加大方形系数;同时重新设计优化船体线型,实现了在设计工况下均优于国际同类船型的相应指标的目标。该线型的成功开发确保了新船能满足较为苛刻的单台发电机运行航速达到 12 节的经济性要求,实现该船营运每天油耗约 10 吨,满足了使用单位设想的节能需求。船模试验和交付后的营运均已证实,该船快速性和经济性指标均超过国际上同类科考船,获得了使用单位较高的评价。这是国内近些年在科考船中的首个自主设计并成功应用的短长宽比节能新船型,该船型分析和线型设计的关键技术已逐步应用到后续科考船的船型设计中。

　　该船满足高于国际抗风稳性的要求,投入营运后,在恶劣海况中安全性已得到验证。

　　2) 科学考察系统综合布置

　　科学考察系统综合布置结合了国际上主流科考船的发展趋势,采用烟囱左置,右舷 L 形主流布局,同时采用干湿通用实验室的综合布局;艉部作业甲板预留了较大的低舷作业空间,既有利于科学考察作业的操作和将来的空间扩展,同时又在甲板预埋紧固件为将来的可移动式集装箱上船安装创造条件;艉部的遮蔽作业甲板空间既提供了较好的工作环境,又为保真取样提供了良好环境条件。该船设置的船首科学桅、船中部的升降鳍板及右舷水下操控集中控制室,均为科学考察作业提供了保证。

　　优化多种设备的安装,一方面对有限的舱室空间统筹规划,合理布置,尽可能对空间和设备功能采用集成化设计和可移动的设计,对载荷和作业工况相近的绞车、起吊设备等进行兼用;另一方面对调查设备进行航段和时间上的统筹规划,结合调查作业时间、不同航次的安排,进行整体规划并尽量采取模块化设计,船上配置统一模块接口,有利于设备系统未来的升级改造,为升级维护节省大量费用。

由于科学考察系统综合布置的合理,该船科学考察实验室面积达 665 平方米,单位排水量面积参数为 0.142 平方米/吨;科学考察作业甲板面积 647 平方米,单位排水量面积参数为 0.139 平方米/吨。这些参数均优于国际同类船型。

3) 科学考察支撑设备研制及安装

"科学"号的升降鳍板系统在国内属于首次制造安装,该系统设备多,机构复杂,安装精度要求高,通过焊接无法满足定位安装精度,故采用样板标记法,设备定位安装时,先在船上开角尺线将样板定位,其他设备以该样板为定位基准,用垂线法定位,保证了设备定位安装精度。

由于该船底部的多波束换能器外形尺寸大,对基座安装精度要求也较高,要求基座下表面的水平度误差≤1 毫米。由于受船体分段制造精度影响,通过焊接很难保证基座水平度的要求,工厂通过工艺攻关,采用嵌入式安装,确保了多波束安装模块的安装精度,此安装工艺申请了专利。

4) 吊舱综合电力系统设计

科考船工况较复杂,负荷变化大,操纵性能、定位性能要求高,常规的柴油机推进系统已不能完全满足操纵使用要求。电力推进机组采用变频电动机推进技术,具有布置灵活性高、机动性好、振动小、噪声低、冗余度高等特点,在特种用途船舶上有着明显的优势,尤其是在科考船上更加具有良好应用前景。

该船电站配置是在分析论证不同用电负荷和油耗经济性的基础上进行的最佳选择。该船三大一小(3 台 2 600 千瓦加 1 台 758 千瓦)发电机组的电站配置作为一大设计亮点,在试运行期间各工况下,尤其是在经济航行、漂泊作业以及地震拖曳工况下充分体现出了灵活性、经济性和可靠性,得到使用单位的认可和赞赏。

5）振动噪声分析及控制

该船具备水体探测、大气探测、海底探测、深海极端环境探测以及遥感数据现场验证等五大系统，船上搭载有多种用于探测的设备、精密仪器及仪表，对工作环境的要求都很高，对环境温度及四周振动和噪声水平的要求也比较苛刻。

为此，在设计和建造初期就对船舶自身振动和噪声水平进行调研、分析论证，从设计源头出发，开展振动及噪声预报分析，提出控制振动噪声的具体措施，分别从船体结构、动力系统、舱室布置、机械设备选型、空调通风系统设计等方面综合控制，通过采取减振降噪措施及测量等工作，最终确认该船采取的减振降噪措施比较合理，取得了较理想的效果。

6）空船重量、重心的控制

科考船的重量、重心不但关系到科考船的稳性指标、浮态、载重量指标（主要是燃油、淡水等消耗品，影响自持力）、结构构件承受的弯矩和剪力等关键要素，而且对耐波性指标也产生较大的影响，进而影响减摇装置的效果和救生艇收放装置、直升机起降等性能。

该船空船重量、重心的控制贯穿设计和建造全过程，从最初的设计控制，到建造过程控制，再到最终交付前的精确控制都是非常重要的。在设计阶段统计空船重量、重心，较为复杂烦琐，其预估准确度有限。因此，结合详细设计阶段的粗略统计值，根据生产设计模型、船舶在水下浮态、舾装件重物移动等状况多次推算，及早监控船舶的重量、重心。

经实船运行证明，该船航行安全、经济性高、舒适性好、节能环保、操作灵便、操控系统先进、网络及通信设备可靠。科学考察作业性能指标达到或超过设计要求，采集的数据准确可靠，全面满足海上科学考察的需求。

"科学"号投入营运以来，先后完成中国科学院战略性先导科技专项、"973"计划、"863"计划、中国海洋石油集团有限公司重大项目和国家自然科学基金委员会等的科学考察任务，截至2015年，航行510余天，航程63 783海里，在冲绳海槽海域首次自主观测到活跃的热液喷口，获得了高分辨率海底地形图，首次在西太平洋主流系海域集中布放 18 套大型深海潜标阵列,实现了国内首次对南海中南部开展地球物理大面积调查。

2014 年 4 月 8 日,"科学"号启航赴西太平洋,执行中国科学院"热带西太平洋海洋系统物质能量交换及其影响"战略性先导科技专项的相关科学考察任务。

2015 年 1 月 19 日,正在西太平洋雅浦海山海域执行科学考察任务的"科学"号在既定区域投放了 7 个海底地震仪。这是中国首次在该海域投放这种仪器,所有海底地震仪回馈显示状态正常。

2015 年 2 月 9 日"科学"号科考船在西太平洋雅浦海沟附近海域投放热流探针,以获取海底热流信息。科研人员将其比喻为给海底"量体温"。

"量体温"所使用的"体温计"是一根长 7.5 米、自重 965 千克的热流探针。从"科学"号后甲板处利用钢缆放入海底,凭借额外增加的 500 千克配重,这支"体温计"可以竖直插入洋壳表层,也就是亿万年来形成的海底沉积层中。

当热流探针的姿态满足条件时,探针上的 22 个温度传感器会被自带电源瞬间加热,并记录降温过程中每秒温度值。回收后,根据传感器获得的海底沉积物原位温度梯度和热导系数,可以推算出海底热梯度的分布情况。

海底热梯度系指来自地球内部的热量向海底表层扩散的状况。根据海底热流值结合深层地震等地球物理资料,科研人员可以探究洋壳俯冲活动的特征。按计划,"科学"号科考船该航次将在 14 个站位投放热流探针,横跨雅浦海沟区,探测区水深为 2 000～5 000 千米。

全球地质构造最活跃的区域在板块边缘。西太平洋不仅是研究板块俯冲过程的"天然实验室",也是对中国近海环境影响最大的海域。

我国科研人员计划在未来几年内对西太平洋进行持续研究,通过热流探测、岩石取样等多种手段了解深海岩石圈构造特征,以便加深对太平洋板块结构和海山演化的认识。

海洋实时观测数据长期依靠卫星遥感和浮标。用于观测水卜和深海数据的潜标只能每年回收一次,从中获取数据,无法像卫星遥感和浮标那样获得实时数据,这是因为潜标最上面一个浮体距离海平面还有四、五百米,这些数据无法穿透海水传输到卫星上。在该航次中,科学考察队员在水面上放置了一个数据实时传输的浮体,它与潜标通过无线和有线两种方式连接。潜标将数据传输给浮体,浮体发射到卫星上,卫星再反馈回陆地实验室。

该项技术的难点在于浮体与潜标之间要建立稳定的联系,另外海上施工作业充满变数和难度。此次实现实时数据传输的两套浮标,分别采用了无线连接和有线连接,证明我国科学家研发的两种解决方案均可行。深海数据的实时传输将为海洋环境和全球气候研究提供重要技术支撑,实时传输获取的数据将提高海洋气候和环境预报的精度。该航次破解了深海潜标观测数据实时传输的世界性难题。

2015 年 2 月 22 日,正在西太平洋雅浦海沟附近海域执行任务的"科学"号科考船在强烈季风中结束了该航次多道地震数据采集工作。该航次共收集 19 839 次气枪成功释放后反馈的数据,测线总长度约 1 000 千米。

该航次"科学"号科考船在该海域具有 3 条测线(2 条垂直于海沟方向、1 条斜交于海沟方向),船以 5 节的速度航行,每 50 米放 1 枪,释放间隔 20 秒左右。

多道地震作业系指由人工震源产生传播到海底及更深处后反射回来的地震波,并对其进行接收和分析。多道地震数据为地层走向、倾向以及断层等地质构造的进一步研究提供依据,并可最终用于洋壳俯冲形态等海洋地质的解释。

该船的投入使用,显著地提高了我国海洋科学研究的能力,为在国际前沿领域实现海洋研究探测的突破与跨越式发展奠定了基础;为满足日益增加的对维护海上国防安全和海洋权益、发展海洋科学技术等方面的重大需求作出了贡献;对开发利用海洋资源、保护海洋环境、促进海洋资源与环境的可持续利用,对实现由海洋大国向海洋强国的转变具有重大的作用,其科学价值与社会效益显著。

作为我国新一代先进的科考船,"科学"号是一型拥有自主知识产权,集多学科、多功能、多技术手段为一体,满足海洋科学多学科研究需求的现代化海洋科学综合研究平台,它具备全球航行能力,在技术水平和考察能力方面已达到国际海洋强国新建和在建综合考察船的同等先进水平。该船的投入使用将为国家海洋科学基础研究和海洋高新技术研发,特别是深海及洋区的海洋基础科学研究提供先进的海上移动实验室和实验平台。在未来 10～20 年内,该型船将成为我国远洋科学综合考察的主力船型之一,与现有和拟建的科考船、专业考察船相互补充配合,逐步形成我国海洋科学考察的完整体系。

该项目共发表研制论文 9 篇,授权实用新型专利 3 项,"科学"号 2014 年获中国船舶工业集团公司科学技术进步奖一等奖、2015 年获中国造船工程学会科学技术进步奖一等奖和上海市科技进步奖一等奖。

九、三维高性能多缆物探船的"发现 6"号

近年来,海域已经成为全球油气勘探的主战场,加大海域油气勘探开发投入力度,尤其是加强海域油气工程作业支撑能力建设,提高装备水平,从而在未来的海上油气勘探开发中占据有利地位,已成为全球各大能源公司谋求可持续发展的重要方向。中石化[①]在国内、外拥有相当数量勘探前景良好的海域及涉海区块,海域已经成为中石化油气资源接替的重要阵地。建造多缆物探船,是中石化推进海域油气勘探实现突破所作出的系列举措之一。

中石化上海海洋石油局委托英国罗尔斯·罗伊斯公司设计,上海船厂建造的物探船,2011 年 9 月开工,2013 年 9 月交船,命名"发现 6"号(见图 5-9)。

该船船长 100.1 米,型宽 24 米,吃水 6.5 米,排水量 10 882 吨,航速 16 节,主动功率 4 000 千瓦×2。

"发现 6"号是一艘三维高性能多缆物探船,可在全球海域进行大面积三维地震作业,能满足全球绝大多数国家环保及废弃物排放最高标准。它的顺利交付将大大提高中石化深水勘探能力,成为中石化与中船集团携手夺取高端海工装备制高点的突破举措,也证明了我国在高端深水装备领域的建造能力正不断提高。上海船厂派遣了生产部门各领域的精兵强将来组建"发现 6"号项目建

---

① 中国石油化工集团有限公司。

图 5-9　三维高性能多缆物探船"发现 6"号

造团队,在设计生产等方面都精心组织,确保顺利完工交付,"发现 6"号的承接是该厂走向产品结构调整、转型升级的坚实一步。上海船厂在该船的设计、建造、调试过程中对三维建模、重量、重心控制、进度控制、振动和噪声控制、物探专用设备安装调试等方面进行了攻关,攻克了一个个技术难关。三维高性能深水物探船是海洋油气勘探、开发、利用产业链上的一个重要环节,在该领域我国物探船船队数量少,三维物探能力低。交付的"发现 6"号物探船代表着国际最新物探技术,能航行于全球无限航区,工作水深达 3 000 米,三维地震采集作业并进行现场资料处理,配备数据高速传输系统;该船可在 5 级海况和 3 节海流情况下采集地震数据。该船配有 14 根长 10 000 米的固体电缆以及和双震源共 8 排气枪阵以及地震综合导航系统,是当时亚洲最先进的物探船之一。

"发现 6"号作为我国最先进的多缆物探船,采用高等级环保标准的双壳船体设计,符合挪威船级社 clean design 标准和国际及行业内最新规范要求,满足特种用途船舶安全规则,船员配置更加灵活,作业区域宽敞,最高达 14 缆拖带能力,并具备较高等级的自动化程度。

"发现 6"号在南海三维地震勘探作业中。日作业量突破 70 平方千米,达72.975 平方千米,再次创下日产最高的作业纪录。该船深入开展"持续攻坚创效"行动,不断尝试突破自我,采取多个部门联动,推进作业时效再提升。甲板部门为减少对渔船的干扰,更高效地完成生产作业,专门安装了渔业对讲机,增强与渔船沟通交流,并安排专用船在渔船较多区域对其进行警告劝离,保障施工作业持续性。轮机部门加强对左、右主机维护性检查,保证全程提供有效动力保障。气爆组为加强对枪阵的预防性维护保养工作,定期巡检主施绳等关键设备,分批对水下枪阵进行回收,及时更换不稳定及受损的部件,保障作业安全。仪器组利用转向期间下艇更换损坏水鸟,清除电缆上缠扰的渔网、鱼线,保证正常完成采集工作。导航组利用转向期间下艇更换受损舵鸟,声学鸟和功放不佳的尾标,保障导航水下设备正常工作。功夫不负有心人,在各部门共同努力下,该船三维地震勘探日作业量成功突破 70 平方千米。

"发现 6"号数年间多次完成国际投标海洋石油勘探项目,如 2018 年南海 SK 项目、2019 年哈斯基项目、2020 年中国和韩国合作南海 SK 三维地震勘探项目。

十、海洋科学综合考察船新"向阳红 10"号

为满足深海海洋科学考察研究工作,自然资源部第二海洋研究所需要一型满足科学考察使用要求的船舶作为海上科学考察平台,拟委托浙江太和航运有限公司筹资建造一艘科考船。2011 年 2 月,受浙江太和航运有限公司的委托,中国船舶及海洋工程设计研究院进行该船的开发设计工作。

中国船舶及海洋工程设计研究院依靠自己的技术力量,通过搜集、整理、消化国际上技术形态、设计理念较为先进的 4 000 吨左右的科考船技术,并加以融会贯通,运用了中国船舶及海洋工程设计研究院在以往类似船型设计方面的经验,形成既能体现当今世界科考船发展趋势和先进技术,又具有自己技术形态特点的技术方案,并充分考虑我国使用单位的特点和需求,融入使用单位的建议,精心论证、综合优化、创新开拓、独立设计,打造出具有完全自主知识产权、具有自己特色、适合我国国情的科考船。

该船是一艘满足无限航区,具有全球航行能力,集多学科、多功能、多技术手段为一体、满足深海海洋科学多学科交叉研究需求的 4 000 吨现代化科考船,为国家深海及洋区的海洋科学基础研究和高新技术研发提供海上移动实验室和实验平台。

该船可实现的主要科学目标包括：① 大洋环流系统与气候变化;② 海洋动力过程与灾害;③ 深海矿产、生物、基因资源及生物多样性;④ 大洋生态系统与碳循环;⑤ 洋中脊与大陆边缘热液系统及地球深部过程。

该船作为我国远洋科学综合考察的主力船之一,将承担各大洋区深海海洋科学综合考察,海洋动力环境、地质环境、生态环境、海底资源、能源综合探测、军事海洋学综合观测与实验等重大海上调查任务,为国家急需解决的海洋资源、能源、国防安全、减轻自然灾害影响等重大海洋科技问题提供技术支撑和保障;同时,为我国科学家参与国际重大海洋研究计划和增强我国海洋科技在国际海洋研究中的影响,提供先进的探测研究平台。

该船于 2011 年开始详细设计,温州中欧船业有限公司于 2012 年 6 月开工建造,并于 2014 年 3 月交船。因原"向阳红 10"号已改装为"远望 4"号,该船船名沿用"向阳红 10"号,成为新"向阳红 10"号(见图 5 - 10)。

图 5 - 10　科考船新"向阳红 10"号

该船总长 93.0 米,型宽 17.4 米,型深 8.8 米,设计吃水 5.5 米,设计排水量 4 400 吨,定员 65 人(其中船员 25 人,科研人员 40 人),最大航速 14.7 节,自持力 60 天,续航力 12 000 海里。

该船实验室包括:资料处理室、综合地球物理实验室、声学设备舱和重力仪室、通用化学实验室、生物实验室、走航多要素控制和观测室、地质和土工实验室、后甲板作业控制室、水文实验监控区、预处理间、样品库、专用水处理实验室、气象工作室、移动实验室(20 英尺集装箱)等。实验设施与各实验室之间及其与作业甲板的相互关系符合有关标准的规定,其设置充分考虑了工作流程。

该船的主要科学考察设备包括一台容绳量 10 000 米 CTD 绞车,一台容绳量 10 000 米铠装光电缆绞车,一台容绳量 10 000 米地质绞车,一台容绳量 10 000 米同轴缆绞车,30 吨船尾 A 型架,20 吨舷侧 A 型架,柱状取样器舷侧托架机构,升降鳍板等。该船主要船载探测设备包括:CTD、ADCP、全海深多波束海底地貌探测系统、浅地层剖面仪、重力仪、磁力仪、深海拖曳系统、超短基线等。

该船设计特点:

1) 国内首创带有 Gondola 附体的科考船船型

随着科考船对海底探测水深越来越深、探测精度要求越来越高,因此船体艏部的声学环境将成为获得准确数据的主要保障。近几年来,国内、外新建科考船陆续出现了球鼻艏和槽道式艏侧推装置的船体开孔与深海多波束探测装置工作不兼容的严重问题。国外部分新建成的科考船,由于多波束探测装置不能正常工作而进厂返工,改造船首并割除了球鼻。国内部分新建科考船同样因为多波束探测装置的问题而将艏侧推装置的船体开孔封闭等。

国外科考船为解决上述难题,首先从船体艏部线型设计和声学设备的安装方式两方面相结合开展改进工作,主要考虑球艏的线型设计。设计中对艏部流场的特殊设计,确保气泡产生在声学设备换能器后方,但失败的教训国内、外均较多。其次采用不同的声学设备安装方式。较传统嵌入式不同的,有导流罩和 Gondola 两种安装方式。就测量效果而言,Gondola 安装方式的多波束效果最好,但此种安装方式会产生较大的阻力,对船舶经济性有一定影响,同时因增加吃水而对码头水深要求较高,航行过程中又需要特别注意渔网缠绕、搁浅等问题。Gondola 船型为近几年国外新造或改造船中刚刚出现的,国内尚无实践经验。Gondola 附体的加入必须对船舶浮态、船舶阻力性能以及附体的主尺度、声学设备的布置、强度与振动等多方面问题统筹考虑。经反复论证、吸收、消化国外先进技术,最终成功开发出了带有 Gondola 附体的科考船船型,并为船东采纳。

该船是首艘采用完全由国内自主设计、建造,具有完全自主知识产权的 Gondola 悬挂式平台安装声学设备换能器的高性能科考船。通过近两年的实船验证,该船型具有测量精度高、阻力性能优良、耐波性好,舒适度高等优点。

2) 船体主尺度优化

在主尺度优化方面,通过研究、类比、论证国内、外类似排水量的科考船主尺度,通过该船航速、耐波性、稳性、特殊抗风力、排水量等主要性能指标论证,根据科学考察设备布置、动力装置的配置、科学考察实验室及居住舱室布置等多方面因素,同时考虑船东的投资规模和投资回报率等综合因素,优化确定了该船的主尺度参数。表 5-2 为国内、外几艘与该船技术参数相近的科考船资料对比。

表 5-2　国内、外几艘与该船技术参数相近的科考船资料对比

船　名	G. O. SARS	JAMES COOK	"科学"号	"向阳红 10"号
国籍	挪威	英国	中国	中国
交船年份	2003	2007	2012	2014
主要功能	综合考察	综合考察	综合考察	综合考察
总长/米	77.5	89.2	99.8	93
垂线间长/米	68.4	78.6	88.8	82.8
设计型宽/米	16.4	18.6	17.4	17.4
型深/米	9.1	9.5	8.9	8.8
满载吃水/米	5.8	5.5	5.88	5.65
满载排水量/吨	3 800	5 401	5 027	4 500
定员/人	45	54	80	65

通过船型和主尺度优化,结合新"向阳红 10"船的具体功能布置情况,考虑到国外近些年建造的科考船长宽比也在逐渐变小的趋势,将与船舶快速性有关的该比值取为 5.34,略小于国外此类船的平均值(5.69);将关系到船稳性的型宽与设计吃水之比取为 3.08,高于国际上该类型船的平均值(2.944),以确保船舶稳性。经实船验证,该船的快速性、耐波性、稳性及特殊抗风力、科学考察探测能力及精度等主要性能指标均达到了国际先进水平。

3) 船舶阻力优化

设计团队面临如何解决国内、外陆续出现的球鼻艏和槽道式艏侧推装置的船体开孔严重干扰深海多波束探测装置正常工作的前沿技术和关键难题。因此,该船是否需要设置球鼻艏的问题引起了足够的重视。根据以往经验,只有当设计航速的傅汝德数大于某一数值时,球鼻艏才会显示其减阻作用。但也并非航速越高球鼻艏减阻效果就越好,一般,球鼻艏对高速船(傅汝德数 $F_r >$ 0.3)的影响较小。该船 $F_r = 0.27$,属于中速船,初步判断球鼻艏对该船会有比较明显的减阻作用,为进一步明确其减阻的程度,运用 CFD 软件量化分析研究了球鼻艏对船体阻力的影响,对带球鼻艏和不带球鼻艏两种线型的阻力进行了对比。结果显示带球鼻艏的型线明显好于不带球鼻艏的型线。该船声学设备采用 Gondola 安装形式,可以有效避开因球鼻艏引起的气泡。而采用球鼻艏可以有效降低阻力,所以该船确定采用球鼻艏线型方案。

推进系统采用国产设备厂商总包供应方式,由于该设备厂商之前尚未设计生产过该功率范围的推进系统,同时国产推进器效率普遍较低,前面增加 Gondola 附体,阻力增加较多,所以必须足够重视该船的阻力优化,才能在使用国产推进器和设置 Gondola 附体的前提下,达到快速性指标的国际先进水平。

在确定采用球鼻艏线型后,又经过 18 个方案的 CFD 优化,确定最终的线型。

为便于比较,将测速时测得的吨位、航速和推进功率换算成快速性指数,即每千瓦推进功率推动船的吨位所能达到航速的单位综合指标。表 5-3 为国内、外类似船快速性指数对比。

表 5-3　国内、外类似船快速性指数对比

船　　名	JAMES COOK	"科学"号	"向阳红 10"号
交船年份	2007	2012	2014
是否加装 Gondola 附体	否	否	是
快速性指数/(吨·节/千瓦)	16.20	19.6	17.8

虽然与"科学"号相比,该船快速性指数略低,但是考虑到该船因多波束采用 Gondola 附体安装,该附体导致阻力增加约 25%;且"科学"号采用的是 ABB 的吊舱式推进器,比该船采用的国产推进器效率高 10% 以上。若考虑这些因素,可以认为该船的线型阻力性能与"科学"号水平相当。

4) 耐波性研究

多波束系统等声学探测装备要求船舶平台应尽可能减少横摇、纵摇和升沉等运动。同时该船很多漂泊及低航速科学考察作业均对耐波性提出了一定的要求。该船线型和总布置设计充分考虑了改善耐波性。为验证耐波性该船进行了耐波性试验。

通过试验验证了该船的耐波性性能优良,符合预期要求。同时为降低该船在低航速(0～10 节)状态下船舶的横摇幅度,该船在辅机舱两侧和底部设置了 1 个可控被动式减摇水舱,以确保该船在大风浪等恶劣海况中具有较强的航行及作业能力。

实船验证该船可以在 4 级海况条件下满足 ROV 收放和直升机悬停作业要求,在 5 级海况条件下满足漂泊调查作业要求。

5) 特殊抗风力

尽管按规范规定,新"向阳红 10"号只需满足"完整稳性和破舱稳性"的计算要求即可,但设计又附加了应满足船舶行业标准《海洋调查船特殊抗风力要求》,以提高船的抗风能力。

因为科考船在执行调查任务时会遇到特大气旋和浪高十几米的恶劣海况。海洋调查船抗风暴问题必须给予充分关注,否则后果不堪设想。

本着"以人为本,安全第一"的原则。该船在确定主尺度、总布置时就充分考虑其抗风能力,使该船设计满足《海洋调查船特殊抗风力要求》,可以在风速(12级风)51.5米/秒下保证船舶安全。

6)全船噪声控制

声信号是唯一能够在海水中远距离传播的物理信息,科考船上装有众多的声学探测设备,要保证其工作精度、提高其探测范围,必须对船舶自身的水下辐射噪声加以控制。此外,对于承担海洋生物调查研究任务的船舶,还须兼顾海洋生态系统及生物多样性的保护,所以科考船必须考虑宁静化设计。

宁静化设计中的水下噪声控制,需要考虑满足目前国际上两种主要的规范——ICES CRR 209 和 DNV SILENT Class Notation,或类似的要求,其对科考船的水下辐射噪声测量和限制值提出了明确的要求。当前满足 ICES CRR 209 和 DNV SILENT - R 辐射噪声限制值要求的科考船均采用了传统的推进电机＋轴＋桨的推进系统,螺旋桨一般选用低噪声定螺距螺旋桨。

该船的船东考虑到投资规模和操纵性,采用了国产全回转舵桨的主推进系统。艏侧推装置依然采用了槽道式艏侧推装置,但因为 Gondola 的使用,使声学设备换能器基本避开了槽道式艏侧推装置的影响。另外还采用多项减振降噪技术,如振动源设备减振控制,风机及管路减振控制,空调系统及舱室隔声控制,阻尼材料的敷设等。

发电机组、泵组、空压机机组、冷藏装置、通风管路、排气管及其消声器的振动和噪声为该船主要振源。

振动控制方案系指对大功率振源设备的振动隔离,对不同的动力设备采用如下不同的隔离方案。

(1)发电机双层隔振。振动较大的柴油发电机组采用双层隔振装置代替出厂时自带的单层隔振装置。单层隔振的振级落差一般为 10～20 分贝。双层隔振可以隔离单层隔振隔不能隔离的高频振动部分,其振级落差在低频区一般可以达到30~40分贝,可有效减小机械设备振动及结构噪声向船体的传递,同时在船体受到冲击时保护机械设备,使其运行更加安全可靠。因此,该船采用了先进的双层隔振技术。其余动力设备采用单层隔振装置及隔声装置等,弹性安装的设备之间相连的附属管路、管道和电缆等采取具有位移补偿功能的挠性连接方式。

(2)风机减振降噪控制。全船配备的16型风机设备,可为全船提供机械通风等功能,流量及功率覆盖范围广。风机设备是全船不可忽视的振动噪声源,根据风机的功率、通风量、风机所安装的舱室位置以及相关舱室预期噪声值的不同,对风机采取了差异性减振降噪措施,机舱通风机为轴流式通风机,由于其功率大,风量大,采用加装消声器及隔振器等减振降噪控制措施。

(3)全船管路减振降噪。各种管路遍布于全船各个角落,管路中的液体、气体在高速流动时由于流固耦合会激发管路的脉动效应,从而将管路振动传递至舱室及甲板等结构。管路减振降噪采取弹性管卡、弹性吊架、橡胶挠性接管等。

(4)空调系统振动噪声控制。为保证声学仪器、设备正常工作,对整个空调系统的设备采取了减振降噪的措施,这些措施包括选用低噪声空调设备,通过采用吸声减振设计、增加设备吸声材料的厚度等手段降低设备噪声;选用低噪声船用离心、轴流风机,降低源头噪声;将冷水机组、空调器尽量布置在下层甲板,与居住舱室和实验室保持一定距离,防止噪声直接传播,避免设备与船体产生的共振;部分舱室空调采用风冷分体式柜机,将主要噪声源制冷压缩机和冷凝器置于舱外;通风机、水泵的进出口管道采用柔性连接,风机、水泵、电机安装在减振基础上,以减少噪声的传播。离心及轴流通风机设消声静压箱以降低风机噪声;在必要的通风管道上设置消声附件,选择优质低噪声送风末端装置,使空调房间内噪声控制在要求的范围内。

(5)舱室隔声控制。舱室隔声控制主要考虑由于动力设备工作所辐射出的结构振动及空气噪声。舱室噪声的控制主要通过在舱室内壁铺设吸声、隔声材料及阻尼材料等,同时选用隔声门、隔声窗,将舱室设计成密闭舱室,并注意密封防止漏声,以达到较好的舱室噪声控制效果。

吸隔声材料与绝缘材料同时考虑布置上的要求,选取氧化铝板、矿物棉复合板及玻璃丝棉等多种材料,根据不同舱室及不同位置采用不同的吸声措施及材料。

(6)阻尼材料敷设。阻尼材料可以从最底层消减能量、抑制壁板的低频振动,同时吸收、隔离空气噪声,改善船舶每个角落的环境条件。通过覆盖绝缘层及其上面的水泥或者钢板,形成浮动地板,获得较强的降噪效果。该船对于重点舱室进行了阻尼敷设。

采取以上各系统的减振降噪处理控制措施后,通过先进的振动、噪声预测软件进行隔振方案的评估,评估结果表明全船振动噪声完全满足航行工作舒适性要求,舱室噪声优于国家标准及 IMO 标准的要求。实船噪声测试也验证了预报结果,取得了船东、船级社的认可。

该船是我国首艘由民营资本与国家资金共建的综合科考船,并正式入列国家海洋调查船队。在船舶建造过程中,船东、设计、建造、检验各方同心协力,在 36 个月内完成了该项目从立项到交付使用,创造了科考船项目建造的新速度。

该船经过一年多的实际营运,各项性能指标经验证,效果良好。

该船除部分科学考察设备外,其他关键设备,如推进系统、主发电机组等,均采用国产设备,同时采用了国内自主设计、建造的 Gondola,可以在保证测量效果的前提下,减少升降鳍板等设备的投入。该船总造价约 2 亿元,相比国内同类型船舶造价 5 亿元,其经济性不言而喻。

新“向阳红 10”号于 2014 年 3 月加入国家科考船队。自交付后长期在海上进行科学考察作业,目前的作业海区已覆盖西太平洋和印度洋的大量区块,成为我国远洋科考船队的重要成员,为我国海洋科学考察事业作出了较大贡献,并取得了较好的经济效益和社会效益。截至 2016 年 3 月,该船海上科学考察时间为 487 天,完成产值 10 705 万元,产生利税 4 000 万元。实际作业情况证明,该船具有优良的作业性能,得到船东和船员的好评。

2017 年 7 月,新"向阳红 10"号科考船结束了大洋第 43 航次航行,该航次海上航行 230 余天,科学考察分为 5 个航段执行,主要任务是履行"西南印度洋多金属硫化物资源勘探合同",开展矿化异常调查和对矿体/矿化体圈定等硫化物合同区进行规模勘探,由我国自主研发的多套装备在实际应用中取得了阶段性成功,初步查清合同区典型硫化物矿体空间结构特征。

值得一提的是,新"向阳红 10"号搭载的由我国自主研发的 4 500 米级深海资源自主勘查系统"潜龙二号"AUV 在该次科学考察中累计开展了 8 个潜航作业,作业时间累计 170 小时,总航程 456 千米,最大下潜深度 3 320 米,充分验证了"潜龙二号"在洋中脊复杂地形环境下工作的稳定性和可靠性。

此外,中深孔岩芯钻机、瞬变电磁探测系统等也在该次科学考察中集中成功应用。这次集中使用标志着我国在多金属硫化物资源勘探领域正在实施高新技术的升级换代。

新"向阳红 10"号科考船大洋第 49 航次历时 250 天、航程 29 821 海里,在西南印度洋合同区硫化物勘探、慢速扩张卡尔斯伯格脊构造演化和热液系统调查、印度洋微塑料污染调查等方面取得了成果。

由自然资源部所属第二海洋研究所组织实施的中国大洋第 49 航次科学考察分 5 个航段执行,主要作业区域在印度洋,以落实"蛟龙探海"工程为核心,具有任务综合化、资源环境并重、调查手段高精化和瞄准国际海洋热点等特点,并取得如下成果:

(1)西南印度洋合同区硫化物勘探取得新进展。该航次共计发现 3 处矿化区、2 处矿化异常区和 9 处异常区;深化了对合同区多金属硫化物分布控制机制、成矿规律及资源评价的认识,进一步揭示了超慢速扩张脊硫化物矿藏前景。

(2)慢速扩张卡尔斯伯格脊构造演化和热液系统调查取得新认识。新发现一处高温喷口群,拓展了热液活动的分布范围,获得了该热液系统受控于拆离断层的构造与岩石学的新证据;新发现 3 个热液系统,使得我国在该区域发现的热液系统数量增至 9 个,其中宝船热液区是目前证实的距离中央裂谷最远(20 千米)的热液系统,这为创建慢速扩张脊构造控矿新模式提供了可能。在第四航段中,科学考察团队成功地完成了 14 套海底地震仪的回收任务。这 14 套海底地震仪是 2018 年 3 月在第二航段中布放的。布放区域位于中国西南印度洋多金属硫化物勘探合同区"玉皇"矿化区,水深为 1 400～3 300 米。这些海底地震仪在矿化区上方组成一个临时地震台阵,既可以监测海底热液区发生的微小地震,也可用于记录全球发生的大地震。它们好比医生的听诊器,能监听地球内部的震动信号,给地球"诊脉"。科学家通过海底地震仪的数据,可以解译"玉皇"矿化区微地震发生的时间和空间信息,进一步了解该海域的海底构造,为合同区硫化物勘探提供重要基础信息。

2019 年 3 月,经自然资源部批准,新"向阳红 10"号离开舟山,执行大洋第54 航次考察任务,赴太平洋海域开展资源环境调查。该航次由自然资源部第二海洋研究所负责总体实施,是统筹落实自然资源部 2019 年太平洋方向深海资源环境调查任务的重要航次,具有空间跨度大、时间长、任务类型多样等特点。该航次任务主要包括履行中国大洋协会和中国五矿集团与国际海底管理局的多金属结构勘探合同,开展全球变化与海气相互作用专项调查。

该航次分为 5 个航段执行,总航行时间达 255 天,总航程约 22 000 海里。计划停靠密克罗尼西亚波纳佩和墨西哥阿卡普尔科进行补给和人员轮换。该航次的顺利实施,有力地支撑了我国履行勘探合同义务,提升了我国在深海区域的科学认知。

十一、综合科考船"向阳红 06"号

2011 年 3 月原国家海洋局委托中船澄西船舶修造有限公司(简称"中船澄西")负责将一艘近 20 年船龄的单机、单桨、单舵的小型集装箱货船"豪利"号改装成科考船。中船澄西于 2012 年完成第一次改装。该船取名"向阳红 06"号。

2015年12月,"向阳红06"号科考船进山东日照港达船舶重工有限公司进行第二次改装,2016年出坞,11月交付原国家海洋局北海分局(见图5-11)

图5-11 综合科考船"向阳红06"号

第二次改装在保持船舶主尺度不变的情况下,完成了船舶26号肋位以后主船体分段切除换新等一系列高难度的工程项目。改装项目包括船舶主动力系统,机舱自动化控制系统、网络系统、全船电力系统等。由原船的单主机、单桨、单舵改造为双机、双桨、双舵。此外,还加装了深水多波束、动力定位系统、磁力仪、艏侧推装置、减摇鳍等设备,全面增强了船舶各方面性能。改装后,可抗12级风浪,具备全球航行科学考察能力。此次改装使"向阳红06"船成为以地球物理为主,具有海洋观测浮标、潜标布放回收、海洋环境监测、远洋综合调查和执法巡航等功能,与多学科调查任务需求相适应的高端海洋调查平台。

该船船长91米、型宽14.7米、型深7.6米,装有艏侧推装置,满载排水量4 900吨,最大航速13.5节,续航力15 000海里,自持力60天,定员60人。

"向阳红06"号上设有各种实验室和数据信息中心,总面积达267平方米。

该船还配备了国内先进的仪器设备,包括多普勒声束剖面仪、万米测深仪、8 000 米地质绞车、A 型架、L 型架等设备。

该船配备了走航式设备,有了这种设备,就可以边航行边采集各种实验样品,打破了之前必须停船定点取样的弊端。该船还具有浅剖功能,只要船经过之处,通过设备都能分析出海底的地质结构。"向阳红 06"号还配备了先进的通信导航设备,具有高速数据通信功能,可进行实验数据传输,与陆地保持多渠道的联系。

2020 年 4 月至 7 月,"向阳红 06"号科考船在太平洋航行了 96 天,执行自然资源部北海分局"全球变化与海气相互作用"专项 2020 年度太平洋调查航次。

该航次是在全球新冠疫情蔓延的背景下,自然资源部北海分局 2020 年启动的首个远洋调查航次。航次前期充分估计面临的困难,制订了多种应急预案,采取了航前核酸检测、备足防疫物资、一次性加足油料和食品等补给物资、取消原计划的中途停靠补给改为单一航段执行等措施,确保了年度重点调查任务的顺利实施。

来自自然资源部北海分局、自然资源部第三海洋研究所等单位的 52 名船员,队员科学抗疫、不惧逆行、勇敢冲在大洋调查的第一线。在三个多月的时间里,经受了船舶续航力、装备能力和船(队)员毅力的多重考验,并克服了海盆区水深、取样站位数量多、连续高负荷作业等困难,终于啃下太平洋调查的硬骨头,安全、圆满地完成该航次任务。

该航次"向阳红 06"号在太平洋公海区开展了海洋地质、地球物理、水文、生物等多学科调查,获取了 110 余站的平均 5 700 米水深的地质样品和近10 000 千米的综合地球物理测线数据,为研究太平洋海盆区气候演化、环境特征和地球物理特征积累了宝贵的第一手资料。

2020 年 11 月 24 日,"向阳红 06"号从浙江舟山启航,执行自然资源部第二海洋研究所组织实施的印度洋联合海洋与环境研究计划冬季调查航次。该航次旨在通过研究印度洋海洋生态环境变化及其对季风、气候以及人类活动的响应，特别是孟加拉湾次表层水体缺氧的形成机制及其对周边海域生态系统影响等前沿课题，与斯里兰卡、缅甸、泰国、孟加拉国等海上丝绸之路沿线国家共同推进海洋共同体建设。

国际合作是该航次的特色之一。自然资源部第二海洋研究所邀请了缅甸、斯里兰卡、泰国等国的科研人员一同参与科学考察，并在启航前，在杭州举行了为期 5 天的研讨会。近年来，该所多次与斯里兰卡、缅甸、泰国、菲律宾、马尔代夫等南亚和东南亚相关国家的海洋机构进行了互访，并与部分机构签署了多个双边合作协议，举办了多个国际会议或地区会议，为开展海洋科技合作与文化交流奠定了良好基础。

该次科学考察属多学科交叉和多个机构参与的协作航次，该所的卫星海洋环境动力学国家重点实验室和海洋生态系统与生物地球化学重点实验室为主要承担单位，国家海洋环境预报中心、国家海洋技术中心、北海海洋工程勘察研究院、中国科学院沈阳自动化研究所、深之蓝海洋设备科技有限公司等单位共同参与。

十二、海洋综合试验船"电科 1"号

"电科 1"号（见图 5－12）是一艘海洋综合试验船，主要承担海洋信息技术开发任务、电子科学试验，同时配合完成南海岛礁基地建设，是海洋新技术装备的综合展示平台、试验训练平台及工程保障平台。

"电科 1"号属于科学调查船，但与我国的"向阳红"系列等科考船承担测量、勘探等任务不同，"电科 1"号主要开展海洋探测、搜寻、感知类产品的研发试验。长期以来，我国都缺乏这类专业的船舶试验平台，中国电子科技集团作为国内电子产品的龙头企业，生产研发的电子产品种类丰富，但是在以往的产品新研发过程中，往往只能租用非专业船舶开展测试，导致了航行条件差、数据处理速度慢、试验周期长等诸多不足，"电科 1"号的建成有力地改善了这一状况。

图 5-12 海洋综合试验船"电科 1"号

该船船长 89.16 米,型宽 18 米,型深 5.5 米,航速 13.5 米,排水量 3000 吨,续航力 5000 海里,自持力 40 天,定员 45 人(其中船员 15 人,科技人员 30 人)。

该船由中国电子科技集团海洋信息技术研究院委托广州船舶及海洋工程设计研究院设计,由扬州龙和造船有限公司建造,于 2016 年 8 月交船。

"电科 1"号采用钢质船体、连续甲板带艏楼、具有前倾艏柱带球鼻艏结构;左、右舷艉部设有舭龙骨,船首设有艏侧推装置;由两台船用柴油机经齿轮箱传动,驱动固定螺距螺旋桨推进的双机、双桨、双舵、艉机型船;艏楼甲板上部设有三层甲板室。

为执行电子试验任务,该船设置了宽阔的试验甲板,并配备了大型起重机、艉部 A 型架、直升机起降平台等,可进行雷达、卫通、无人机、无人艇等设备试验,以及水声、气象探测等工作。此外,该船还配有多个实验室、综合指挥室、高频机柜室、计算机房、会议资料室等专用科研舱室。该船配置了如下试验任务系统。

1. 试验工作甲板

"电科 1"号的试验任务主要在罗经甲板及主甲板开敞试验区上进行,总试验面积超过 1000 平方米。由于试验任务以对海、对空的电子设备为主,因此对开敞甲板面积的需求很大,用于布置起重设备、直升机平台、无人装备保障平台、电子设备基座及试验操作空间等。在船型设计方面，"电科1"号设置了较长的敞开式艉甲板，相比同等排水量的其他科考船，适当降低了型深，具有较大的船宽吃水比，以更好地满足试验甲板的空间需求。

2. 通用电子试验接口

为开展多种类型的海上试验，"电科1"号搭载了开放式任务电子保障系统，为不同的试验设备安装提供了通用的电子试验接口。

除了配齐满足船级社规范规定的通导设备外，"电科1"号还预留了足够的平台和空间，为各种电子任务系统提供完备的海上试验环境。在总布置方面，该船通过两座桅杆的设计，很好地实现了航行设备与试验设备的功能分区：其一航行桅杆采用桁架式结构，搭载了航行用的 X 波段与 S 波段的导航雷达天线、卫通 C 站、北斗接收机、风速风向仪、号灯、号笛以及避雷针等设施，用于满足航行需求；其二综合试验桅杆布置了多层平台，可搭载新研发的雷达、卫通、无线电通信等产品开展海上测试；综合试验桅杆外部设有透波天线罩，用于保障恒温恒湿的电子试验环境。

两座桅杆之间留有一定的安全距离，以避免互相干涉，满足电磁兼容性的要求，保证了该船在航行过程中综合试验桅杆不会影响号笛、号灯、航行通信等作业，航行信号也不会影响电子设备的试验精度。

此外，"电科1"号还在罗经甲板预装了碟状天线、鞭状天线的通用预制接口及标准通用试验方舱。通过预留空间与数据接口，实现了每次出海可执行不同的试验任务，如搭载水下机器人控制方舱、声学发射机控制方舱等模块。

3. 水声试验系统

"电科1"号设置了强大的水声试验系统，以保障各种规格的水下声呐、阵缆、磁力仪及深潜器等试验。

该船在舷侧配置了一种新型声呐吊杆收放装置，可用在船舶低速航行或停泊时收放小型水声声呐。该装置由布置于甲板右舷的固定基座、轴承组、电动葫芦、吊杆本体、舷外限位装置等组成，可通过固定于基座上的轴承组进行缓慢旋转收放；同时在船体舷外安装了月牙形限位装置，可充分保障收放装置的可靠性和安全性。

船尾设有一座起重能力不小于 10 吨的 A 型架，可配合拖缆绞车开展较大型声学设备的拖曳试验，进行地质、水文、化学、生物取样等科学探测作业。

4. 无人设备测试系统

"电科 1"号可作为无人机、无人艇在海上试验母船：① 针对无人机试验，"电科 1"号提供了良好的存储、起降、补给及维护条件，并可通过 ADS - B 飞机跟踪系统接收飞机位置、速度等参数；② "电科 1"号还提供了一套完整的无人艇试验保障系统，可实现无人艇海上油水补给、吊放与回收、视频监控与跟踪以及试验数据处理分析等功能，打破了以往无人艇仅能在近岸开展试验的局面，实现了无人艇远海试验，可以更好地测试无人艇在外海执行任务的可靠性。

5. 综合船桥系统

"电科 1"号搭载了集导航、控制、探测、感知、显示、监视、管理和通信功能于一体的综合船桥系统，充分保障试验任务高效安全开展。通过集成机舱、航海设备以及试验设备输出的电子信号，构建了以计算机服务器为中心的智能网络，同时可通过卫星通信与其他科考船和陆岸实验站的计算机联网，实现海上试验数据的实时卫星双向传输和处理。

在试验过程中，综合船桥可以将电子设备的试验数据与船上电子设备的感知数据进行实时对比，并能实现多任务多流程顺畅无干扰执行，保证试验过程中的信息共享。

6. 直升机系统

为更好地在海上试验中，实现超视距指挥、人员物资快速运输、设备及实验标本的海上布放等功能，"电科 1"号设置了一套直升机保障系统。参考 GJB 543A—1998《舰船直升机舰面系统通用要求》对第三类保障的要求，设置了满足 Z - 9 型直升机的起降平台、快速系留装置、目视助降系统、通信系统及相关服务舱室。起降平台区域设置可倒栏杆，可在直升机起降时放倒，在不执行任务时竖起兼作栏杆使用，防止甲板工作人员失足落水。

"电科 1"号是一艘针对电子产品试验的专业保障性船舶,在船型开发与功能上实现了较多的技术突破,弥补了以往电子设备试验工作条件差、环境恶劣、数据处理速度慢、试验周期长等诸多不足。作为国内首艘由工业部门投资建造的专业试验船,极大地加快了国产海洋电子信息设备开发的步伐。

十三、海洋综合科考船"向阳红 01"号

追溯我国科考船的发展沿革,在 20 世纪 60 年代后期已经步入"向阳红"系列科考船的研制,"向阳红 01"号是该系列的首制船。1965 年 3 月,原国家海洋局向中国船舶及海洋工程设计研究院提出设计 614-Ⅰ型海洋水文天气调查船的技术任务书,6 月完成初步设计。6 月 28 日,在北京召开 614-Ⅰ型海洋水文天气调查船设计审查会。同年 12 月该船由中国船舶及海洋工程设计研究院完成施工设计。1967 年 2 月该船由江南造船厂开工建造。1969 年 12 月 14 日第一代调查船"向阳红 01"号(见图 5-13)出厂。

第一代调查船"向阳红 01"号总长 65.22 米,型宽 10.2 米,型深 4.8 米,排水量 823.94 吨,最高航速 15 节,配置 2 台 8350Z 主机,额定功率 2×772 千瓦($2 \times 1\,050$ 马力)。

图 5-13 第一代调查船"向阳红 01"号

这艘海洋调查船在原国家海洋局东海分局服役了 20 多年，为我国的早期海洋水文天气考察、预报与研究作出了重大贡献。

新一代海洋综合科考船"向阳红 01"号（见图 5-14）由中国船舶及海洋工程设计研究院设计、武昌船舶重工集团有限公司建造，原国家海洋局第一海洋研究所营运管理。该船以中国科学院海洋所"科学"号为母船进行设计，并在此基础上进行了优化和改进。2013 年 6 月开工建造，2015 年 9 月下水，2016 年正式交付使用。这是我国新一代具有无限航区及全天候观测能力的海洋综合科考船，满足深海海洋科学多学科交叉研究需求的现代化海洋综合科考船，其技术水平和考察能力达到国际先进水平。

图 5-14 新一代海洋综合科考船"向阳红 01"号

该船船长 99.8 米，型深 8.9 米，型宽 17.8 米，吃水 5.6 米，满载排水量 4 980 吨，定员 80 人，自持力 60 天，续航力 15 000 海里。

"向阳红 01"号装载的调查设备分为水体探测系统、大气探测系统、海底探测系统、深海探测系统和遥感信息现场印证系统，涉及地球物理、海洋物理、海洋遥感、海洋声学、海洋大气、海气观测、海洋生物和海洋化学等学科，具备大气、海面、水体及海底立体综合海洋探测能力,探测深度达 10 千米,能满足全球海洋环境和资源科学调查需求。

"向阳红01"号艏部设有两个艏侧推装置,艉部配置两个吊舱全回转推进器,操控灵活,具备动力定位功能,船舶依靠计算机和传感器进行船位、航向、航迹的精确定位,风力 5 到 6 级时,船舶的定位精度为 0～3 米。船舶自动化和信息化程度高,配备电子海图和自动舵,可 1 人驾驶、无人机舱、监测报警全部自动化,配备船舶和科学考察两个独立网络,充分实现数据共享和交换。具备卫星宽带网络,满足海上通信要求,能够实现船-岸视频会议,全船装备数字化视频监控系统。

"向阳红01"号的科学调查作业操控支撑系统包括 4 台万米绞车,并装备了万米单波束测深仪、全海深多波束,搭载的专业调查设备包括 ADCP、超短基线、鱼探仪、浅地层剖面仪、表层多要素连续自动测定系统和多道地震系统。依托这些国际领先的装备,"向阳红01"号将助力我国海洋科学考察走向深蓝,为大洋科学考察提供强有力支持,成为我国远洋科学综合考察的主力船之一。"向阳红01"号承担了各大洋区深海海洋科学综合考察、海洋动力环境、地质环境、生态环境、海底资源、能源综合探测等重大海上调查任务,为国家急需解决的海洋资源、能源、减轻自然灾害影响等重大海洋科技问题提供技术支撑。同时,"向阳红01"号推动了我国科学家参与国际重大海洋研究计划,增强了我国海洋科技在国际海洋研究中的影响,助力海洋科技强国战略目标的实现。

虽然"向阳红01"号的母船"科学"号得到了船东和业界的赞誉,但该船在交船后的使用反馈表明,对某些地方仍有进一步探讨或改进的空间。因此,"向阳红01"号围绕着国际规则规范升级、船载设备更新、用户需求定制以及母船设计改进这四个方面进行了大量卓有成效的原创设计。

科考船的设计很大程度受到船载科学考察设备订货情况的影响。相对母船,"向阳红01"号的船用设备,尤其是科学考察操控支撑设备几乎全部更换设备厂商,且在性能上有更高的要求,其配备了收放能力更强、维修更方便、使用

200

更可靠的甲板操控支撑系统。由于"向阳红 01"号的主吊车、科学考察绞车等性能参数发生了较大变化,该船船体结构在确保控制空船重量的前提下进行了大量卓有成效的加强和修改。母船的升降鳍板是通过自身重力驱动的,在实际使用中,如果维护不当,往往会因为长满海蛎子而导致驱动和定位困难。据此在"向阳红 01"号上,设计团队基于原有的结构限制条件,提出了液压顶推的方式驱动升降鳍板,实践证明了该套系统是可靠的。设计团队还对吊舱推进器的安装位置、槽道式侧推装置封盖、CTD 操控系统,艉部 A 型架、重力取样翻转机构等设施进行了升级换代,取得了明显成效。

此外,"向阳红 01"号科考船根据海洋研究所的研究需求,调整了船上部分舱室和实验室,使其更加符合船东的定制要求和作业流程。

考虑到科研工作者的实际需求与科学考察仪器对工作环境的要求,针对"科学"号反映的空压机舱和重力仪室温度偏高的问题,设计团队采取了有针对性的改进方案。此外,"向阳红 01"号还配备了高效过滤器与大功率送风机,使得通用洁净实验室的净化级别达到了 10 万级。通过调研论证,"向阳红 01"号全船采用了高品质电缆,这种电缆不仅更细,而且散热更少,确保了全船安全可靠地运行。

从规范更新角度,因为当时"科学"号设计时许多特种用途船的规范还未在我国实施。船级社在复建的"向阳红 01"号船上执行了更为严格的某些规范,这给设计团队基于复建基础的设计带来了不少困难,然而针对这些问题采取的措施,为日后类似科考船或特种用途船舶的设计铺平了道路。

"向阳红 01"号于 2016 年 10 月 19 日从青岛出发开启首航,执行为期 2 个多月的国家专项科学考察项目——"全球变化与海气相互作用"东印度洋南部水体综合调查秋季航次科学考察任务。该航次航行了 13 000 余海里,在东印度洋南部海区通过大面积观测、走航观测和漂流浮标观测等方式,进行了海洋物理与海洋气象、海洋化学与水体生物、海洋光学等多学科现场调查。该航次主要任务是为揭示印度洋季风环流场特征、海气交换对东亚气候变化的影响等提供数据基础;深入认识季风转换期的赤道及边界流系结构及影响;季风转换期海气相互作用过程;南亚夏季风衰退与冬季风建立过程;秋季各海洋化学要素与生物活性层的关系;浮游生物群落动态对季风环流的响应等。

此次首航"向阳红01"号的动力定位系统、减摇水舱、自动 CTD 绞车系统等新技术在大洋深海综合科学考察调查中的首次综合应用。在动力定位系统支持下,当科学考察作业面临恶劣海况时,采样设备入水点和出水点之间水平距离偏差不超过 1 米,实现了真正意义上的精准定点作业,获取了高精度数据资料和定点样品。

通过该航次的调查研究,获得了东印度洋南部宝贵的第一手多要素资料。首次系统调查并掌握了印度洋偶极子事件盛期关键海域的多学科数据资料,为对该事件演变、发展和消亡机制及其对气候变化影响的研究提供了丰富的数据资料。

该航次成功地布放了两套"白龙"浮标系统,是我国首次在热带印度洋区域"一船两标"布放作业。"白龙"浮标系统是原第一海洋研究所在引进消化吸收国际先进技术基础上,自主研发的国内首套 7 000 米级深海气候观测系统,是深海气候观测支撑平台,能够搭载多要素传感器,实现对海表气象、海洋要素以及海洋内部要素的高频率采样,同时使用铱星通信,实时将观测数据传输到位于青岛的岸站数据中心。"白龙"浮标系统是我国唯一参与热带印度洋浮标阵列的深海浮标系统。目前该浮标阵列由我国、美国和日本的浮标组成。该航次布放的"白龙"浮标还首次实现我国深海浮标实时数据上传至全球电信系统并实现全球共享。

2017 年 8 月 28 日,"向阳红01"号从青岛启航,执行中国首次环球海洋综合科学考察。这是我国首次将大洋科学考察与极地科学考察整合在一起的环球海洋综合科学考察,也是"向阳红01"号首次执行大洋和极地科学考察任务。

2017 年 11 月,"向阳红01"号在南大西洋海底获得一些形态奇特的玄武岩样本,如呈现出麻绳状、树枝状、石钟乳状等,有助于研究不同构造背景下岩浆活动过程及演变规律,对研究洋壳发展、地球深部与海底物质以及能量交换有着重要的科研价值,填补了多个海域调查的空白。

在该航次的南极科学考察中,"向阳红01"号主要在南极大西洋扇区进行了海洋物理与气象、海洋地质、海洋地球物理、海底地形与测绘、海洋化学与生物生态、海洋环境等学科的综合调查,超额完成计划任务。

"向阳红01"号在南极科学考察中开创了多项"首次"。

首次将我国南极科学考察断面调查由传统的西经45度向东扩展了400多千米至西经37度海域,对威德尔海与南大洋进行水交换的"交通要道"进行了调查。在德雷克海峡中部顺利完成了2个站位的综合海洋环境要素观测,这是我国科考船首次在南大洋西风带中心的关键区域获得全水深综合海洋要素观测剖面。

"向阳红01"号成功地在南极鲍威尔海布放了两套深水潜标,观测海洋不同深度水团的流速、温度、盐度等理化参数的变化,开创了我国利用潜标对南极大西洋扇区海洋环境实施长期观测的先例。首次对南极大西洋扇区海底进行了大范围全覆盖的海底地形测量,完成调查测线约8 880千米,绘制了6个重点区块约15 000平方千米的清晰海底地形图。

"向阳红01"号首次对南奥克尼群岛周边海域的海底进行了高分辨率测绘和取样工作。首次在南极大西洋扇区开展了海洋高分辨率多道地震探测,获得了1 100千米的高分辨率地震剖面,这是我国迄今为止在南极获得的分辨率最高的地震探测剖面;其中科学考察团队最重要的发现是首次在南极发现了海底热液与冷泉并存的现象,并获得了天然气水合物形成与海底热液活动密切相关的直接地质与地球物理证据。

在南极海域,科学考察团队基于海底地震仪、浅地层剖面仪、电视抓斗等装备对不同地质单元的海底沉积物进行了定点采集,完成了15个站位的箱式取样和8个站位的柱状取样,采集到热液活动和冷泉活动产物。

2018年4月12日,在中国大洋第46航次科学考察中,"向阳红01"号的科学考察团队在东南太平洋首次发现了大面积富稀土沉积。

该次环球科学考察以中国大洋第 46 航次和中国第 34 次南极科学考察(与"雪龙"号联合组队)两部分为主体任务,在整个走航过程中进行环境、资源、气候等多学科综合考察。此次科学考察为期 260 天,航程约 3.5 万海里(约 6.5 万千米,相当于绕地球 1.5 圈),2018 年 5 月 18 日,海洋综合科考船"向阳红 01"号圆满地完成中国首次环球海洋综合科学考察,顺利返回山东青岛港。

2019 年 8 月 10 日,科考船"向阳红 01"号从青岛启航,执行我国第 10 次北极考察任务。8 月 30 日"向阳红 01"号首次进入北极圈,考察团队按计划在楚科奇海、波弗特海和加拿大海盆开展各项考察任务。

"向阳红 01"号和同时研制的"向阳红 03"号(第六章另有介绍)投入使用后,多次参加国际联合科学考察,成为国际海洋科学考察的中坚力量,推动我国科学家参与国际重大海洋研究,增强了我国在国际海洋科技领域的影响力和话语权。

十四、深海潜水器母船"探索一号"

中国科学院深海科学与工程研究所为了进行海洋资源探测、地球化学研究和海洋生物采集等,2015 年委托中国船舶科学研究中心将"海洋石油 299"多功能工作船改装设计成一艘 4 500 米载人潜水器母船及深海科学考察通用平台。中船文冲船厂于 2016 年 5 月 5 号完成改装工程交付中国科学院,命名为"探索一号"(见图 5-15)。

该船船长 94.45 米,型宽 17.9 米,吃水 6.9 米,排水量 6 250 吨,航速 14 节,定员 60 人(其中船员 30 人,科研人员 30 人),具有 DP-2 级动力定位能力。续航力:8 000 海里,自持力 60 天,主机功率 8 820 千瓦。

"探索一号"改造项目主要有主船体接长,生活区域重建,大量舱室管路改装,新设备安装调试等工程。该项目所有的改造设计,均考虑绿色环保节能的因素,如船舶航行节能、降噪、减振等节能减排技术,为实现该船持续健康发展提供了强大支持。

图 5-15　深海潜水器母船"探索一号"

该船改装中安装了国内自主研发的潜水器布放和回收系统,水声高速数字通信、水声定位系统等。完成了 A 型架、4 500 米载人潜水器声学环境系统改造工程,使我国不仅具备了深海潜水器的自主研发能力,还具备了对应的水面支持系统设备的自主研发和船舶的相关设计、施工及加装设备的能力。

2016 年 6 月 22 日,"探索一号"在马里亚纳海沟海域开展了我国第一次综合性万米深渊科学考察活动。2016 年 8 月 12 号,"探索一号"科考船结束首航,在马里亚纳海沟海域完成了 84 项科研任务后返回海南三亚。这也标志着我国海洋科技发展史上第一次万米级深渊科学考察活动的圆满成功。

在这一次深渊科学考察中,利用我国自主研发的万米级自主遥控潜水器"海斗号"、深渊着陆器"天涯号"与"海角号"、万米级原位试验系统"原位实验"号、9 000 米级深海海底地震仪,7 000 米级深海滑翔机等系列高科技装备。科学考察团队在马里亚纳海沟海域共执行 84 项科学考察任务,在不同的深度断面上取得大批珍贵的样品和数据。在首航中,船上深海设备在万米海底获取超过100 升的万米海底水样。这是我国深海设备首次获得万米海水,在国际同等或类似装备上也尚无先例。该航次是我国在万米深海进行的第一次深潜科学考察尝试,所获得的深度序列完整的原位探测数据及水体、沉积物和大生物标本,填补了我国长期以来无法获得超大深度、特别是万米海底数据和样品的空白。

中科院深海科学与工程研究所万米深渊综合科学考察(TS09 航次)海斗深渊科学考察试验团队于 2018 年 8 月 24 日从三亚出发赴马里亚纳海沟海域执行中国科学院战略性先导科技专项(B 类)"海斗深渊前沿科技问题研究与攻关"、中国科学院战略性先导科技专项(A 类)预研项目"深海智能装备发展预先研究"、国家重点研发计划"深海关键技术与装备"重点专项的科技任务,于 10 月 16 日返回三亚,历时 54 天。该团队在马里亚纳海沟完成了 87 个站位和 504 千米测深测线作业,圆满地完成了深海装备海试和科学考察作业任务。

此次科学考察的许多发现创下了国际纪录,在国际上首次诱捕获得全程低温保存的 7 000 米级 3 条狮子鱼样品和 9 000 米级 2 只糠虾样品;国际上首次在 7 012 米水深发现索深鼬鳚属鱼类,这是已知的该属存活的最大深度;国际上首次在同一潜次实现全海深垂直分层水体微生物原位富集与固定取样,最大深度 10 890 米。

在该航次期间,"奋斗者"号载人潜水器在 7 700~10 900 米深度共下潜 28 次,其中 7 次下潜深度超过万米,在马里亚纳海沟"挑战者深渊"最深区域进行了科学考察作业。图 5 - 16 为在"探索一号"上实施"奋斗者"号潜水器收放作业。

基于"奋斗者"号大深度、高精度的作业优势,该航次采集了一批珍贵的深渊水体、沉积物、岩石和生物样品,为对比开展不同深渊特种环境、地质与生命等多学科研究提供了宝贵的数据和样品。

按照科学技术部国家重点研发计划"深海关键技术与装备专项"及海南省科技计划三亚崖州湾科技城联合项目等任务的部署,"探索一号"TS - 21 - 2 航次历时 53 天,开展了"奋斗者"号载人潜水器 2021 年度第二航次马里亚纳海沟常规科学考察应用。在该航次期间,"奋斗者"号共下潜 23 次,其中 6 次下潜深度超过万米,在马里亚纳海沟"挑战者深渊"最深区域进行科学考察作业;此外还进行了包括"悟空"号全海深无人潜水器、全海深玻璃球和声学释放器等深海仪器装备的万米海试,于 2021 年 12 月 5 日返回三亚。

图 5-16　在"探索一号"上实施"奋斗者"号深潜器收放作业

在该航次期间,参研的科学家团队共同发起《马里亚纳共识》倡议,建立深海科学考察标准化平台体系,实现深海科学考察样本和数据的长期保存与共享,支持深海国际大科学合作;同时启动"马里亚纳海沟生态环境科研计划",邀请国内、外研究学者加入其中,围绕马里亚纳万米深渊科学考察,协力攻坚深海地球科学系统的形成与演化、生命起源和环境适应、生物多样性与气候变化等重大科学问题。

参加此航次任务共有 60 名科学考察队员,分别来自哈尔滨工程大学、海南省深海技术实验室、海南深科海洋技术服务有限公司、海南热带海洋学院、华大集团、上海交通大学、三亚崖州湾深海科技研究院、浙江大学、海南浙江大学研究院、自然资源部北海分局、中国船舶科学研究中心、中国科学院深海科学与工程研究所等单位。其中,来自全国 7 家单位的 17 名科技人员(包括 5 名女科学家)首次参加"奋斗者"号下潜。此航次中有 8 人首次下潜进入万米深度,67 岁的科学家汪建成为中国首位完成地球南北极区考察,且登顶世界最高峰珠穆朗玛峰以及下潜至全球海域最深处开展万米科学考察的科学家,也是全球实现这一纪录的最高龄人士。截至目前,"奋斗者"号已完成 21 次万米下潜,已有

27 位来自我国高等院校、科研院所和企业的科学家通过"奋斗者"号载人潜水器到达过全球海洋最深处,我国万米深潜次数和人数居世界首位。

2020 年 11 月,中国自主研发的全海深潜水器"奋斗者"号实现万米海试成功坐底。万米深海从此向中国人敞开大门。随着"奋斗者"号投入常规科学应用,进入深海、认知深海、探查深海、开发深海,中国建设海洋强国的美丽画卷正徐徐展开。

"奋斗者"号顺利完成了"十四五"开局的首潜航次。在下潜作业期间,"奋斗者"号开展了目标搜寻及地形探测,采集深渊海底样品及搭载装置进行海上试验等作业任务,取得一系列新突破。该航次多个深海"神器"接受了万米深度的考验,进一步验证了中国潜水器高频次连续深探作业的能力。

目前我国已拥有"蛟龙"号、"深海勇士"号、"奋斗者"号三台深海载人潜水器,以及"海斗""乾隆""海燕""海冀"和"海龙"号等系列无人潜水器,初步建立起全海深潜水器谱系,实现了深海装备技术的跨越式发展。

"奋斗者"号的研发过程中,在耐压结构设计及安全性评估、钛合金材料制备及焊接、浮力材料研制与加工、声学通信定位、智能控制技术、锂离子电池、海水泵、作业机械手等方面实现了多项重大技术突破。

中国深海科学考察的发展不仅以大国重器的研制带动了新技术、新材料的技术进步,还通过一次次科学考察作业,为海底资源、地质和深海生物调查以及科学研究、水下工程、打捞救援和深海考古等提供支持,填补在海洋物理、微生物、有机化学、地质学等领域的研究空白。

至 2021 年底,"奋斗者"号已累计完成了 51 次下潜,建立了五天三潜的高效下潜模式,拓展了布放回收适应海况的范围,培养了更多潜航员。这些先进的指标,使得"奋斗者"号将面向全球科学家开放,下潜到世界最深处,通过相关科学计划及国际合作,促进人类对深渊领域的进一步了解。

十五、综合地质调查船"海洋地质十号"

"海洋地质十号"是海洋地质保障工程项目配套装备,为国内首艘自主设计建造的综合调查作业能力最强的综合地质调查船。其总体性能和综合调查能力达到国内领先水平,填补了国内地质调查船设计领域的空白,满足我国海域区域地质调查及海岸带环境地质综合调查的需求。中国舰船研究设计中心2012年参与该项目前期方案认证工作,2014年9月中标总体设计。在该中心领导和机关的关心指导和兄弟单位支持下,投入大量人力、物力开展设计工作。项目团队在设计过程中克服船舶吨位小、功能复杂、技术难度大、设备资料严重滞后,建造周期短等困难,有力地确保了供图节点和设计质量。该船于2014年开始设计,2015年10月在广东中运船务工程公司开工建造,2017年6月下水,2017年10月交船。该船由广东广州海洋地质调查局管理和使用(见图5-17)。

图5-17　综合地质调查船"海洋地质十号"

该船船长76米,型宽15米,吃水5.2米,排水量3 400吨,最高航速15节,续航力8 000海里,自持率45天,可在无限航区作业。交船后,"海洋地质十号"与"海洋地质八号""海洋地质九号"调查船一起投入使用。届时与现有的"海洋六号""海洋四号""探宝号""奋斗四号""奋斗五号""业治铮"号一起,构成中国地质调查局覆盖浅水、深水及大洋等全海域海洋地质调查船及技术装备探测系统,进入九船探海新格局,使我国海洋地质调查能力得到显著拓展,提升了我国重点海域天然气水合物勘探能力,助力我国海域天然气水合物产业化进程,同时为我国自主设计建造天然气水合物钻井船(大洋钻探船)积累了宝贵经验。"海洋地质十号"综合调查船配置了我国首套自主研制的举升式海洋钻探系统,通过设计优化及技术创新,钻探能力可拓展一倍。船舶建造过程中吸纳了国际同型调查船舶设计建造的最新成果,对国际先进调查技术通过引进、整合、优化与提升、采用模块化科学考察设备布局,配置有 AUV、综合导航定位系统、海洋重力和磁力测量系统、单波束和多波束测量系统,浅地层剖面测量系统、CPT、大能量电火花震源系统、四波束侧扫声呐测量系统、超短基线水下声学定位系统,CTD、ADCP 和数字罗经系统等国际主流、高端调查设备 20 台(套)。在全国调查手段的统筹布局、调查设备兼容与效能提升等方面,该船体现出高精度、多功能、综合作业能力强等特点。

该船采用当今世界领先的模块化科学考察设备布局,可同时搭载地质、地球物理、海洋水文调查等三大类共计 20 台(套)调查设备,是目前我国综合科学考察能力最强的调查船之一,可以做到一次调查、多种收获。

"海洋地质十号"的钻机是举升式钻机,塔架的形式是门式的,其优点是第一比较轻便;第二通过液压缸举升,举升速度比传统的用绞车举升的速度更快;第三通过波浪补偿系统可以在 1.5 米的幅度内进行波浪补偿,使钻井的精度更高。不仅如此,钻机井架采用开放式的结构,不但可以满足钻探的需要,还可以搭载其他的水下设备进行高精度作业。不仅是钻探能手,"海洋地质十号"也兼具备常规海洋科学考察的调查设备。该船还装备了单波束、多波束、浅地层剖面测量系统、重力测量系统、海洋磁力测量系统等一系列科学调查设备,综合作业能力强。

"海洋地质十号"与前不久下水的"海洋地质八号""海洋地质九号"比较,"海洋地质十号"最大的特点就是除了可以进行高精度的海洋地质、综合地球物理、水文及物理海洋等方面的综合调查外,还具备钻探能力,装备了我国自主设计建造,拥有1 200米钻探能力的举升式海洋钻机。该船未来可在水深1 000米以内的海域开展钻探取样工作,也可以兼顾在浅水区域钻入较深地层(最深可达400米)。该船主要可以开展海洋钻探、海洋区域地质调查、海岸带环境地质综合调查等工作。

广州海洋地质调查局拥有的九型船,调查能力各有侧重,分别针对不同调查目的开展不同任务的海洋地质调查,共同组成我国深海探测的立体技术体系,未来将为我国海洋强国战略和"一带一路"倡议建设发展提供重要的地质科学技术支撑。

2019年2月26日,"海洋地质十号"调查船完成中国和巴基斯坦印度洋联合海洋地质科学考察返抵广州海洋地质专用码头。该航次任务是"海洋地质十号"调查船入列后的首个远洋调查科学考察航次,也是深化中国与巴基斯坦两国友好合作的一次重要科学活动。2018年11月28日从广州启航,历时91天,航程14 100海里。中国和巴基斯坦两国科学家团结协作,密切配合,圆满地完成航次任务,实现了预期科学目标。在该航次期间,巴基斯坦多家组织有关机构的科研人员到船上访问交流。科考船成为两国深海地质合作交流的科技使者,有效增进了两国人民的友谊。

该航次,"海洋地质十号"经历了长时间作业的考验,先进技术装备安全高效运转,展现出一艘多功能、综合效益突出的创新优势,长周期远洋综合科学考察的优秀作业能力得到验证,整体性能和调查设备经受了全面检验。

十六、海洋地质综合调查物探船"海洋地质九号"

"海洋地质九号"(见图5-18)船是一艘目前国内技术领先的同时具备专业地震调查与综合地质地球调查功能的调查船,该船是以短道距地震电缆二维(三维)多道地震为主,集地球物理测量、水义环境测量和地球取样技术等一体的多功能综合物探地质调查船。

图 5-18 海洋地质综合调查物探船"海洋地质九号"

"海洋地质九号"船由国家海洋地质保障工程配套装备项目支持建造,于 2015 年 10 月 28 日在上海船厂开工,于 2016 年 12 月 26 日上船台,于 2017 年 2 月 28 日下水,于 2017 年 12 月 28 日交付中国地质调查局青岛海洋地质研究所管理使用。

该船船长 87.07 米,型宽 17 米,型深 7.8 米,总吨位 5 178,最大航速大于 15 节,自持力 60 天,续航力为 1 万海里。该船适用于全球海域(冰区加强 B 级)。该船配置了国际先进的双缆高分辨率短道距地震作业系统、综合导航定位系统、海洋重力和磁力测量系统、单波束和多波束测量系统、浅地层剖面测量系统、大能量电火花震源系统、四波束测扫声呐测量系统、超短基线水下声学定位系统、深水多普勒海流测量系统和数字罗经系统等多套装备,以及深水绞车、A 型架等辅助调查设备,具备从海面到海底表层浅部地层和中深部地层的综合探测能力。该船在调查手段的统筹布局、调查设备兼容与效能提升等均吸纳国际同型调查船舶设计建造的最新成果,相关技术指标达国内科考船领先水平,是我国深海探测的又一重要利器。

"海洋地质九号"入列伊始就肩负着党的十九大提出的"加快建设海洋强国"的重任和自然资源部党组提出的引领深海探测国际科学前沿的目标,肩负着自然资源部中国地质调查局党委建设世界一流新型的地质调查局的重任,也承载着青岛海洋地质研究所几代地质调查工作者的梦想。

2017 年 12 月 28 日入列以来,该船分赴我国东海、南海、黄海以及西太平洋海域,完成了西太平洋海域深海地质调查科学考察、南黄海地震调查、东海宽线双缆地震测量和海洋试点国家实验室南海试验共享航次等任务。在将近一年的时间里,该船安全航行作业 258 天,累计航程 25 000 余海里,完成多波束、浅地层剖面、海洋重力磁力等测线各 13 290 千米,二维多道地震测量 942 千米,宽线双缆多道地震测量 2 759 千米。该船在海洋基础地质调查、海域油气资源勘查、深海探测技术应用等方面取得了如下重要成果:

一是实施了南黄海海洋基础地质调查。该船揭示了南黄海深部构造和地球动力学过程,为解决南黄海构造演变、油气资源调查和地质灾害环境等重大基础地质问题提供了翔实可靠的数据支撑。

二是成功地开展了西太平洋综合科学考察。该船查明了海底地形、地貌特征、地质类型、浅部地层结构等基础地质要素。在资源环境与沉积过程研究方面取得了新的认识,采获了锰结核矿的样品,发现了深部稀土资源富集特征和规律。为研究东亚季风、青藏高原隆升、全球气候变化等环境演化科学问题提供了宝贵实物样品。

三是实现了海洋宽线地震勘探技术工程化应用。该船在东海两个区段获取了高品质宽线双缆地震测量的资料,建立了一套宽线地震资料采集、处理、解释技术方法体系,为海洋油气资源勘探提供了重要技术支撑。

四是打造开放共享的海洋科技创新平台。该船承担了青岛海洋科学与技术试点国家实验室的共享航次任务,实现了数据共享,进一步提高了科考船共享效率,服务海洋科学考察与研究需求,打造了开放流动的海洋实验平台。

"海洋地质九号"通过入列首年的作业实践，经历了强风大浪的洗礼，战胜了十余场台风的考验，船舶总体性能和调查设备经受了全面的检验。在党的建设、文化建设、科学普及和船舶管理等方面"齐头并进，多点开花"，把党支部建在调查船上，让五星红旗飘扬在深海大洋，形成了独具特色的地质文化，打造了移动的海上科普平台，以实际行动践行了新时期地质工作者"责任、创新、合作、奉献、清廉"的核心价值观。

　　2020年"海洋地质九号"历时58天圆满完成南海的调查设备海试及共享航次任务。该航次由国内相关科研院所、高等院校、企业等23家单位共同组成，累计参航科研技术人员56名，完成测试任务22项，包括青岛海洋地质研究所最新自主研发设备10项，国家重点研发计划1项，搭载青岛海洋科学与技术试点国家实验室共享任务1项以及多项最新引进的调查设备测试。通过这次南海设备海试及共享航次，检验了国产海洋调查设备的实际应用效果，取得了如下一系列的创新成果：

　　一是首次在"海洋地质九号"实现了水下多项目标同步定位。

　　二是首次完成布放在水深2 500米海域的深海着陆器搜寻，协助着陆器成功抛载并顺利回收。

　　三是首次采用自主集成的ROV完成船底换能器探查与海试设备入水状态监控。

　　四是首次开展了"海洋地质九号"作业期间无人机自动伴飞和超视距海面目标巡查；进一步验证了船舶的协同作业能力，提高了科考船在作业条件下对自身及船载设备的测控能力。

　　五是首次完成了国内、外四型重力仪的同船比对试验，实际验证了国产重力仪的测量精度和稳定性，为今后国产海洋装备建设及重力测量质量评估提供了重要的依据。

　　这次在南海的调查设备海试及共享航次任务，检验了国产海洋调查设备的实际应用效果，为加快海洋调查设备国产化、早日投入实际应用提供了重要支撑。同时,这也展现了作为国家重要科考船平台的"海洋地质九号"具备强有力的管理协调和组织实施能力。

2021年4月7日重约2.4吨的深海移动式电视抓斗被钢缆吊起并缓缓回收至甲板,至此"海洋地质九号"承担的2021年南海海试第二航段11套设备海试任务全部完成。第二航段11套海试设备包括3 000米级轻便型声学深拖探测系统、深远海电磁日变观测系统、海底沉积物多参数探针及布放系统、6 000米级海底海洋多要素边界层监测系统、深海可移动平台等5套自主研发设备,超短基线、走航式温盐深探测系统、深海移动式电视抓斗等3套新购置设备,海洋重力仪、磁力仪等3套船载设备,旨在验证设备性能、可靠性与稳定性。此前第一航段完成了超大容量组合枪阵多道地震测试、深海可视化可控沉积物柱状取样系统测试、多波束校准等海上试验。

十七、综合资源调查船"大洋号"

"大洋号"是我国自主设计、建造的第一艘5 000吨级大洋综合资源调查船,也是中国大洋协会"开展深海勘查、发展深海技术、建立深海产业"核心基础装备之一,是我国首艘按照绿色化、信息化、模块化、便携化、舒适化和国际化的原则设计建造的新型综合调查船,以大洋多种资源探查为主,兼顾深海多领域研究需求,可在全球四大洋开展深渊资源环境调查作业,是开展我国大洋资源环境调查及深海科学探究的重器之一。

综合资源调查船"大洋号"(见图5-19)由中国舰船研究设计中心设计,黄埔文冲造船有限公司建造,于2019年3月交付使用。

该船总长98.0米,型宽17.0米,型深8.8米,设计排水量4 500吨,定员60人,自持力60天,续航力14 000海里,最大航速16节,无限航区。

"大洋号"是一艘以大洋多种资源探查为主,同时兼顾相关深海多学科研究需求的现代化大洋综合资源调查船,集多学科、多功能、多技术手段于一体,具备全球航行能力,综合性能达到国际先进水平。

图 5-19　综合资源调查船"大洋号"

　　该船采用直流母排和直叶桨推进器等先进技术,"可变速柴油发电机——BPC 直流母排电力推进系统和双直叶桨推进器集成方案",与常规轴桨推进器相比,除了具有推进功能外,还具有舵和减摇装置的功能,操纵性能好,是基于变速发电机和直流主电站的新一代电力推进系统,具有低油耗、低维护成本、低排放、低谐波、低噪声、快速并网、节省空间等优点。"大洋号"艉部对称设置两套具备减摇功能的超低水下噪声、2 750 千瓦的直叶桨推进器,艏部设置 1 台 1 000 千瓦伸缩式全回转推进器。配备直流母排全电力推进系统,推进器所需电力由 4 套可变速柴油发电机组提供,可刚柔并济,使机组实现最佳的节能环保工况。该船具备较好的可操作性能和 DP-1 动力定位能力,以及良好的耐波性和抗风浪能力。该船能在 4 级海况进行 ROV、深海拖拽等调查设备的收放及直升机悬停作业等,能在 5 级海况进行停泊调查作业。

　　该船配备了超过 70 台(套)各类先进的调查仪器、设备,实验室面积超过400 平方米,具有多个可移动集装箱式实验室位置,具备海底、水体和部分大气调查,以及深海极端环境探测、遥感信息现场验证、深海技术实验和船舶信息化系统等国际先进船载科技设备,具备进行高精度和长周期的海洋地质、海洋动力、海洋生态和海气环境等综合海洋观测探测,以及保真取样和现场分析的能力。底部安装有双升降鳍板和导流罩式声呐舱,甲板上配备了先进便捷的作业支持系统,模块式的综合集装箱系统和海气及遥感探测系统,增强了该船海上综合试验能力和信息化系统的功能。

该船是国内调查船上首次采用集成操控椅设计,使得在有限空间保证了开阔的作业视线(可环视整个后甲板及右舷作业空间),具有电动升降及转动功能,保证操作者具有良好的作业视线,提高了作业安全性及作业效率。集成操控椅能在不到 4 平方米的空间内,实现了对 6 部绞车、3 部吊机、3 个推进器的集成操控。

"大洋号"船体冰区加强达到 B3 级,可满足四大洋调查作业的要求。该船配备了先进的海洋资源和环境综合调查设备,可执行大洋海底固体矿产资源、大洋生物(基因)资源、大洋环境信息资源、大洋中脊与海底深部、大洋动力过程与海气相互作用、大洋生态系统及生物多样性等多种科研调查任务。

十八、深渊海沟科考母船"张謇"号

"张謇"号(见图 5-20)是我国第一艘专为深渊海沟科学考察设计的船舶,也是上海海洋大学深渊科学技术中心联合多家民营企业出资建造的一艘科考船,是我国万米级深渊载人深潜器"彩虹鱼"号的母船。

上海海洋大学联合多家民营企业研制了三台全海深的着陆器、一台全海深的无人潜水器和一台万米级的载人深潜器。这些科学考察设备与专用科考母船"张謇"号协同作业,共同构建中国全海深的"深渊科学技术流动实验室"。

张謇是我国近代著名的状元、实业家、教育家、上海海洋大学的创始人。以张謇命名中国万米级载人深潜器科考母船,是为了弘扬张謇先生"母实业、父教育"的实干兴邦理念,早日将我国建成海洋强国。

该船总长 97.0 米,型宽 17.80 米,设计吃水 5.65 米,设计排水量 4 800 吨,

图 5-20 深渊海沟科考母船"张謇"号

巡航速度 12 节,续航力 15 000 海里,定员 60 人,自持力 60 天。

该船由上海航盛船舶设计有限公司设计,浙江天时造船有限公司建造于2013 年 9 月开始设计,于 2016 年 6 月交船。

该船主要配备设备如下:

1 台 11 000 米载人深潜器,1 台 11 000 米无人潜水器,3 台 11 000 米着陆器。具有动力定位功能,船上有门类齐全的实验室,如干湿实验室、重磁实验室、网络处理中心等,支撑设备有艉部 A 型架(动载荷 30 吨)、舷侧 A 型架(动载荷 3 吨)、6 吨伸缩折臂吊、艉甲板 10 吨折臂伸缩吊、6 000 米光电复合缆绞车 1 套、6 000 米地质绞车 1 套、10 000 米 CTD/水文绞车 1 套、深海绞车等操控支撑设备,安装有全海深多波束系统、浅地层剖面仪、声学多普勒流速剖面仪等先进测试设备。

它的建成为 11 000 米潜水器系列产品(包括 3 台万米级着陆器、1 台万米级无人潜水器、1 台万米级载人潜水器)的海上试验和作业提供了支持;除了承担深渊科学调查研究外,还将开展一般性深海海洋科学调查研究,包括深远海物理海洋、地球物理、海洋化学、海底地质、海洋生物等学科的调查研究以及海洋调查仪器设备海上试验、海洋油气工程设施、海底电力通信设施海上试验等。与国内已有的潜水器母船相比，"张謇"号还具备水下考古和电影拍摄、深海救援打捞、海洋工程设备安装及检修、深海探险与观光等多种功能。

"张謇"号是国际上唯一配备全海深全海域作业型载人潜水器、无人潜水器和着陆器的科考母船，其建造周期最短，堪称近期国内、外建造速度最快的一艘中型科考母船。

"张謇"号也是一个全海深"深渊科学技术流动实验室"，可以为中、外海洋科学家持续、系统地开展深渊科学研究提供一个公共平台。该船可对全球26条6 500米深度以下的深渊海沟进行系统性科学普查，获取珍贵样品，建立深渊生物脱氧核糖核酸数据库，开展一系列深渊生命科学研究，探索生命的起源，为人类探索海洋作出贡献。

2016年7月12日，"张謇"号从上海启航，首航的第一航段驶往南海，在那里开展了海上试验和科学考察。第一航段结束后，科考船经西北太平洋穿越赤道进入南太平洋，这是"海上丝绸之路"南线，我国航海家郑和的船队曾沿这条线抵达巴布亚新几内亚。"张謇"号在巴布亚新几内亚拉包尔港等候乘飞机到达的40多名旅游爱好者登船，与科研人员一道前往所罗门海，抵达所罗门海的8 000多米深的新不列颠海沟附近海域，与来自同济大学、上海海洋大学、中国科学院等国内高等院校和科研单位，以及巴布亚新几内亚的科研人员开展深渊联合科学考察，包括海底声呐探索、深渊环境调查、海底沉积物取样、海水取样等环境调查工作。在测试"彩虹鱼"万米级着陆器的深海作业能力时，科研团队还观测到神秘的海底宏生物，并获得一批珍贵的深海样品。

旅途上，旅游爱好者欣赏到难得一见的自然风光和观察科研人员取样调查的全过程，还可以乘坐"张謇"号上搭载的观光载人潜水器"水下飞行器"，潜至100多米深度，观赏珊瑚礁、"二战"沉船等南太平洋水下风景。

未来，"张謇"号还将开拓海底体验的业务领域，让更多人享受到深海科技为人类生活带来的乐趣。未来将把深海科技的技能带给社会大众,特别是青少年,让他们有机会接触海洋,知道海洋是什么样的,通过这样的一种传播方式,使青少年、公众更热爱海洋、更好地支持海洋科学考察事业。

"张謇"号在首航中开展了矿业环评、海试、科学考察、体验式旅游活动。"张謇"号是由民间资本投资的,主要的收益来自为国内、外的客户提供深海科技服务。这次首航是受巴布亚新几内亚两家大型矿业公司的委托,进行深海环境影响评估,也是第一次把中国的深海科技服务带出国门,推向了世界。

首航很好地检验了"张謇"号的远洋航行性能,以及船上搭载的多种科学考察设备执行科学考察任务的可靠性。在 74 天的航行中,"张謇"号曾遭遇了强台风、甚至海啸预警,但全程没有出现重大系统故障,锻炼和提高了船员和科学考察团队应对复杂环境的能力。

来自国内、外的深渊科学专家在深渊海沟实地开展了各项科学考察活动,其中包括上海海洋大学深渊科学技术研究中心自主研发的万米深渊着陆器首次下潜到 6 700 米的深海,使用水下相机拍摄到 5 000 米深海下的多种宏生物活动场景,为日后的深渊研究提供了重要数据支持。深渊是无光的,压力非常大,生物怎么能耐受这么大的高压,特别是宏生物样品鱼。它们在那样的极端环境是怎么样适应的? 怎么样生存的? 这是科学探索尤为关注的一个问题。

"张謇"号经过 74 天、9 000 多海里航行,2016 年 9 月 23 日返回上海港。与以往由我国财政经费支持的海洋科学考察项目不同,其中无人潜水器海试和科学考察的经费,都来自矿业环评和体验式旅游的收益。

十九、极地科考破冰船"雪龙 2"号

随着极地科学考察作业进展和任务的增加,原国家海洋局极地办感到仅靠"雪龙"号一艘科考破冰船已难以满足极地科学考察的需要,迫切要求新建先进的极地破冰船,形成极地考察船队来适应繁重的极地科学考察任务。2008 年原国家海洋局向国务院提出建造新极地科考破冰船的申请。2009 年 6 月,国

务院专题会议批准立项,列入"十三五"规划"雪龙探极"重大专项工程中。

鉴于我国船舶科研设计机构缺乏研发极地破冰船的实践经验,确定了"国内、外联合设计,国内建造"的原则,要求选择国内、外在破冰科学考察方面最强的设计公司开展联合设计,同时要求新船在入级 CCS 的基本前提下还要入级一个国外破冰船审图资深的船级社,获取双船级。

2010 年 2 月,中国船舶及海洋工程设计研究院被指定为该项目技术支撑单位,与原国家海洋局极地办和中国极地研究中心共同组织完成本项目建议和可行性研究工作。

经历了一年的调研论证,新建极地科考破冰船的需求轮廓逐步形成,编制了中英文设计任务书,提交有国外专家参与的专家组评审并获得通过。

2011 年 8 月确定 CCS 和 LR 作为新船项目共同入级的船级社,为前期咨询和设计建造提供服务。2012 年 7 月,通过国际招标确定了芬兰阿克北极技术有限公司作为联合设计的国外参与方,签署了基本设计合同。阿克北极技术有限公司具有丰富的破冰船设计经验,对该船总布置、破冰方式、应对北极环境等方面均有独特的见解。原国家海洋局于 2012 年 10 月与中国船舶及海洋工程设计研究院签订详细设计合同。中国船舶及海洋工程设计研究院派员工参加基本设计,并在该船敞水性能、科学考察设计和智能设计以及送船级社审查和获取双船级认证上发挥了主导作用,同时代表船东承担了基本设计的技术审图工作。中国极地研究中心则作为船东,在整个设计、建造、监理过程中结合独有的极地航行和科学考察经验,对船舶提出了很多重要的需求和改进的建议。

2016 年 11 月 30 日使用单位与江南造船(集团)有限责任公司签署建造合同。该船于 2016 年 12 月 20 日开工建造,于 2019 年 7 月 11 日交付。该船船名为"雪龙 2"号(见图 5-21)。

"雪龙 2"号总长 122.5 米,型宽 22.32 米,最大型宽 26.42 米,型深 11.80 米,设计吃水 7.85 米,最大航速 18.0 节,续航力(名义)23 400 海里,破冰能力 1.5 米

图 5-21　极地科考破冰船"雪龙 2"号

冰加 0.2 米雪(船航行速度 2～3 节),总吨位 12 769。该船入级:CCS 和 LR。
船旗国:中国。

该船设计满足下列环境条件:

空气温度:－30～45 摄氏度。

海水温度:－2～32 摄氏度。

舱室空调设计温度:26 摄氏度(当室外为 35 摄氏度时);

　　　　　　　　20 摄氏度(当室外为－30 摄氏度时)。

室外保证船舶系统正常运作的主要设备最低环境温度:－30 摄氏度。

推进形式为电力推进:采用两套边吊舱推进,功率为 2×7.5 兆瓦。

"雪龙 2"号采用双向破冰船型,具备破冰艏、PC3 级冰区加强、系泊设备位于
艏楼甲板前部遮蔽区,艏部设有集装箱货舱,艏楼甲板左舷设计成从艏至艉贯通
的外走道,可用于船上货物托盘转运。驾驶室的布置具有良好的艏、艉向视线。
艏部设有前桅(科学桅)和两个槽道式侧推装置,机舱位于舯部,靠近艉部,设有直
升机甲板和直升机库,艉部露天甲板用以科学考察作业。该船采用先进可靠的全
回转电力推进系统,装有柴电推进机械与两个吊舱推进器,配备 DP-2 动力定位

系统、综合导航定位系统及船舶减摇系统。艏部布置有突出底部的箱形龙骨，多波束换能器安装区域位于箱形龙骨区，且底部具备防冰和透声功能。

该船装配目前国际先进的海洋环境和地球物理调查设备，能够承担极地海洋、海冰、大气等环境基础综合调查观测研究任务，具备有关气候变化的海洋环境综合观测取样能力；能够在极地冰区海洋开展油气、生物资源等调查，基本具备"摸边探底、潜力评估"的调查能力；能够承担极地考察站部分物资运输任务。

该船设计特点有如下几方面：

（1）在破冰船型的设计上以考虑作业海区海冰环境的适航性为首要条件，提出 1.5 米冰加 0.2 米雪的连续破冰指标。

（2）考虑作业海区海冰的实际状况，优选双向破冰的船型，以确保实际破冰性能与敞水航行经济性的统一。

（3）采用箱形龙骨的底部结构，保证破冰航行与船底声学设备安装和工作之间的协调。

（4）采用全回转电力推进系统，以实现高机动性能、较为紧凑的船内空间、工况差异大、使用成本与经济性之间的有机协调、统一和优化。

（5）选用 DP-2 动力定位，既保证一般海况下动力定位的冗余也保证在恶劣海况下动力定位性能。

（6）采用大实验室格局，实现调查实验功能最大的柔性兼容与共享。

（7）采用大空间垂直作业车间，结合月池系统，确保极地寒冷条件下开展调查作业的实用性。

（8）采用较大面积的调查作业甲板，保证地球物理等调查功能的实现。

（9）配置直升机系统，扩大我国南、北极考察范围和保障能力。

（10）配置集装箱库和站用油舱，提高我国极地考察站科学考察、后勤物资保障能力和安全性。

中国船舶及海洋工程设计研究院与阿克北极技术有限公司双方设计团队融合各自的设计经验和创新理念，在设计中有诸多创新，主要包括如下几方面：

（1）船型设计创新。该船采用艏、艉双向破冰技术的极地科考破冰船型，能在极地 1.5 米厚冰环境中以 2~3 节的航速连续破冰航行，遇到难"拱"的冰脊时，船载吊舱推进器转动 180 度，把船尾变"船首"，艉部的螺旋桨在海面下旋转削冰，可把 10 多米高的冰脊"掏空"；在艏部采用防气泡下沉箱形龙骨专利设计，实现了船底重要声学设备避免气泡和碎冰影响与航行经济性之间的协调；采用 6 600 伏中压交流吊舱全回转电力推进系统，由柴-电推进机械和两个破冰型吊舱推进器组成的电站达 22 000 千瓦；配备动力定位 DP-2 系统及综合导航定位系统、船舶减摇系统，具有较高的可靠性和冗余度，提高了该船在极区作业时较常见的大风浪海况、小回旋空间作业的安全性。

（2）科学考察系统设计创新。该船采用国际主流的通用化实验室和模块化设计，安装了"水密月池"。同时，还配备有深水和中、浅水多波束系统、深海浅地层剖面仪、生物储量评估回声积分仪系统、水下全方位声呐、超短基线、万米测深仪等声学设备，满足海底精细化测量和渔业资源探测需求。此外，针对极地多冰和低温的特殊环境，该船改进了表层水采集等多个科学考察实验系统，达到创新效果。

（3）舒适性设计创新。该船具备超强的抗风稳性，能抗 12 级阵风，提高了进出魔鬼西风带的安全性；在低速科学考察作业工况下，配备减摇水舱，增加舒适性；针对科学考察团队的生活起居进行了多处人性化设计，如舱室加热设施、窗户双层保温、卫生间加热毛巾架、室外主要梯道的电缆加热和防滑处理、淡水的充足供给等，同时在通信能力上实现了极大的提升。"雪龙 2"号在设计之初，就制订了一个硬性指标，登上这艘船，手机即可流畅上网。船上加载 VSAT[①] 卫星通信系统，同时还配置了"放大器"实现了 Wi-Fi 全覆盖。此外，考虑到长航程饮用淡水的需要，专门创新设计了"饮用水舱再净化系统"。

（4）智能化设计创新。"雪龙 2"号是国际上第一艘获得智能船舶标志的极

---

① 甚小口径卫星终站，very small aperture terminal。

地科考破冰船。船上集智能航行、智能能效、智能机舱、智能船体为一体，在船体和设备上共装置了7 000多个智能感应点。智能机舱能通过传感器对主、辅机运行系统进行实时监控，对机舱内机械设备的运行状态、工作状况进行分析和评估，制订机械设备操作决策和维护保养计划，确保在极地环境下机舱设备运行和维护的可靠性。智能船体系指该船配备有船体监测系统及辅助决策系统，可对船体进行全寿命周期管理，对船体结构进行监控和强度评估等，保障船体结构安全。当船体和冰面发生刮擦时，即该船能自动预报。智能船体还能自动进行"健康体检"，并收集船体钢板与冰面的摩擦数据，为今后设计建造新船型提供参考。智能机舱和智能船体不仅能为船舶安全航行提供决策依据，也将显著地提升船舶的可维护性，延长船舶的使用寿命。通过为全船设备配备各种传感器，该船实现全船信息的全方位智能感知、获取、交换和展示；采用了智能实验和智能穿戴。

（5）极地防寒创新。通过热平衡分析和防寒设计、综合运用水-乙二醇不冻液预热、蒸汽盘管、伴热电缆等技术，该船解决了极地区域低温环境下的全船防寒难题，确保了科考船各种系统正常运行和船员生活环境安全舒适。

在创新思维推动下攻克了以下设计难点：

（1）艏、艉双向破冰船型设计。该船是我国第一艘采用艏、艉双向破冰技术的极地科考破冰船，不但满足了长航程敞水航行特性，而且在冰中既能艏向也能艉向航行。双向破冰使船舶在冰区中的操纵性能得到极大的提高，可实现冰区快速调头、转向，尤其是在南极近岸冰情复杂、狭窄水域条件下，极大地提高了船舶航行的安全性。艏、艉双向破冰船型实现了艏部破冰线型与敞水航行线型最大限度的协调，对破冰船破冰性能提供了重要的保障，为破冰船在极地海区复杂冰情下的破冰作业提供了更为宽松的适应性，解决了"雪龙"号遇到中山站附近区域堆积海冰无法前进的难题。该船型破冰能力可以满足在南、北两极水域混有次年海冰的水域中连续作业，艏向和艉向航行均能破水平冰厚度不低于1.5米加0.2米雪，连续破冰速度2～3节。艏向航行具有冲撞破冰的能力，艉向航行时能确保在20米当年冰冰脊（含4米堆积层）加0.2米雪层中不被卡顿,能独立运行。

(2) 下沉式箱形龙骨设计。由于该船是在极地航行的科考船,用于深海探测的多波束装置一般均不能采用悬挂式安装,这就对船首底部的线型和安放声学换能器的布置提出了特殊要求,一方面要能布置换能器,还要能在确保强度的情况下不至于艏部的气泡层影响换能器功能的发挥。该船通过对箱形龙骨周围的海水流动进行了全尺度模型的黏性 CFD 分析,研究船舶航行中产生的气泡和漩涡在箱形龙骨底部的分布,通过 Q-准则法和流线法评估。基于计算结果,箱形龙骨设计提供了足够的空间来安装需要的测量设备。该船采用箱形龙骨的形式安放声学设备的换能器,在确保破冰能力和 PC3 破冰船体强度的前提下,优化了该船对于开敞水域的航行性能和经济性,提升了该船航行的抗风稳性和耐波性,又满足了科学考察探测设备的安装要求。

(3) 冰区环境"水密月池"系统设计。为实现"雪龙 2"号在极区密集冰区获取水文、生态等数据和样品,在位于艏部区域月池工作间设置了一个从月池工作间甲板贯通到船底并连通水体的 3.2 米×3.2 米的方形井道以及配套的收放设施,用于从月池工作间甲板区域直接向水体中投放和回收作业设备及装置。该项目在月池系统方案设计过程中,充分考虑冰区作业特点、船舶安全和科学考察调查安全等要素,在"消波舱壁"结构、轨道滑车收放系统、月池底盖水密性设计、顶盖设计、液压动力系统、自动化电气联动控制和监控系统等方面进行了充分的调研和可行性研究,完成了详细的设计和实施方案。经第 36 次南极科学考察调查应用,"水密月池"系统达到设计要求,在国际上首次实现了"水密月池"底盖设计应用,不但实现了极区密集冰区和大风浪天气条件下进行科学考察作业的能力,而且提高了船舶安全和航行效率。

(4) 柔性、灵活实验室系统设计。实验室建设是一项复杂的系统工程,尤其是科考船实验室的建设,在现代实验室领域里,先进的科学仪器和优越完善灵活的实验室基础设施是提升现代化科技水平,促进科研成果增长的必备条件。在进行该船实验室方案设计时,不仅考虑了实验室的功能性、适用性、合理性,还综合考虑实验室的总体规划、合理布局和平面设计,以及供电、供水、供气、通风、空气净化、安全措施、环境保护等基础设施和基本条件。基于破冰船实验室在海上摇晃、破冰时的振动、倾斜和任务的多元化等特点,实验室的设计在材料选用、设计安装工艺、环境检测、数据处理及智能实验室管理等方面进行了充分论证和设计。通用实验室的舱壁面板采用复合陶瓷,有效地满足防海水腐蚀的要求;采用模块化拼装形式,实现实验室的灵活布置,满足不同航次、不同的学科考察任务;采用现代化网络控制技术和智能控制技术,实现实验室环境监测、数据共享、可视化应用和智能控制,在该船上真正实现了一个能满足极地科学考察需求的,具有现代、灵活、智能化的船舶实验室,得到专家组的高度认可。

（5）振动噪声分析及控制技术。科考船除了需要满足相关规范要求的振动和舱室噪声指标外,在科学实验时为确保实验数据的准确性,对实验环境也有振动噪声要求。科考船的振动噪声控制是一个系统工程,按照以往在详细设计或者建造阶段再考虑振动噪声控制的方法已经无法满足现代科考船对振动噪声指标的要求,需要把减振降噪贯穿到科考船的整个设计和建造全过程中。

"雪龙 2"号船特有的破冰船型、大功率主机以及特殊推进器和高强度螺旋桨都给控制振动噪声带来了极大的挑战。该船采取高精度建造和多项振动噪声控制技术等措施,使船舶振动噪声,接近或达到国际上对新一代科考船的最高要求。

"雪龙 2"号经过倾斜试验、码头系泊试验、海上试航、科学考察试航,各项技术指标均全面满足技术规格书的要求。

2019 年 10 月首航南极,与"雪龙"号一起"双龙探极",执行我国第 36 次南极考察任务。"雪龙 2"号到达南极后在厚厚的冰区顺利前行,仅用 3 天就开辟出一条长 14 海里的冰上航道,"雪龙"号就沿着这条航道到达中心站的卸货点卸货。这次首航充分地利用了船舶、海冰、海洋、陆地、空中、考察站等平台,通过陆地-海洋-人气-冰架-生物多学科联合观测,实施国家重大科研计划,完成基建工程收尾、站区环境整治以及常规保障、物资运输、工程建设、国际合作等工作。

2020年11月"雪龙2"号出航执行我国第37次南极考察任务,主要围绕应对全球气候变化等问题,开展水文气象、生态环境等科学调查工作,并执行南极大洋微塑料海浮垃圾等新型污染物业务化监测任务。

"雪龙2"号的建成服役拓展了我国极地海洋调查的广度、深度和时长,使我国具备了牵头组织大型极地海洋科技项目的能力,极大地提升了我国极地事务话语权和影响力,为拓展我国极地战略新领域和认识极地、保护极地、利用极地提供了关键平台。

"雪龙2"号项目从2009年6月国务院批准立项到2019年7月11日正式交付,历经10年,"雪龙2"号项目的成功交付,不仅极大地推进了我国极地科学考察事业,使我国技术人员通过在这10年的工作中吸收、掌握、再提高,已基本掌握了极地高等级破冰船型的设计和建造技术,并拥有了该船设计的主要知识产权,掌握了关键技术。在"雪龙2"号的研究设计建造过程中,该船已申请38项专利(含发明专利6项),其中10项获得授权(含发明专利1项),并发表论文37篇,获得软件著作权1项,填补了国内极地科考破冰船设计和建造的空白,为后续重型破冰船设计和建造奠定了扎实的基础。同时填补了我国极地破冰船规则和规范的空白、为推进我国专业破冰船的设计、建造、设备配套以及国际极地规则在我国的有效实施起到了强有力的推动作用,奠定了良好的基础。

二十、海洋地质综合调查物探船"海洋地质八号"

为适应大幅度提升我国海洋地质、海洋油气、天然气水合物等矿产资源的调查能力,支撑我国南海天然气水合物试开采的重大战略项目,实质性地、常态化地维护国家海洋权益,我国地质调查局规划出"装备一流"、推进"三深一土"的国土资源科技战略,以肩负起"向地球深部进军"的历史使命。为此,广州海洋地质调查局于2014年委托中国船舶及海洋工程设计研究院设计、上海船厂建造新型物探船。该船2017年11月交船,该船被命名为"海洋地质八号"(见图5-22)。

图 5-22 海洋地质综合调查物探船"海洋地质八号"

"海洋地质八号"是一艘 5 000 吨级具有完全三维地震现场采集处理能力，兼顾海洋重力、磁力和水深测量等手段的海洋地质综合调查物探船。

该船总长 88.0 米，型宽 20.4 米，型深 8.0 米，设计吃水 5.6 米，排水量 6 500 吨，5 节时设计拖力 50 吨，拖带能力 8×8 000 米物探电缆，定员 60 人，冰区加强，航速 16 节，续航力 16 000 海里，自持力 60 天，采用电力推进系统、双导管可调螺距螺旋桨、全船双壳体设计。

该船配置了国际先进的高分辨率短道距三维地震测量系统，可实现六缆（可拓展到八缆）高精度短道距地震电缆三维（四维）地震作业能力。同时该船配置有国际先进的综合导航定位、控制、后处理系统，多道地震数据采集系统，数字气枪震源与控制系统，船载式地震数据处理解释系统，海洋重力测量系统，海洋磁力测量系统，单波束水深测量系统，以及数字罗经系统和综合信息化系统等装备。该船可以实现全海域天然气水合物调查和区域地质调查。针对国家南海油气战略和天然气水合物试采的特殊要求，运用系统工程和以人为本的开发理念,集成国内、外物探装备技术发展和船型研制的最新成果,设计过程中应用了多项先进技术,实现布局合理、物探功能逻辑清晰,以适应多缆作业、恶劣海况下作业,研制成为一艘具有高分辨率震源、高精度短道距电缆采集信号、综合物探性能优异,物探作业、人居与工作环境品质优异的新船型。

该船主要的特点如下。

1) 先进的船型设计

物探中多缆布放设备布置需要足够的横向空间。据统计,单位缆数所占甲板宽度一般为 1.88~2.3 米/缆,加上三维物探船重心较高,为满足布置和稳性要求,三维物探船的船宽一般较大。该船长宽比仅为 3.92,对于短宽船型,其型线在艏部和艉部变化较快,不利于船舶快速性。针对物探船的船型特点,该项目开发了大球鼻、小圆舭、长进流段、上下不等型宽的船体线型。其中球鼻艏的优化与短宽船型相匹配,适当抬高球鼻艏高度和增加球鼻艏长度,以增加船舶的实际水线长,球鼻艏外形根据线型过渡适当消瘦。最终,实现了比相似长宽比船型的阻力优化 10% 以上。

2) 安全的拖缆作业

采用新型短机翼截面导管可调螺距螺旋桨加襟翼舵的电力推进方式。新型短机翼截面导管与可调螺距静音型五叶螺旋桨组合,再加襟翼舵的调频电力推进方式,有效地解决了高精度三维物探船拖缆作业时要求拖力大、噪声低、操纵性好和航行时要求速度快、阻力小的综合性问题。采用可消除涡流的机翼横截面的不对称轴支架形式,有效地改善了涡流与气泡对螺旋桨叶的影响。

物探船水下拖带作业的设备价格高昂,需要船舶具备一定的航速才可确保拖带的气枪阵列及电缆漂浮在海面。如果船舶失去动力,拖带的气枪阵列及电缆会逐渐下沉甚至缠绕在一起,导致炮缆和气枪及电缆等无法回收,会造成数千万元的损失。该船考虑了动力冗余设计,在动力系统单个故障时,不会导致船舶失去动力而造成上述的严重后果。该船设置了 4 台 690 伏、50 赫兹、

2 610千瓦的主柴油发电机组，通过配电板及变频器等驱动两套可调螺距导管螺旋桨，配电板分段设计，每段一侧连接两台主柴油发电机组，两套主推进装置及3台震源空压机及配电变压器等分两侧挂在690伏配电板的两侧，在某个单项故障情况下，可根据需求进行两侧分段供电，确保供配电和动力系统的安全性。

3）合理的空间布置

采用艉部作业区域无舱壁结构设计，解决了物探作业区域大量设备布置和作业所需的大面积开敞区域的问题。采用错层甲板结构加强设计，解决了物探船作业设备众多、高度需求不同引起的甲板错层的结构设计难题。根据物探设备种类杂、数量多、空间小、距离近、安装方式各异的特点，针对不同设备的特点设计了安全可靠的加强形式。

4）实现信息化、自动化

该船既装备了传统的通信导航设备、平台设备，又装备了大量的通用及专用调查设备，信息化程度高，专业覆盖面广，接口众多，数据种类异构多变，相互作用关系复杂。通过对该船信息化项目的科学规划和合理建设，实现了船上各业务系统、船与岸基、船与船、船与水下平台之间的信息交互和资源共享，为各专业、各领域人员提供合适的工作环境；形成全船数据采集、处理、监控的一体化管理平台，有效地提升了海洋科学调查活动的自动化水平和数据管理水平。

5）可扩展的强大物探作业能力

该船设置了6根地震电缆的储存位置，并且预留了2台单联电缆绞车的安装位置，一旦只要经过简单改装，便可将该船扩展为8缆物探调查船。

物探设备系统集成是物探船设计的核心及关键。物探船的设备系统主要包括数字地震电缆收放系统、震源设备和扩展器及收放系统三大主要部分。

（1）数字地震电缆收放系统。数字地震电缆直径分为55毫米和59.5毫米两种，长度一般是150米一段。两段之间使用专门的接头连接。由于数字地震电缆内部由数据线和传感器组成，因此，数字地震电缆需要的折弯半径较常规电缆大。根据数字地震电缆的特点,数字地震电缆收放系统主要由电缆收放绞车(含排缆器)、电缆存储绞车、电缆拖点、尾标吊机、扩展绳绞车等设备组成。该船是世界上首艘可扩充到八缆的小道距数字地震电缆的三维物探船,最大可拖带 8×8 000 米长的地震电缆。

(2)扩展器及其收放系统。扩展器收放系统主要由扩展器和扩展器收放系统组成。扩展器收放系统是辅助扩展器从船上放入水中。在三维物探作业船上,扩展器可提供足够的扩展力,数字地震电缆和枪阵通过收放设备释放到水下的设备都会通过连接绳与扩展器相连,设备之间可获得需要的安全距离。该船选用 BARO46 扩展器,完全满足扩展 8 根数字地震电缆能力。

(3)震源设备及其收放系统。震源设备主要指枪阵系统,是物探作业中制造地震波的设备。震源收放设备是辅助震源设备收放及拖带震源在水中作业的设备。枪阵根据其浮体的形式不同分为硬浮体枪阵和软浮体枪阵。该船采用软浮体枪阵,最大可布置 8 根枪阵,艉部布置弯形收放滑轨、艉部坡道,采用辅助绞车的方式收放,占用船舶高度空间小、成本低,有效地降低了船舶重心和受风面积。

6)以人为本的设计理念

从以人为本的理念出发,优化舱室构造细节设计、空调系统设计和采光设计,从结构与布置相匹配、振动噪声预报、物探船结构形式轻量化和连续性等多维度解决物探船全船结构振动和噪声问题。对物探空压机等局部强振源机电设备进行特殊隔振和辐射面阻尼设计,同时降低空气噪声和水下辐射噪声。通过以上设计,解决了物探船特有的当振源发射时,作业和人居环境振动大、噪声高的环境难题,舒适性指标达到 COMF(NOISE 3)和 COMF(VIB 3)的要求,水下辐射噪声达到 DNV 静音标志 SILENT - S 的要求。

"海洋地质八号"是当时世界第一艘六缆(可扩展至八缆)的高精度、采用短道距信号电缆的三维物探船。由于其短宽的船型、优良的稳性、灵活的操纵性,该船非常适合在岛际之间、复杂水域或恶劣海况下的航行或勘探调查。

该船交船不久即在万安滩等南海岛礁之间作业。在整个勘探调查过程中，该船充分显示出总体性能优良、系统设计合理、物探作业系统精准、地震系统先进可靠、物探调查能力强，各项技术指标均达到或优于技术规格书和相关标准规范的要求，为维护我国海域海权作出了贡献。该船自投入使用以来作业负荷饱满，在高精度地震调查、天然气水合物勘察等方面取得一系列重大成果。

二十一、轻质科考船"嘉庚"号

厦门大学是东南沿海省份中设有与海洋相关专业历史悠久的高等学府，校内拥有经验丰富的海洋研究人才，学校与东南亚不少国家在海洋界有密切交流，在马来西亚设有分校。为发挥厦门大学的海洋科学考察能力，加强与东南亚国家同行的交流，促进"海上丝绸之路"的经济建设，厦门大学向工业和信息化部（简称"工信部"）、财政部申请为其建造一艘中型轻质海洋考察船。2011年11月，工信部、财政部发文，同意《中型轻质海洋环境科考船船型开发》项目的立项。

中国船舶及海洋工程设计研究院受厦门大学委托，为该项目提供了可行性报告和该项目的基本构思。厦门大学据此于2012年12月与美国GLOSTEN公司签订了基本设计合同，并与中国船舶及海洋工程设计研究院签订了详细设计合同。2014年1月，厦门大学与广船国际有限公司签订建造合同。该船2017年2月交船，船名取著名爱国人士，为该校发展卓有贡献的陈嘉庚先生的名字，为"嘉庚"号（见图5-23）。

该船长77.7米，型宽16.24米，型深8.00米，满载吃水5.30米，最大航速14.0节，定员54人（船员18人，科研人员36人），续航力10 000海里（11节时），推进方式为发电机组＋轴桨电力推进。

该船包括如下主要实验室及设备：大气实验室、主实验室、通用实验室、湿性实验室、洁净实验室、电子实验室、重力仪室、样品冷藏冷冻室、资料室、海水取样站、声学设备舱。

图 5-23　轻质科考船"嘉庚"号

该船配置如下科学考察设备：10 000 米 CTD 绞车及收放吊杆、8 000 米同轴缆绞车、15 000 米钢缆绞车、10 000 米光电缆绞车、水文绞车及收放吊杆，艉部 A 型架、长柱状活塞取样器及收放装置、升降鳍板。

该船配置如下声学设备：深海多波束，中浅水多波束、浅地层剖面仪、声学多普勒流速剖面仪、鱼探仪、超短基线、温盐深探测仪、水听器等。

该船设计特点如下：

设计团队本着中型轻质科考船的设计目标，力求在较小吨位前提下，实现较大吨位科考船的科学考察能力和活动空间。通过对科考船全方位轻量化、便捷化设计，突破重量、重心控制等难题，提升空间的合理利用率，实现了以 3 000 吨级排水量在实验室总面积、作业甲板面积、调查装备能力和科学考察负载量方面媲美 4 000～5 000 吨级科考船的目标。

同时该船在静音设计、建造工艺优化等关键技术上有所突破，具有节能环保、便捷舒适、模块化、低噪声、科学考察负载大、作业效率高、精细采样和多学科原位调查的技术特点。

1) 轻量化设计

在设计建造的全过程中贯彻对全船重量、重心变化的预判和动态评估,以实现轻量化的设计目标。

（1）船体结构优化设计。科考船结构重量通常占空船重量的50％以上,船体结构重量的控制水平对全船空船重量的控制至关重要。结构控重主要从减重和降低重心两方面考虑。

结构减重设计:多种轻量化设计手段综合运用,包括:轻质化上层建筑设计(02甲板及以上采用铝合金材料)、主要构件板架采用纵骨架式结构、艉部线型上抬区域采用大开孔轻型肋板设计等。

结构重心综合控制设计:多种常规/非常规重心控制手段综合运用。它包括:轻质化上层建筑设计使空船重心降低约0.13米;底部肋板采用非常规结构设计,尽量采用开大孔的轻型化肋板,尽量增大底部肋板开孔数量及面积;舯部底部外板增厚设计,该船舯部约$0.5L$（L为船长）范围内外板增厚至12毫米,增加重量约23吨,降低全船结构重心约0.1米。

（2）设备选型控重。每个设备选型贯彻轻质化设计理念,在满足功能要求的前提下优先选用重量较轻的设备,如主推进电机,主发电机组,艏、艉侧推装置,热水锅炉,生活污水处理装置等大型设备。

（3）系统管路和舾装件的优化设计。在满足功能需求的前提下,优化管路走向和舾装件尺寸,优先采用轻质材料,如:上层建筑的供水、排水管路均采用塑料管;合理布置管路马脚、花钢板和格栅等铁质舾装作,在满足强度的前提下尽可能使用小规格的型钢作为支架。

2) 功能空间的主次划分

优化空间关系,划分功能空间的主次,面积利用整体化。

该船布置采用最大化利用的科学考察系统设计、集中化和通用化的实验室设计、紧凑和分区的居住舱室设计等理念,重点解决小吨位与大实验室、大工作甲板面积需求的布置紧张问题;采用了烟囱左置,右舷L形实验室的主流布局;设置大型综合主实验室,干湿结合,设有当前国内科考船中单个面积最大的主实验室(净面积 126 平方米);艉部作业甲板设 430 平方米的大作业面积,有利于科学考察作业的操作和将来的功能的扩展,艉部遮蔽作业库则为科学考察冬季作业提供了良好的室内工作环境。

船员及高级科研人员的居住舱室均设单人间,一般科研人员设双人间,提高人员居住舒适性。

3)科学考察空间便捷性设计

(1)作业甲板区域的便捷性设计。该船为国内首艘全方位贯彻可拆卸式、便捷性设计理念的综合科考船,深度打造模块化设计理念。首次在作业甲板全范围均布嵌入式地脚螺栓网格(610 毫米×610 毫米)。作业甲板区设多个20 英尺①集装箱实验室的固定装置,为特种海洋调查和科学考察任务提供充足的实验装备临时存放空间。在舷墙上和合适高度的位置均布置临时系固点,以便出水设备便捷操作及安全收放。在艉部主甲板上设有可拆卸式舷墙、绞盘和系缆桩可根据航次设备需求进行拆装,这大大提升了船舶搭载新型探测取样设备的能力。每层甲板置设科学考察所需的电源插座及淡水、海水、压缩空气快速使用的接头。

(2)实验室区域的便捷性设计。除大气实验室与海水取样站两个实验室外,其余实验室均集中布置在主甲板上,与露天主要工作甲板布置在同一层上,使实验室区域与甲板作业空间有效衔接,既减少海上作业安全隐患,又提升工作效率和便捷性。

通用实验室、湿性实验室、科学考察作业间和主实验室均与后甲板相通,实验室主通道亦直接与后甲板相通,方便水样和沉积物样品进入各实验室。主实验室至后甲板的门槛设计为可拆卸式水密门槛,大大地提高了仪器和物资的装卸效率。全船实验室依照干/湿、非洁净/洁净等功能需求的大分类、通用性设计为主,功能分区清晰,同时方便实验室空间卫生维护,满足不同学科要求,方

---

① 英尺为长度单位,1 英尺=30.48 厘米。

便作业。船首和船尾各设科学考察储藏间,使实验物资储藏、存取更便捷。

实验室仪器设备或系统的分布,遵照就近原则。各实验室地面均布设610毫米×610毫米的嵌入式地脚螺栓用于临时固定实验设备,实验台面、实验室壁板和顶板设置间距610毫米系固导槽,既满足实验室空间灵活便捷的三维系固需求,又能拓展实验室空间的灵活分割。全船实验台面、天花板均配置有完善的电、气和水的接口。实验室设有完善的科学考察缆线托架和电缆穿舱孔,满足实验仪器线缆拓展需求。实验台均为可拆卸式,使空间利用更加灵活,设备仪器安装更为便捷。

(3) 垂直通道的便捷性设计。实验室区域到船长甲板设置了客货两用电梯,既方便人员从实验室到各层居住甲板的往返,又便于科学考察仪器设备的垂直搬运。

4) 实验室用洁净海水取样的升降鳍板

在舯前2/5位置设置单升降鳍板,安装多种换能器与声学设备,洁净海水取样系统,并首次在国内科考船的升降鳍板上实现了洁净海水的成功取样,使海水的取样更加便捷安全。

5) 首次提出以水下辐射噪声和舱室噪声联合控制的目标导向性静音控制技术

通过发电机组双层隔振＋推进电机静音驱动＋高效静音大侧斜螺旋桨推进的全系统设计关键技术,实现快速性和低噪声的有效组合,综合优化噪声源和传递路径,结合吸、隔声措施,达到较高水平的舱室噪声控制。

(1) 水下辐射噪声控制技术。在国内首次明确地提出了水下辐射噪声控制的指标,按照DNV水下辐射噪声船级SILENT－A＋S(8节航速)的标准进行设计。

根据衡准将指标分解到对各主要设备的要求,并确定噪声控制措施和应用区域,采用统计能量法原理对船上各噪声源的声能分布进行反向逆推计算,计算时将水下辐射噪声的标准作为输入,导进基于数据库(基于大量的实船测试结果)建立起来的经验模型后,根据各噪声源的传递路径和贡献量,分配各噪声控制指标,采取相应控制措施,输出为各主要噪声源处的最大许用噪声水平及对应减振降噪措施。

(2)自主设计静音大侧斜螺旋桨的应用。螺旋桨是水下辐射噪声最主要的噪声源。该船首次在国内采用由中国船舶及海洋工程设计研究院自主创新设计的静音大侧斜螺旋桨,该螺旋桨采用梢涡空泡控制设计技术,兼顾推进效率和低噪声特性,螺旋桨的成功设计应用为控制该船水下辐射噪声起到了关键作用。

(3)主发电机组基座采用混合减振设计。动力系统作为船舶的核心和主要噪声源之一,其噪声控制程度对水下辐射噪声控制水平尤为关键。该船主发电机组采用柴油机双层隔振及发电机单层减振的混合隔振形式,达到了重量控制和减振效果的最佳平衡。同时在基座必要位置敷设阻尼材料。在机器外接管路设置双轴弹性接头、弹性马脚和弹性穿舱件等隔振措施,尽可能减少柴油机振动通过外接管路传递到船体结构。

(4)低速低噪声变频交流主推进电机的应用。推进电机选用定制的低速低噪声变频交流电机,配合采用单层隔振和高弹输出的减振设计。基座设计同样经过计算验证,并进行针对性局部加强、涂覆阻尼材料等措施。

为确保水下噪声的有效控制,采用设计建造全过程跟踪控制,随时检验,随时计算,随时纠正。实船测试表明,该船水下辐射噪声完全满足 DNV 的 SILENT-A+S 要求,在高频段,甚至可以满足最严格的 SILENT-R 要求,取得了 DNV 颁发的 SILENT-A+S(11 节)和 SILENT-R+F(8 节)静音等级证书,证明对该船水下辐射噪声的控制相当成功。

(5)空气噪声控制技术。以舱室噪声控制为目标导向的噪声控制关键技术,结合船舶轻质化设计理念,以最少、最轻重量的代价取得最佳噪声控制效果为追求目标。

设计初期,对船上各个可能产生振动噪声的设备进行分类,筛选出重要振动噪声设备如主发电机组、推进电机、空压机、大功率泵、冷藏装置、大功率风机和液压设备等,通过仿真模拟及有关声学性能计算,对重点舱室和重点区域进行分析,对相关设备及系统有针对性地采取减振降噪措施,对各设备厂商提出具体减振降噪指标,重点控制。结合隔声技术措施提高舱壁和甲板的隔声效果,降低目标舱室声级水平。

该船从结构设计、动力系统设计、机械设备选型、舱室布置、空调通风系统设计等方面全方位进行噪声控制,针对不同区域、不同设备采取不同的控制措施。经实船测量,全船噪声达到预期目标,其中80%的船员居住舱室噪声45分贝左右,优于 CCS COMF(NOISE 1)最高舒适度的 49 分贝指标的要求。该船的振动噪声控制效果得到了参加航行试验的船东及 DNV 专家的好评。

6)国内首次设计用于科考船的专用机械隔离式洁净电源供电系统

该系统为实验室精密实验仪器提供可靠的高品质交、直流双电制变频洁净电源。

该系统创新设计了低谐波科学考察电源,采用同轴电动发电机,利用电能-机械能-电能的转换方式将船用日用电网与科学考察电源物理隔离,使提供的科学考察电源空载电压畸变率大幅降低,使供电系统既不产生谐波,也不会受谐波干扰,使实验室精密仪器的工作更加稳定可靠。电源系统输出的电压和频率可在设计阶段根据船舶需求进行调整。为确保科学考察设备的不间断供电,为其配置备用的不间断电源,采用静态开关实现两个电源之间的不间断切换。整套电源具有高电能质量、高可靠性的优点,极大地保证了科学考察设备的稳定运行。此创新设计的高品质实验室清洁电源系统属首次在国内科考船上使用。

该船已执行 24 个航次,使用的科学考察精密仪器众多,从未出现因电源问题而无法正常工作的情况。

7)提出了一种全新的科考船气泡下泄验证的船模试验方法

对科考船来说,艏部线型对气泡的影响很大,船舶在纵摇运动时艏部会发生抨击,产生气泡,在一定航速下,气泡有可能被带入到艏部船底的声学设备安装区域,由于气泡存在气-液界面,并且其在溃灭时会产生噪声,对声学设备有干扰作用,所以应尽量避免气泡流经声学设备安装区域。

在船舶设计中,考虑气泡影响的线型设计大多基于设计者的经验,但定量或基于CFD的优化研究很少。其中一个主要的原因是无法通过比较确定的试验方法来检测气泡的影响。该船设计过程中创新地提出了一种用染料模拟气泡流动的水池试验技术和气泡检测方法,可确定艏部不同吃水处产生气泡时,其流线经过船体底部的位置,在一定程度上解决了气泡难以模拟和追踪的难题,从而可为艏部多波束等声学设备的布置提供参考。

8) 建造过程中使用的新技术

通过建造技术工艺攻关,该船的设计获得多项技术专利,突破了作业甲板及实验室系固点数量多、精度要求高、焊接易变形及动力设备双层隔振等制造、安装关键技术。

(1) 系固系统安装质量控制技术。科学考察项目的广泛性与多样性,使得在不同航次携带与使用的装备和科学仪器等存在较大的差异,对作业甲板和实验室的开放性和灵活布置的能力提出了较高的要求。出于甲板系固的便利性考虑,在全船所有工作甲板及实验室均设置有间距610毫米×610毫米的嵌入式地脚螺栓,总数高达1 568个,其分布范围和数量在国内科考船中是最大和最多的。地脚螺栓装配时,要求中心距偏差必须控制在±1.5毫米以内。如此高的精度要求和巨大的安装数量,给船厂的施工工艺带来了巨大的挑战。为确保安装质量,经多次的试验与研究,确定了"安装实心不锈钢圆柱,船上钻孔攻牙"的可行性方案,编制专用安装工艺,设计专用工装,以减小船体和焊接变形的影响,确保螺孔位置精度。

(2) 水润滑轴承整体式艉管安装工艺优化。该船艉部采用轴-桨推进、整体式艉管、水润滑轴承,出轴端设有轴包套,近螺旋桨端的A型架,船壳内设左、右轴隧舱,整个艉部轴系处线型、附体及内部舱室结构均较为复杂,且因空间较小,给施工带来了较大难度。船厂编制了合理的安装方案和施工流程,并配置必要的工装,保证了轴系安装精度。

(3)可拆卸式系泊绞盘安装工艺优化。为满足科学考察装备、作业的灵活性,实现科学考察空间利用的最大化,该船设置了大量可拆卸式设备,如可拆卸式系泊绞盘、科学考察绞车、系缆桩以及灯柱等,这种做法在国内科考船上很少见,其安装的可靠性直接影响使用的可靠性和安全性。特别是可拆卸式绞盘,其受力较大,安全性和可靠性尤为关键,为此,船厂制订了多个安装方案进行比较分析,并与设备厂商和船东密切沟通,最终采用加大绞盘基座安装板、增加装配螺栓数量,在不改变甲板精度要求的情况下,采用红丹帆布作为中间垫片,增加绞盘基座与甲板面的接触面积与摩擦力,以及设计专用公共过渡基座的方案解决了可拆卸式绞盘的安装难题,合理的安装方案既满足安全可靠的使用要求,又满足船东对强度的要求。

"嘉庚"号科考船的成功研制突破了中型轻质静音科考船设计和建造中的多项关键技术,对类似船型的开发设计具有十分重要的借鉴意义。该船的部分重要研究成果(如静音技术、轻质化、可拆卸理念等)已成功地应用到后续科考船(如"深海一号""大洋号"和"实验6"号和"东方红3"号)的设计和建造中。

"嘉庚"号科考船自投入使用到 2020 年 5 月 30 日,已出色地完成科学考察任务 24 个航次,在航 617 天,航程约 64 320 海里,科学考察任务十分饱满,为来自中国、美国、德国、日本、加拿大、马来西亚等多国海洋研究机构和高等院校的近千人次科研人员和师生提供了可靠的船时保障,已圆满地执行了国家自然科学基金委员会共享航次、南海观测航次、国家专项海洋环境监测航次等重点航次。

"嘉庚"号科考船依托厦门大学马来西亚分校,成为在东盟地区推动全球海洋变化研究、海洋科学教育以及科技交流的"海上厦大",也将助力厦门大学乃至世界海洋科研教育向前发展,更肩负着弘扬中华文化、落实国家"海洋强国"建设与"一带一路"倡议的光荣使命。2019 年 8 月 17 日至 18 日"嘉庚"号科考船在马来西亚巴生港举行公众开放日活动,吸引了近千名当地华侨和民众到访参观,活动结束后,来自中国-东盟海洋学院、马来西亚大学、马来西亚巴沙大学、马来西亚普特拉大学、美国特拉华大学等院校的 30 多位师生随船共同探索海洋奥秘。"嘉庚"号科考船将让厦门大学及马来西亚分校海洋学科的师生及专家们走向深海大洋开展科学研究，为国家培养和输送更多高素质国际化人才，同时也有力地推动中国与东盟之间在海洋科学研究、海洋教育等方面的合作交流，成为深化中马两国友谊的桥梁。

二十二、远洋渔业资源调查船"淞航"号

远洋渔业是与人类生活、经济发展密切相关的具有战略意义的资源产业，开展远洋渔业资源调查是实现远洋渔业可持续发展，推动我国从远洋渔业大国迈向远洋渔业强国，维护我国更多海洋权益的必要举措。

远洋渔业资源调查船应力求调查数据的系统性、完整性，并为渔业发展和科学研究提供足够的依据。

为此原农业部和上海市政府于 2013 年 5 月联合向国家发改委①提出申请，经批准后共同出资建造一艘远洋渔业资源调查船，用于上海海洋大学进行远洋调查及培养远洋渔业资源调查专业人才。该船由中国舰船研究设计中心设计，中船重工天津新港船舶有限公司建造，于 2015 年 10 月开工，2017 年 3 月下水，并于 2017 年 9 月交船。

上海海洋大学曾拥有一艘"淞航"号实习船，此船在"一·二八"淞沪抗日战争中，被日军炸毁。为铭记历史，传承海洋文化，体现"百年学府，立志海洋，服务行业，贡献国家"的科学与奋斗精神，上海海洋大学将我国建造的首艘远洋渔业资源调查船命名为"淞航"号（见图 5-24）。

该船总长 87 米，型宽 14 米，型深 7.6 米，吃水 4.8 米，巡航速度 12 节，续航力 10 000 海里，定员 59 人，自持力 60 天。

"淞航"号远洋渔业资源调查船按无限航区设计，主要航行于北太平洋、东

---

① 国家发展和改革委员会。

图 5-24　远洋渔业资源调查船"淞航"号

南太平洋和西南大西洋等海域,主要承担任务包括:金枪鱼、鱿鱼、竹荚鱼及南极磷虾等重要远洋渔业资源的调查研究;国家远洋渔业资源和新渔场开发;远洋捕捞中层、底层拖网、变水层拖网、金枪鱼延绳钓、灯光鱿鱼钓以及新作业方式的研究;大洋环境的观测和遥感数据接收。

　　该船对培养我国高级应用型远洋渔业人才的长效机制发挥了积极的作用,成为培养海洋类复合型人才的基地和关键平台,促进了我国海洋渔业科学的发展,为建设有国际影响力的高水平特色大学提供了重要的科学研究平台。

　　该船配备了渔业资源和海洋水文调查两大科学考察调查系统,包括中层和底层拖网、金枪鱼延绳钓和灯光鱿鱼钓三大渔捞作业系统。配备了海洋生物、水文生化、调查监控、通用实验室和网络信息等五个实验室。可进行远洋深海鱼类生物采样和浮游生物采样、定点或走航式海洋环境参数连续探测、海面常规气象连续观测、海底地形地貌探测,实现调查考察数据系统记录分析和数据的集成。

　　该船安装瓦锡兰柴油机和 ABB 推进电机组成的电力推进系统,国内首次引进德国制造的直叶桨,依靠准确灵敏的螺距控制,集船舶推进、操纵与减摇功能于一体，为精确定位和船舶姿态控制提供了有力保证。

在"淞航"号之前，国内几乎没有采用直叶桨的先例，该推进器的推进性能、装船方案、控制操作等方面几乎无经验可以借鉴。设计团队就直叶桨各装船要素对总体性能的影响开展了仿真计算和船模试验研究，得到了桨盘安装位置、桨盘纵横倾角、尾板宽度、尾板沉深等不同船型要素对直叶桨性能的影响关系，寻找了船型阻力和推进效率均较佳的平衡点。试航结果表明，直叶桨除了达到预定的推进性能指标外，在减振降噪和减摇功能方面均有出色的表现。

该船配置有七大科学考察系统：海洋水文声学探测系统、绞车系统、利用光谱探测系统、海洋生物和鱼类调查系统、海洋大气环境监测及气象遥感系统、海洋水文采样检测系统、辅助设备及甲板调查作业支持系统。

按科考船要求，采取相应减振降噪措施，效果良好，试航测量数据显示，船员居住舱室、机舱、集控室及生活区域的振动指标均满足设计要求，并大大低于标准值，全船实测最大振动的平均值为 0.4 毫米/秒，船舶减振效果明显。

"淞航"号远洋渔业资源调查船于 2017 年 11 月 8 日至 12 月 15 日进行了首航。首航航线水深从 100 米到 4 000 米，以适应不同设备对水深的要求，试验和验收了"淞航"号远洋渔业资源调查船上配备的七大科学考察设备系统和三大渔捞系统，并利用科学考察设备调查该海域的水文气象、环境等特征，利用声学设备和渔具取样调查海域的中、上层鱼类资源种类，资源密度等变动规律。

"淞航"号远洋渔业资源调查船以开展远洋渔业资源公益性调查为主要目标，这是我国渔业科技史上的一座里程碑。调查资料不仅属于上海海洋大学，水产、海洋、环境等科研院所均可共用共享。从国际远洋渔业的角度来讲，是中国政府向世界表明的负责态度，即中国政府以开放、合作的方式，加大对渔业资源利用的研究，提供渔业资源的养护支持。这必将增强我国在国际会议和国际谈判中的话语权，提升我国参与制定国际公约、相关规则和履行有关养护渔业资源国际公约的能力和地位。

该船自 2017 年交船以来已顺利完成多次科学考察任务，行程逾 6 万海里。

二十三、潜水器支持母船"深海一号"

为推动我国深潜器运载技术发展,为进行大洋国际海底资源调查和科学研究提供重要高技术装备,为深海勘探、海底作业研发共同性技术,原国家海洋局于 2002 年启动载人潜水器深海重大科学考察项目。

载人深潜技术系统,是依赖潜航员、载人潜水器与载人潜水器支持母船三者之间的有机结合,实现对深海的科学探索。潜水器支持母船的支持保障能力和功能包括:载人潜水器的搭载、维护和保养;载人潜水器的布放和回收;载人潜水器作业期间的水面指挥、通信支持和水面警戒;对载人潜水器作业环境的调查与兼顾大洋科学辅助调查;对深海样品的快速分析和实验研究等。

2007 年利用远洋综合调查船"向阳红 09"号改装的载人潜水器母船,经过 10 多年的海上试验,有多处不适应潜水器作业的需求,如:"向阳红 09"号船的干舷较高,满载时达到 4.3 米,当恶劣海况导致船体摇晃时,被吊举的潜水器容易产生剧烈摇摆。因此,为了安全,潜水器的布放/回收均要求在较好的海况下方可进行,影响了科学考察作业效率。此外,母船在潜水器下潜时应停留在下潜位置的上方,但"向阳红 09"没有动力定位系统,若潜水器下潜 12 小时,母船受风和洋流影响,漂流可达十几海里,不利于科学考察作业。先进的载人潜水器需要配备新的支持母船。中国大洋协会决定新建一艘支持保障功能更完善的载人潜水器支持母船,委托中国船舶及海洋工程设计研究院和有关单位参加前期论证工作。

2010 年中国船舶及海洋工程设计研究院派专家参与了中国大洋协会组织的大洋装置能力建设组的相关技术活动,参与了由中国大洋协会组织的初步设计和项目招标等相关技术准备工作,于 2016 年 11 月接受了中国大洋协会委托,承担该船的设计。中国大洋协会 2016 年 11 月与武昌船舶重工有限公司签订了建造合同。该船于 2017 年 9 月开工建造,并于 2019 年 11 月交船,该船被命名为"深海一号"(见图 5 - 25)。

图 5-25 潜水器支持母船"深海一号"

该船总长 90.2 米,型宽 16.8 米,型深 8.3 米,设计吃水 5.5 米,巡航航速 12 节,最高航速 16 节,定员 60 人,自持力 60 天,续航力 12 000 海里。

该船为长艏楼,救生艇甲板及以下为钢质,救生艇甲板以上的材质为铝合金,具备 DP-1 级动力定位能力,双吊舱式电力推进装置,B3 级冰区加强,艏部设伸缩式全回转桨等。

在整个设计过程中始终贯彻技术论证中各方达成的共识,即新船必须体现国际化、舒适化、便捷化、绿色化和信息化的设计理念,并采取相应的技术措施落到实处。

1) 主尺度优化

为保证潜水器布放/回收的作业安全,综合考虑了船舶主尺度对总布置、适航性、快速性、经济性、排水量限制等方面的影响。

2) 防气泡下泄和低阻力的斧形艏

该船线型设计,要满足在较短的时间内将载人潜水器运载到实验区域的快速性要求，还要保证船底安装的换能器能够正常工作，尽可能减少艏部兴波产生的气泡对换能器工作的干扰。

常规的球鼻艏虽然可以降低兴波阻力，但在频繁出、入水时由于球鼻艏与海面流的相对高速运动，对流后产生的气泡大量钻入船底，容易影响换能器的探测质量和探测范围。该船设计了一种独特的斧形艏线型，在减少气泡产生与下泄的前提下，兼顾了快速性，该项设计已获得发明专利。该斧形艏线型，经荷兰 MARIN 水池的阻力和自航实验表明，该线型在快速性和减少艏部气泡两方面均优于常规的球鼻艏方案。

3）支持保障能力及其功能兼容性

对潜水器的支持保障能力及其功能兼容性的强弱，是载人潜水器支持母船设计成败的关键因素，因此必须就载人潜水器的搭载与维护，布放与回收，水面指挥、通信支持与警戒，深海样品快速分析和实验研究，载人潜水器作业环境调查与大洋科学辅助调查能力等方面作出重点考虑。

（1）载人潜水器搭载与维护系统。该系统主要依靠运移轨道，轨道车及维修系统。

① 运移轨道及其轨道车系统。沿船长方向，贯穿主甲板艉部 A 型架下方作业区域，到遮蔽作业库区内的长 24 米运移轨道及其轨道车，实现了载人深潜器在母船上沿轨道运移和在作业甲板上或遮蔽库内的定位、系固和在遮蔽库内的抬升等。

② 遮蔽作业库区及库区内的专用维护检修平台与顶部配套行车，实现对载人深潜器的表面维护保养、深海样品回收、设备拆卸或更换，以及规定状态下的潜航员进出舱等。

③ 储存在遮蔽作业库区和备品库内的专用维护配套设备、专用工具和载人深潜器系统的备品、备件，如蓄电池及其充放电系统、压载铁块及其装卸系统、高压空气瓶及其允气系统、浮力材料及其安装工具等。

（2）布放/回收系统。所提的布放/回收系统，系指将载人潜水器从海面到母船运移轨道及其轨道车之间的布放或回收系统。该系统由三个分系统组成：

① 载人潜水器专用 A 型架系统。该系统是为潜水器量身定制，具备恒张力补偿能力的起吊装置。起吊载荷（30 吨）以及可布放/回收的作业海况，均比"向阳红 09"号的 A 型架系统有所提升，进一步提高了海上作业的安全性。

② 辅助拖曳绞车及其拖曳缆。用于回收时将潜水器拖到母船的艉部，在倒出舷外的 A 型架下方；也用于潜水器布放/回收时的辅助定位，起到稳定和控制潜水器水平方向位移和起吊时的短暂晃动，避免载人潜水器与 A 型架发生碰撞。

③ 海上高速工作艇。水面作业人员搭乘该艇，在海面上将 A 型架的起吊缆挂到潜水器的顶部吊挂点上或者从潜水器支持母船的吊挂点上将起吊缆解开。辅助绞车上的辅助缆绳，也是由水面作业人员系固到潜水器的水平拖曳点上。

水面吊挂或解缆、系缆作业，是一项涉及人员安全的高风险作业，对工作艇的机动灵活性和作业人员的熟练程度，提出了较高的要求。

（3）水面指挥、通信支持与水面警戒。载人潜水器支持母船应满足对于水面指挥、通信支持与警戒的需求。因此，信息化程度要求高，专业覆盖面广，接口众多，且涉及对载人潜水器的水下定位、跟踪和数据解析，也涉及建立一个稳定、高效的信息化平台，支持对各项数据的融合与判断。

① 与载人潜水器的通信系统由超短基线系统、多功能水声通信机系统、水声电话、声学吊阵系统组成。超短基线系统，测定水下声学应答器及载人潜水器相对母船的位置，实现对水下设备的定位和跟踪。多功能水声通信机系统、水声电话和声学吊阵系统，实现载人潜水器与水面支持母船之间的实时通信联系和母船指令与潜水器各种数据、语音、图像等信息的双向传输。

② 该船通过建立一个安全、高效、稳定的信息化平台，实现了载人潜水器在复杂海底完成探测、观察、采样等水下作业时，对综合数据的快速分析与作业

支持的需求,同时提升了全船的信息化管理水平。该信息化平台能有效实现船与岸基、船与船、船与水下平台之间的信息交互、资源共享,形成全船一体化的数据采集、处理、监控及管理平台,提升海洋科学考察活动的自动化和数据管理水平,建成全船业务系统管理与指挥调度平台,有效地保障全船协同工作能力及业务处理能力。特别在潜水器下潜作业期间,该船有效地提升了下潜航次的效率,保障了信息的准确性、时效性和安全性。

（4）深海样品快速分析和实验研究。该船设置的船载实验系统,支持对于深海样品的快速分析和储存;支持对海洋地质、生物、化学、物理、大气等学科的海上实验研究。设置的实验室有地质实验室、生物化学实验室、重力仪室、深潜器作业中心、数据处理中心、采水间、低温实验室、样品保存库、实验室仓库、走航海水实验室,大气化学实验室和7个集装箱实验室。

（5）载人潜水器作业环境调查与大洋科学辅助调查系统。载人潜水器支持母船必须为载人潜水器的作业提供全程支持,包括对作业环境的调查。围绕这一任务配置形成的作业环境调查装备系统,除直接用于支持载人潜水器布放/回收的船尾 A 型架等装备外,还支持包括甲板通用装备系统和辅助专用调查装备系统。这些装备的配置,从功能上也可以兼顾大洋科学的辅助调查,因此提高了装备的使用效率。

① 该船包括如下甲板通用装备系统:艉甲板 A 型架（30 吨）,舯部主吊（25 吨×12.5 米）,右舷辅吊（4 吨×16 米）,左舷辅吊（1 吨×7 米）,右舷 A 型架（15 吨）,船首物料吊（1 吨×7 米）。

② 辅助专用调查装备系统包括在遮蔽作业库区左舷位置,设置一台6 000 米级 ROV 绞车及其布放/回收系统,可专用于与载人潜水器的配套作业。另外该船还配置如下设备:万米地质绞车 1 台（套）,CTD 绞车 1 台（套）,水文绞车 1 台（套）和重力仪、ADCP 等。艉甲板的密集系固系统设计,为各种移动取样装置如电视抓斗、可视多管取样器和可视箱式取样器的搭载提供了便利。可支持同时搭载的主要水下装备如下:大深度自主遥控潜水器、6 000 米

级 ROV 和 AUV 等。

以上这些装备,将有效地支持对于水文、地质和生物等作业环境保障调查和大洋科学辅助调查,使该船成为目前国内唯一能够同时搭载全类型科学考察潜水器的载人潜水器支持母船。

4) 设计环境友好型母船

该船设计在电站与推进器配置、满足 Clean 标志和最新发电机组的Tier‐Ⅲ排放标准等方面取得了较理想的效果。

(1) 电站、推进器配置与经济航速。该船电站配置 2 台 2 610 千瓦＋2 台760 千瓦共 4 台柴油发电机组。通过线型及系统优化设计,该船在仅开启 1 台2 610 千瓦柴油发电机组时,可保证全船用电负荷并达到 12.6 节的经济航速,大大降低了全船油耗。

(2) 满足 Tier‐Ⅲ 的排放要求。该船首次在我国科考船设计中,采用了选择性催化还原(selective catalytic reduction,SCR)装置。使全船柴油发电机组的排放均满足 IMO 关于氮氧化物排放的 Tier‐Ⅲ 最新标准,适应了未来在国际海域航行的需求,也充分体现了该船设计对环境友好及其绿色化的定位。

(3) 满足 CCS 的其他附加标志。在满足 IMO 的 Tier‐Ⅲ 排放要求的同时,该船还满足了中国船级社 Ice Class B3,PSPC(B)、Underwater Noise 2、COMF(NOISE 3)、COMF(VIB 3)、GPR、AUT‐0、DP‐1、OMBO、Clean等船级附加标志的设计、建造要求。

以上设计,使得该船在满足环保要求方面,达到同类船型的先进水平。

5) 控制水下辐射噪声

潜水器在深潜作业时,声学通信是其与水面母船沟通的唯一途径。该船装有多波束、超短基线等综合科学考察所需的声学设备,对于控制水下辐射噪声提出了较高的要求。

该船在设计的整个过程中,采取了以下多种措施控制水下辐射噪声。

(1) 对初步设计的前期评估。该船在初步设计阶段,对全船机械设备和结构的振动和噪声幅值进行了仿真计算预评估,并根据仿真结果对局部结构设计方案作出调整。

(2)控制主要机电设备选型环节。在柴油发电机组等主要机电设备选型时,提出了量化的指标,选择振动和噪声指标较低的优质产品。

对吊舱推进器直接要求提供电磁噪声的数据;并对螺旋桨进行水池试验,以确保水下辐射噪声指标满足控制要求。

(3)基座的隔振设计。对主要振动噪声源如发电机组、风机、空压机、泵组等的基座,采用双层隔振或浮筏安装的方式,以减少对船壳外的噪声传导。

(4)优化全船结构及设备基座设计。

最终实测结果,该船满足了中国船级社对于水下噪声 Underwater Noise 2 的附加标志要求。

6)减振降噪设计

通过在总体区域划分、设计仿真计算、限定机电设备技术规格、机组双层隔振、结构优化等等方面采取的综合减振降噪设计,实船获得 CCS 的 COMF (NOISE 3)和 COMF(VIB 3)的附加标志。

“深海一号”于 2020 年 11 月 10 日搭载“奋斗者”号全海深载人潜水器在海洋最深处西太平洋马里亚纳海沟,成功下潜坐底马里亚纳海沟 10 909 米,离已测到的 11 034 米海沟最深处仅差 125 米,创造了中国载人深潜新纪录。这标志我国已具备在全球绝大部分海洋区域开展深海科学研究和资源勘查的能力,标志着我国载人潜水器技术在整体上已迈入了国际先进行列。

2021 年 3 月,“深海一号”潜水器支持母船首次搭载无人潜水器执行国家深海基地管理中心组织的西太平洋深海科学考察航次。在此航次中,哈尔滨工程大学全海深无缆 AUV 关键技术研究项目团队顺利完成了第三阶段深海海试,“悟空”号全海深 AUV 在西太平洋公海区域进行了 5 000 米级深潜和 7 000 米级深潜试验,最大下潜深度达 7 709 米,创造我国无人无缆潜水器下潜深度新纪录。

二十四、小水线面双体科考船"沈括"号

近年来,在国家科研力量和资金投入海洋领域的同时,我国民营企业和资金也积极响应,联合国家有关科研机构,充分发挥自身的优势,为我国海洋科技创新综合实力的提升作出了自己的贡献。在泰和海洋科技集团投资建造"向阳红10"号、"张骞"号、"长河泽"号和"上合"号之后,又一次由泰和海洋科技集团旗下上海彩虹鱼科考船科技服务有限公司投资建造小水线面双体科考船"沈括"号(见图5-26)。"沈括"号科考船的建成正式运行,再次证明我国民营企业投资与国家有关科研机构在海洋领域的合作大有可为,前景广阔。"沈括"号科考船将成为国家海洋调查监测的主力船之一,为认识海洋和建设智慧海洋发挥重要作用。

图5-26 小水线面双体科考船"沈括"号

"沈括"号科考船由中国船舶科学研究中心设计。浙江天时造船有限公司建造,采用了多项军民融合新技术,在国内首次采用由山西汾西重工有限责任公司研制的直流组网电力推进系统和大功率低转速永磁电机。"沈括"号科考

船具有耐波性好、振动噪声小、甲板作业面积大等特点,适合海洋调查、海洋工程作业的需求。

小水线面双体科考船由潜没于水中的鱼雷状下船体、高于水面的平台和穿越水面连接上、下船体的支柱三部分组成,其优点在于水线面面积较小,受波浪干扰力较少,在波浪中具有优越的耐波性。在风浪中摇摆幅度很小,复原力臂较大,再加上可调鳍的调节作用,具备优异抗浪稳性。

该船首次采用国产化大功率直流母排电力推进技术和大功率永磁电机,具有耐波性好,静声效果佳、行进速度快、低耗能、续航力长等特点,特别适合于水声调查研究和海洋声学设备的海上试验。"沈括"号小水线面双体科考船,在10级风海况下能安全航行,在4级海况下正常作业。

该船船长63米,型宽23米,型深9.4米,排水量2 180吨,定员60人,航速12节,续航力5 000海里,自持力25天。

浙江天使造船有限公司于2017年5月开工建造,2018年4月下水,2019年3月交船。该船是一艘集多功能,多技术手段为一体,满足海洋科学多学科交叉研究需求的深远海科学调查作业船。

"沈括"号交船后,首航由上海海洋大学和西湖大学联合组成的"彩虹鱼挑战万米深渊极限"项目马里亚纳海沟海试。科学考察团队乘坐"沈括"号科考船,从上海芦潮港启航,前往马里亚纳群岛海域,在全球大洋最深处——挑战者深渊区域海沟开展一系列深海装备试验和科学考察取样。这是"彩虹鱼挑战万米深渊极限"项目的一个重要航次。考察团队和船员共60人,持续时间预计45天。海试与科学考察团队将开展"彩虹鱼"万米级载人潜水器超短基线系统海上试验、两台第二代"彩虹鱼"着陆器万米级海上试验、一项4 500米级大深度浮标海上试验等工作。同时,为上海海洋大学和西湖大学的科学家团队在马里亚纳海域取样,包括海水、沉积物、宏生物、微生物、海底拍摄等,并对其开展研究。

该次马里亚纳海沟海试与科学考察航次是"彩虹鱼挑战万米深渊极限"项目一个重要节点。海试和科学考察的每一项成果都对我国的海洋科学和技术的发展具有重要的意义。上海海洋大学与西湖大学围绕国家战略及区域发展，发挥学科优势，共享优质人才资源，加强科学研究和人才培养的合作与交流机制，共同开创协同发展的新模式；积极探索研究中心联合建设的新机制，已于目前正式签署战略合作协议。战略合作协议是两校贯彻落实党的十九大精神，服务海洋强国战略、上海建设全球影响力的科学创新中心、长三角高质量一体化发展，探索区域教育合作的积极探索和改革创新。

上海海洋大学和西湖大学的科学考察团队，搭乘"沈括"号赴远洋进行了科学设备测试和调查，获得了丰富的成果，船舶总体性能得到了初步验证。"沈括"号的船名取自于我国古代科学家沈括。该船之所以取名"沈括"号，是希望沈括的科学探索精神不断地得以传承的。

二十五、深海大洋高端人才的摇篮"东方红3"号

在20世纪60年代、90年代，教育部分别立项，支持中国海洋大学建造了2 500吨"东方红"号和3 500吨"东方红2"号。这两艘海洋综合实习调查船，已为我国培养海洋多学科学生提供了1万余人次实习机会，海上作业总计3 000余天，安全航行近30万海里，航迹遍布我国周边海域及西太平洋，为我国培养海洋科学考察事业人才立下赫赫"战功"。

"东方红"号至1996年1月21日退役，整整运行了30年，是开拓我国海洋事业的先驱，成为新中国第一代海洋科技工作者的摇篮。

"东方红2"号于1996年投入使用至今，在20多年的时间里，平均每年在航近300天，与国际上利用率最高的科考船并驾齐驱，成为我国海上重大科技项目和国防项目的主要承载者。

为了更有力地维护国家权益和促进海洋经济发展，在海洋科学研究与综合调查、国防建设、海洋资源、海洋工程、国际合作调查领域和海上教学实践、海洋专业人才培养中发挥更大作用，中国海洋大学决定建造新型深远海综合科考船"东方红3"号。

"东方红 3"号(见图 5 - 27)的建设目标如下：

(1)服务深海大洋科研队伍建设及高端人才培养：汇聚与培养海洋基础科学研究人才,丰富和优化深海大洋教学模式与实训体系,培养各类海洋创新型科技人才和高级复合型管理人才。

(2)保障深海大洋的海洋科学基础研究：海洋多尺度动力过程与海气相互作用研究,生物地球化学过程及海洋生态系统环境演变研究,海洋环境与海底资源效应的系统研究,海洋生物和基因资源及生物多样性的研究。

(3)支撑深海大洋的高新技术研发与应用：立体与区域化同步观测技术,资源勘探、开发、运输的关键技术,高端仪器设备规范化海上试验技术,卫星、航空、船、岸一体化的探测、实验数据处理与数据网络应用技术。

该船于 2013 年 9 月正式立项,2014 年 11 月公开招标确定中国船舶及海洋工程设计研究院为设计单位,2015 年 11 月通过招标确定江南造船厂为建造单位。该船于 2016 年 10 月开工建造,于 2018 年 12 月试航,于 2019 年 4 月完

图 5 - 27　深远海综合科考船"东方红 3"号

成水下辐射噪声海上试验,并取得 DNV 水下辐射噪声最高等级的 SILENT - R 证书,于 5 月交船。

该船船长 103.8 米,型宽 18.00 米,型深 8.70 米,结构吃水 5.50 米,最大航速 15.55 节,定员 110 人(其中船员 28 人、科研人员 82 人),续航力 15 000 海里(12 节时),自持力 60 天,设计排水量 5 500 吨。

水下辐射噪声要求为 DNV SILENT - R(11 节航速时)。

多波束安装方式:多波束换能器下底面与船体基线齐平,嵌入式安装。

稳性及抗沉性:抗风稳性满足阵风 12 级风(风速 51.5 米/秒)要求,破舱稳性满足最新 SPS(2008)规范的要求。

动力定位能力:船舶能承受相当于 4 级海况(有义波高不大于 1.8 米),1.5 节流,5～7 级风时实现定点定位,定位精度 0～3 米。允许选择有利艏向角时,船首向±10 度可靠控位,在上述条件下高速自动保持航迹模式的航迹保持精度标准差小于 3 米。

耐波性:4 级海况(5～7 级风)满足 ROV 收放和直升机悬停要求;5 级海况(7～8 级风)满足漂泊调查作业要求;7 级海况(9～10 级风)安全航行。

"东方红 3"号科考船根据中国海洋大学建船的目标,将设计定位为获取的探测数据真实可靠、科技创新平台功能与人才实践基地建设世界领先、船舶运行经济适用、科学考察作业安全可靠,以及可扩展的船舶与科学考察能力设计。其总体设计思想依据:①"一个引领"。围绕国家战略需求,充分借鉴国内、外新建和在建科考船的先进设计理念,融合中国特色,形成引领现在和未来对深远海进行立体和区域同步快速探测与观测,以及现场综合考察与高端人才培养相融合的船舶建设方案。②"两个一体化"。船基与陆基信息网络一体化、科研与教学创新平台一体化。③"三大功能"。具备在深远海开展自高空大气透过海气界面、通过全海深直到海底的综合科学考察和资源调查,以及与无人机、科考船队和布放的其他观测仪器形成观测阵列的功能,具备深远海尖端海洋仪器设备海试和深海高技术研发创新功能,具备高效实施多学科海上实习培训、培养深远海创新型研究人才的功能。

"东方红3"号科考船具备齐全的水体探测、海底探测、大气探测、声学研究、遥感信息观测印证、化学实验分析、生物实验分析和底质实验分析八大系统。它主要用于海洋综合环境考察、教学实习、因国防需求而进行的海洋环境资料收集,是一座海上浮动的综合实验室,能够支持水文、化学、生物、地质地球物理、大气和相关交叉学科的实时、同步观测和现场科学实验研究,支持信息数据远程传输,科学考察设施先进完备。

该船的设备配置:

(1) 主要实验室。大气环境实验室(左/右)、大气探测及遥感实验室、海气通量实验室、通用干/湿式实验室、走航海水分析实验室、温控实验室、化学洁净实验室、通用洁净实验室、CTD实验室、地球物理实验室、仪器集中控制室、计算机机房、数据处理实验室、盐度计室、电气维修室、重力仪室、化学品室、样品冷藏室、样品冷冻室、CTD操控室、CTD采水室、绞车作业操控室、声学仪器舱、遮蔽作业甲板等。

(2) 起重设备。伸缩起重主吊1台,起重能力15吨×10米,艏部伸缩折臂辅助吊1台,起重能力2吨×14米,艉部伸缩折臂辅助吊1台,起重能力8吨×10米,遮蔽甲板双轨行车吊2台,起重能力各5吨。

(3) 科学考察收放系统。CTD收放装置1台,安全工作负荷6吨,舷侧A型架1台,安全动载荷12.5吨,艉部A型架1台,安全动载荷15吨,长柱状活塞取样器收放装置1套。

(4) 各类绞车。12 000米CTD绞车1台,10 000米CTD绞车1台,12 000米纤维缆绞车1台,10 000米钢缆绞车1台,10 000米光电缆绞车1台,3 000米生物绞车1台。

(5) 科学考察升鳍板2套,可伸出船底外2.8米。

(6) 声学设备。全海深多波束(0.5度×1度),中浅水多波束,深水浅地层剖面仪,科研鱼探仪,单波束测深仪。

(7) 其他科学考察仪器。万米CTD剖面探测系统(36瓶),走航式表层多要素连续自动测量系统,多道地震空压机两台,各式采泥器,长柱状活塞取样器,电视抓斗,表面海流海浪测量系统,走航式二氧化碳测量系统,船载科学考察气象站,海洋重力仪,海洋磁力仪等。

作为我国最新一代大型综合科考实习船,设计中具有如下创新点:

(1)创新采用船型一体化设计理念,获得快速性、经济性、静音性及科考实习功能的高度协调统一。以每千瓦推进功率推动船的排水量计算的航速指标处于国际领先水平;经济航速日耗油量仅为11.4吨,是同类型同吨位级别电力推进船舶中油耗最佳的船型之一;舱室噪声控制水平高,92%居住舱室满足CCS规范最高舒适度要求;配置全球综合科考船中最大的定员(110人)。

(2)首次在科考船公共场所中采用雨降式空调送回风系统,大幅度提高居住舒适性;首次在国内建造的科考船上采用了全船中央空调网络监视系统,中央空调可全船联网并在机舱集控室集中监视。首次推出在复杂曲面外板上配置与线型一致的可拆卸式侧推装置的封盖。

(3)创新性地采用了三维模型结构重量跟踪与控制办法,并与全船有限元结构强度分析相结合,满足了结构强度评估和重量优化的指标要求。创新开发出一种水下辐射噪声目标导向性设计与控制方法,突破发电机组双层隔振、推进电机静音驱动、高效螺旋桨静音推进等关键技术,获得国内第一张DNV水下辐射噪声SILENT-R证书,水下噪声控制达到世界领先水平。

(4)首艘完整运用三维体验平台进行数字化设计、建造的科考船,高度集成CAD①/CAE②/CAM③等技术,100%构建三维模型,真实模拟船上实际生活和工作场景。

运用模块化、通用化的实验室设计理念,确保科学考察空间利用最大化,单位排水量实验室面积指标世界领先;首次实现千级洁净实验室的船上应用。

---

① 计算机辅助设计,computer aided design。
② 计算机辅助工程,computer aided engineering。
③ 计算机辅助制造,computer aided manufacturing。

突破超大尺寸多波束换能器设计、安装及船体变形控制技术，成功地在国内科考船上首次安装世界最大深度且分辨率最高的全海深多波束测深系统。

（5）国内首次在科考船上系统运用电磁兼容技术，研发并应用了基于全船电磁兼容为核心目标的船舶电磁环境监控系统。

（6）国内首次使用品字形上、下开门的CTD舷门，改善了长时间海上采水作业时的车间环境。

"东方红3"号科考船作为新一代大型综合科考实习船具备了先进性的品质，试航各项测试结果反映该船设计和建造非常成功，不仅快速性、操纵性全面达到预设目标，同时船舶空船重量控制、水下辐射噪声、总体布置综合考虑、抗风稳性及配载、电站负荷和油耗、动力系统可靠性以及生活环境舒适度均达到和超过国际先进水平。其中主要表现在以下几个方面。

（1）空船重量、重心和浮态得到有效控制。国外同类型船舶强调空船重量、重心的有效控制，一方面能较好地调配船舶浮态，增加有效装载；另一方面能提高可改装的重量空间，延长船舶生命周期。该船从设计到建造自始至终贯彻重量控制理念，最终经实船倾斜试验验证，重量、重心位置与设计预估状态非常吻合，未采取临时固定压铁方案，为该船交付和营运奠定了良好基础。该船海上试航，在调配船舶压载、调整浮态时显示出非常灵活的特性，各种液舱包括消耗品舱、压载水舱均实现了预定的功能，充分体现了前期预估的准确性以及在建造过程中对钢板公差、电缆托架、阻尼敷料、管系、铁舾件、舱室内装等重量、重心有效控制的成果。科学考察负载大于220吨，达到了国际同类科考船的先进水平。

（2）快速性和经济性指标处于国际领先水平。该船经试航测定，单台发电机运行时航速达到12.18节（设计目标为单机12节），双机运行时最大航速达到15.55节（设计值大于15节）。采用国际通用的快速性指数（每千瓦推进功率推动船的排水量所能达到的航速指标）对比，该船快速性已处于国际领先水平（见表5－4）。

经试验测定，主要工况下柴油机电站负荷均处于75％～87％之间，该区间是电站运行的最佳负荷区以及柴油机的最佳油耗运行区。经计算,该船如以单机 12 节的经济航速运行,每天耗油量约为 11.4 吨,是相同吨位级别的同类型电力推进船舶中耗油量最佳的船型之一。

表 5-4　与同类船的快速性指数对比表

船　　名	交船年份	设计排水量/吨	长宽比(L/B)	推进器/台	单台推进功率/千瓦	最大航速/节	快速性指数/(吨·节/千瓦)
英国 JAMES COOK	2007	5 400	4.739	2	2 500	15.0	16.20
英国 DISCOVERY	2013	5 368	4.933	2	2 200	15.0	18.30
澳大利亚 INVESTIGATOR	2014	4 575	4.805	2	2 600	15.0	13.20
"科学"号	2012	4 661	5.405	2	1 900	15.88	19.48
"东方红 3"号	2019	5 536	5.495	2	2 100	15.55	20.50

(3) 航向稳定性、操纵性和耐波性指标全面实现。该船经试航测定,在最高航速 15 节、双舵最大舵角 35 度时,最大横倾角约为 8.5 度(小于通常要求的 12 度);回转直径约为 1.49 倍船长,远远低于要求的 3 倍船长(3×103.8 米),回转性能大大优于单轴桨推进的船舶,甚至优于部分全回转推进的船舶。海上停船试验也证明该船机动灵活,在 15 节的高航速下能在 579 秒内实现停船,惯性滑动距离约为 1 681 米;若需要紧急停船,可在 117 秒内实现停船,滑动距离约为 5.31 倍船长。

因该船采用了双推进电机+双桨+双襟翼舵,使该船具有优良的航向稳定性:15 节航速左右,3 分钟航向改变 3～9 度,如果航向不变,每分钟操舵 2～6 次,最大操舵角仅 3～5 度。

船上横摇周期仪表和倾角显示横摇周期为 9～12 秒,横摇加速度较小,船上人员适应,证明实现该船耐波性指标。

(4) 科学考察功能完善,充分保证科学考察作业顺利进行。该船是目前世界上最安静、定员最多的综合科考实习船,经济性、振动噪声、电磁兼容等指标均良好。甲板作业面积和实验室工作面积均超过 600 平方米,甲板作业面积和实验室面积利用率最大、综合科学考察功能最完备。

　　"东方红3"号科考船在绞车、操控支撑及主要声学设备配置方面达到甚至超越国内、外类似科考船的先进水平,单位排水量的实验室面积指标也处于国际领先水平。"东方红3"号科考船是国内首艘、全球第二艘配置0.5度×1度超高精度多波束换能器的综合科考船,海底探测能力实现了质的飞跃。

　　(5)取得DNV水下辐射噪声最严苛的SILENT-R证书。该船为国内首艘、世界第四艘(其中2艘为军船)水下辐射噪声按DNV最严苛的噪声船级标志标准SILENT-R要求设计、建造和实测通过的科考船。针对性地采用水下辐射噪声目标导向性设计,创新设计并应用发电机组双层隔振、静音推进电机直接驱动低噪声螺旋桨的静音推进系统,以及通过自主研究及与国内、外知名公司合作研究,经过建模、分析、检验、测试等手段,最终掌握了水下辐射噪声控制技术。通过合理策划、不断设计优化、严格过程控制,经过艰辛努力并经实船试航测试验证,取得SILENT-R水下辐射噪声证书。当船舶驶过水面时,噪声水平仅与会议室开会所产生的噪声水平相当。较低的水下噪声水平为了保障该船各声学设备的正常使用。

　　"东方红3"号科考船水下噪声控制的成功,既保证了船东用船的需求,也为后续科考船的水下噪声设计提供了非常宝贵的经验,未来将引领船舶设计中以降低水下辐射噪声为目标的计算评估和控制技术研究,以及针对船舶建造完成后水下辐射噪声的实船测试方法研究,为今后我国参与水下辐射噪声新规范、规则的制定提供更多话语权、为将来更多船舶满足这些新要求提供充足的技术保障。

　　(6)减振降噪效果明显,生活环境舒适度全面提升。该船设计之初强调的全船减振降噪,通过设计和建造过程中的层层把关,试航中证明取得了非常明显的效果。经振动噪声测定该船在两台主机运行、15节全速航行时,机舱、集控室及机修间的振动噪声指标均大大低于国际标准值,尤其是经常有人操作的机舱集控室,噪声实测仅为65.6分贝,人人低于船级社规定的最高舒适度标准中对机舱集控室70分贝的要求;全速工况时,驾驶室噪声实测平均值为

55.4 分贝，也达到最高舒适度标准。此外，该次试航也证实，除露天甲板外，烟囱和机舱风机周围的舱室降噪效果明显。

该船定员 110 人，共设 61 个居住舱室，巡航 12 节工况时，全部满足 CCS 规范 2 级舒适度要求。其中 56 个居住舱室达到 CCS 规范最高舒适度要求（不大于 49 分贝），占整个居住舱室的 92%，有 36 个舱室达到了高级船员最高舒适度要求（不大于 45 分贝），占整个居住舱室的 59%。最大航速 15 节工况时，全部满足 CCS 规范 2 级舒适度要求；有 50 个居住舱室达到船员最高舒适度要求（不大于 49 分贝），占整个居住舱室的 82%，39 个居住舱室达到了高级船员最高舒适要求（不大于 45 分贝），占整个居住舱室的 64%。DP[①] 工况全部满足 MSC.337(91)要求，有 46 个居住舱室达到了 CCS 规范最高舒适度要求（不大于 49 分贝），占整个居住舱室的 75%，有 56 个居住舱室达到了 CCS 规范 2 级舒适度要求（不大于 52 分贝），占整个居住舱室的 92%，尤其是烟囱旁边紧挨的舱室噪声实测仅 51 分贝。此外，全船噪声最低的舱室噪声仅为 38.9 分贝。

振动测量的数据也同样显示了该船结构设计合理、建造焊接工艺处理到位、主机双层隔振措施得力，未出现一处振动超标的现象。此外，在试航期间，全船空调、通风管系运转良好、噪声低；室内温度调节灵活、降温效果明显，大大提升了该船舒适度水平。

自 2019 年 6 月试运行以来，"东方红 3"号科考船圆满地完成了多个航次、多项重大科学考察任务。利用其优越的船舶性能、极好的船舶环境条件、先进的科学考察技术装备，获取了一批精准的科学考察数据成果，取得了诸多以往在国内科考船上无法取得的突破性成果，彰显出我国新一代深远海综合科学考察实习船的建设能力水平。

二十六、海洋渔业综合调查船"蓝海 101"号、"蓝海 201"号

20 世纪 80 年代，我国曾拥有各类小、中型为主的渔业资源调查船 58 艘，

---

① 船舶动力定位。

其中海洋渔业调查船 50 艘,淡水渔业调查船 8 艘,初步建立了布局科学、结构合理的渔业资源调查船体系,基本覆盖了沿海主要渔业水域。但是由于经费不足等原因,涉渔科研院所及大专院校的调查船先后老化退役所剩无几,大型渔业资源调查船则仅有"北斗"号一艘。

进入 21 世纪,我国渔业进入了科学管理的新阶段,对渔业资源,特别是对远洋渔业资源的调查更为迫切,但我国涉渔科研院所却面临无船可用的窘境,科研团队要想获得数据,开展渔业资源科学调查,就只能携带便携式科研仪器借船或搭船出海,调查站位、数据精度、采样储运等都受到极大制约。海洋渔业是国家海洋战略的重要组成部分,渔业资源和生态环境调查是渔业发展的基础和前提。为改变这一状况,2010 年,国家发改委和农业农村部为贯彻党的十八大提出"海洋强国"战略和完成党的十九大进一步强调"坚持陆海统筹,加快建设海洋强国"的任务,为水产科学研究院南海水产研究所建造了 1 500 吨级的"南峰"号海洋渔业资源调查船。尽管 2013 年另有 4 艘小型 300 吨级渔业资源调查船立项,但仍难满足需要。因此,2014 年水产科学研究院申请建造 2 艘先进的海洋渔业综合调查船并获批立项。

这两艘船是农业农村部迄今投资最多、吨位最大、设施最先进的海洋渔业科学调查船,是我国海洋科学研究的"国之重器",是我国海洋渔业科考船体系建设中的重要组成部分,也是"农业现代化标志性工程"之一,被誉为"渔业航母",肩负着国家近海与远洋渔业资源调查研究的重大任务,是全面实施海洋强国战略的重要海上科学研究平台,标志着我国海洋渔业科学研究将从近海进一步走向深海远洋。

这两艘船由水产科学研究院委托中国船舶科学研究中心设计,由沪东中华造船(集团)有限公司建造。

这两艘船于 2015 年 9 月由中国船舶科学研究中心开始设计今于 2017 年 9 月,由沪东中华造船(集团)有限公司开工建造,并于 2019 年 6 月 28 日交船。这两艘船船名为"蓝海 101"号(见图 5 - 28)、"蓝海 201"号,他们是姐妹船,是一型两船,分别由黄海水产研究所和东海水产研究所接船。

图 5-28　海洋渔业资源调查船"蓝海 101"号

　　这两艘船船长 84.5 米,型宽 15 米,满载排水量 3 200 吨,续航力 10 000 海里,最大航速 15 节,自持力 60 天,定员 60 人。

　　这两艘船船上设有渔业资源实验室、生物环境实验室、理化环境实验室、声像评估与遥感实验室、渔业生物学实验室、综合实验室等。这两艘船主要科研设备包括科研鱼探仪系统、无线拖网监测系统、CTD、船载多普勒海流仪、卫星遥感接收系统、侧扫声呐系统、浅地层剖面系统、底层拖网、阿氏网、浮游生物拖网、地质采样设备、全方位彩色扫描声呐、渔业资源声学评估系统和多联网等20 多台(套)科学考察仪器和捕捞设备。这两艘船可满足无限航区和南、北两极(除冰区以外)海域的航行要求,具备海洋渔业资源、水文、物理、化学、声学、遥感等综合要素的同步探测、分析和处理能力,具备考察数据采集、样品取样和现场分析能力,能够开展渔业资源调查评估、渔业生态环境监测评价、渔业卫星遥感应用、渔具和渔法研究与实验等科学研究任务,通过共享共用机制,为中国海洋渔业科学研究、国际渔业科技合作与交流、海洋渔业科研团队人才培养提供调查公用平台和人才培养平台。

海洋渔业综合调查船除必须具备性能可靠、耐用、耗油低、重量轻和操作简单等特点外，还需具备摇晃适应性强、承受过载负荷潜力大等要求，该船在设计建造过程中，采用国内、外先进技术，攻克关键技术难题，在满足海上调查作业安全性的同时，提升了船舶节能、环保的性能。

1）船型创新

这两艘船采用了独具特色的垂直球艏船型，经济节能，巡航航速时比常规船型节能约 21％，高速航行时节能约 15％；试航时在设计吃水，船体新涂漆状况，风力 2 级以下，主机以 100％运行时，最高航速为 15.00 节；在风力 4 级，海况为 4 级以下，主机以 100％运行时，最高航速为 14.85 节。

2）绿色环保

这两艘船主机和发电机组的排气系统采用 SCR，燃油系统配套了低硫油舱及配套设备，可以燃烧低硫油，满足 IMO 对氮氧化物 Tier－Ⅲ（最高的排放要求）硫氧化物排放限值的要求；尾管滑油使用对环境无污染的生物燃料，避免了艉管滑油的泄漏污染；安装的压载水处理系统可满足 IMO 的 D－2 标准的要求，同时满足部分的压载水管理公约非缔约国对压载水管理的特殊要求。

3）经济实用

这两艘船采用单机、单导管螺旋桨和单襟翼舵，拖力大（最大系柱拖力达到 50 吨），操纵性好（船舶高速满舵回转时的回转直径为 1.6 倍的船长），具备 DP－1 动力定位能力（3 级海况，海流 1 节、4 级风情况下，船舶可自动保持船位和艏向，船舶中心定位精度在 1.0 米以内，船舶艏向角在±3 度），操纵灵活，精准定点定位；采用方形龙骨、舭龙骨及可控式被动减摇水舱，适航性好，经济实用，完全满足渔业调查的探捕作业要求。

4）减振降噪

为了改善船员的生活和工作环境，增加船员的舒适性，这两艘船采用了众多减振降噪措施：主发电机组双层隔振、停泊兼应急发电机组双层隔振、泵组浮筏隔振、机舱风机隔声室、舱室减振降噪处理、进口低噪声风机等减振降噪措施，满足中国船级社舒适度和《船上噪声级规则》MSC.337(91)的最新要求（船员居住舱室的噪声指标控制在 55 分贝以内）。

5）升降鳍渔业探捕海洋调查系统

升降鳍系统上搭载 EK80（38 千赫、70 千赫、120 千赫、200 千赫）、ADCP（75 千赫、600 千赫）等科学考察设备；升降鳍系统可承受船舶以最大航速 14.5 节、最大舵角 35 度航行时由水动力产生的最大力矩，升降鳍系统升降运行状态的最高航速为 4 节；升降鳍系统根据科学考察作业需求，可选择伸出船底 0.8 米或 2.5 米（两个挡位，适应不同的仪器的测量），以避免水面气泡和船体边界层对声学科学考察设备的影响，提高测量精度，确保科研调查数据质量。

这两艘船配备了 2 台 25 吨中层绞网机、1 台 24 吨中层卷网机及自动拖网控制系统（即可视化操作，利用无线拖网监测系统的显示系统，可以通过控制绞网机收、放速度来调整网板、拖网的姿态），4 套鱿鱼吊、1 套延绳吊系统，探捕作业的自动化程度和调查作业效率高，可有效地降低操作人员的工作强度；具备底层拖网、变水层拖网、延绳钓、鱿鱼钓四种探捕作业方式。

这两艘船配备了电动变频 CTD 绞车、5 000 米水文绞车、1 000 米浮游生物拖网、CTD 专用收放装置、5 吨×3.5 米 A 型架等操控系统，可实现绞车集中控制及预设工况下自动运行，大大降低了科学考察人员的工作强度，提高了科研调查的效率。

"蓝海 101"号海洋渔业资源调查船主要承担海洋渔业资源与渔业环境的常规、专项和应急调查监测以及海洋综合调查和研究工作。与"蓝海 201"号海洋渔业资源调查船一起将成为未来 10 年内我国开展海洋渔业科学调查的主力军，与三大海区现有和待建的海洋渔业科学调查船相互补充，形成完整的全国海洋渔业资源调查船体系，将显著地提高我国海洋渔业科学调查装备水平，提升我国海洋渔业科学技术研究能力，为我国乃至世界渔业的科学管理提供有力支撑。

　　两艘渔业资源调查船的成功建造、顺利交付是我国现代化渔业设施装备发展进程中具有里程碑意义的大事,是落实加快建设海洋强国战略的又一重大举措。两艘渔业资源调查船综合航行性能优良、技术领先、安全可靠、安静舒适、绿色环保、功能齐全,将有力地提高我国渔业科研的水平和能力,为不断完善海洋渔业管理制度、探索资源养护途径、扩大渔业走出去、促进海洋渔业可持续发展提供重要的科技支撑。将为推动渔业现代化、加快渔业转型升级步伐、决胜全面建成小康社会,实现中华民族伟大复兴的"中国梦"贡献新的力量。

　　2019 年 7 月"蓝海 101"号海洋渔业资源调查船投入使用,先后承担了国家自然科学基金委员会黄、渤海共享航次调查、中国和韩国暂定措施水域渔业资源调查、南海西沙渔业资源与环境调查、黄海渔业资源调查等多项调查任务,共出海执行调查任务 8 个航次,累计 102 天,船舶安全航行 18 600 海里,获取了大量渔业资源与生态环境观测数据,有效支撑了海洋生态系统动力学研究及渔业资源管理,并在维护国家海洋渔业权益方面发挥了重要作用。日后它将与中国水产科学研究院已入列的"北斗"号、"南峰"号海洋渔业资源调查船一起,构成较完备的海洋渔业调查船体系,对促进海洋渔业资源与环境的可持续利用,实现我国由渔业大国向渔业强国的转变发挥重大作用。

　　2019 年 7 月 25 日,"蓝海 101"号海洋渔业资源调查船首航执行国家自然科学基金委员会黄渤海科学考察实验研究共享航次(NORC2019 - 01),在黄渤海海域为提出搭载需求的 64 个国家自然科学基金项目提供海洋多学科综合考察。该航次每个航段用时 15 天,以认识渤黄海海域海洋环境变化为目标,主要开展海洋水文和气象、海洋化学、海洋生态和海洋地质的现场观测及海洋生物现场培养实验,采集该水域的大气、海水、沉积物和生物样品及相关环境参数,为揭示全球变化和人类活动背景下黄、渤海海域环境变化的过程和机理提供科学依据。

　　为了完成国家自然科学基金委员会黄渤海科学考察实验研究共享航次(NORC2020 - 01),"蓝海 101"号自 2020 年 5 月 30 日从青岛启航至 6 月 11 日返航,累计航行 13 天,航程 2 800 海里,完成科研调查站位 66 个,收集水文、气象、化学、生物学以及其他现场观测数据共计 21 298 个,为全球气候变化和人类活动背景下黄、渤海海域生态环境及生物资源的变化研究提供了科学依据,为打好渤海治理攻坚战,做好黄、渤海褐潮,绿潮预警的防控和治理,提供了科学依据;同时,多学科交叉研究为黄渤海生物多样性保护和濒危野生动物关键栖息地修复另辟蹊径。

该航次调查内容面向海洋科学研究国际前沿,紧紧围绕国家生态文明建设战略需求,充分体现了多学科交叉。为保证航次获取数据的数量和质量,在航次开始之前多次征集各个搭载项目负责人对数据的需求,并召开专题网络视频会,根据各位项目负责人的意见和建议,以及各位专家的指导意见,航次项目组本着"科学问题"主导的理念,积极支持了航次断面以外关于黄渤海褐潮起源问题的探索,相关采样及后续分析将为该难题的解答提供重要数据支撑。

2021 年 1 月 7 日,"蓝海 101"号海洋渔业资源调查船前往黄海中南部海域,执行黄海冬季越冬场调查任务。该航次是"蓝海 101"号海洋渔业资源调查船 2021 年的首个航次。

按照调查需求,该航次共设置综合调查站位 50 个,调查内容涉及渔业资源、理化环境、生物环境、海洋声学等,调查时间 20 天。在该航次期间,"蓝海 101"号海洋渔业资源调查船遭遇暴风雪,科学考察团队发扬黄海水产研究所"团队协作、勇于担当、严谨求实、拼搏奉献"的渔业科学考察精神,持续获取高质量的第一手调查数据和资料,调查和评估结果为黄海渔业资源养护和管理提供了有力技术支撑。

二十七、地球物理综合科考船"实验 6"号

随着党中央提出"一带一路"倡议,以及"坚持陆海统筹,加快建设海洋强国""经略海洋"等重大战略部署,对新时代海洋事业发展提出了更高的要求。科考船作为探测与研究海洋最重要的平台,已成为实施海洋强国战略的重要

保障。

向海图强，领势先行。为了适应我国海洋科学事业发展的新形势，中国科学院组建科考船队，旨在进一步整合资源、统筹规划各类海洋观测项目，提高科考船及其设备利用率，加强海洋学科交叉与调查数据共享，促进重大海洋科技成果产出。中国科学院科考船队拥有现役船舶7艘，包括综合科考船和专业科考船。其中，3 243 吨"实验3"号综合考察船以及1 153 吨"实验2"号科学调查船的船龄均为37年、处于超期服役状态，没有改造升级的空间，安全性能堪忧，急需更新换代。它们一旦退役，中国科学院科考船队将面临既无3 000 吨级综合科考船、也无地球物理科考船可用的困难局面，造成科考船队吨级序列不合理、不完整、科学考察功能不完备，极大地削弱中国科学院船队的海洋调查能力和科技竞争力，无法满足日益增加的海洋调查和科研任务的需求，制约中国科学院的海洋科技创新能力。

中国科学院南海海洋研究所从科考船队建设、承担我国海洋科技发展、服务国家重大需求的战略任务和"三个面向""四个率先"责任出发，提出全力建设船舶性能先进、探测能力强大、统筹管理和运行高效的新型地球物理综合科考船——"实验6"号。"实验6"号建设的目的是整合、替代"实验2"号和"实验3"号的功能，实现船型更新换代。

"实验6"号（见图5-29）是中国科学院南海海洋研究所拥有的吨位最大的船型，是国内首艘以地球物理调查为主、兼顾多学科科学考察需求的3 000 吨级新型综合科考船，是当前国内、外该级别科考船的先进和代表船型之一。

"实验6"号具备全球航行和全天候观测能力，既突出地球物理专业调查能力，又能实施多学科综合考察需求；既能开展近海浅水区域、南海岛礁区域的科学考察，又具有极端环境下探测和取样能力。投入使用后将大力提升我国海洋科学考察能力，为我国海洋科学以及深海大洋区的极端环境研究提供先进的海上移动实验室和探测装备的技术实验平台，推动我国深远海科学事业的发展。"实验6"号更将助力实现海洋领域军民深度融合，保障海洋环境安全，维护国家主权与海洋权益,拓展蓝色经济发展新空间,为满足国家在新时期的重大战略提供强有力的科技平台支撑。

该船由中国船舶及海洋工程设计研究院设计,中船黄埔文冲船舶有限公司建造;于2018年11月开工建造;于2020年12月18日成功交付(见图5-29)。

图5-29　地球物理综合科考船"实验6"号

该船船长90.60米,型宽17.00米,型深8.00米,满载吃水5.5米,定员60人(其中船员27人,科研人员33人),经济/最高航速12.0/17.2节,续航力12 000海里(12节时),自持力60天。该船入级CCS。

该船配置万米CTD剖面探测系统(24瓶)、走航式表层多要素连续自动测量系统、两台多道地震空压机、长柱状活塞取样器、电视抓斗、表面海流海浪测量系统、走航式二氧化碳测量系统、船载科学考察气象站、海洋重力仪、磁力仪、全海深多波束、浅水多波束、深海浅地层剖面仪、科研鱼探仪、单波束测深仪、升降鳍板等。

该船安装了1台CTD收放装置及8 000米CTD绞车、10吨舷侧A型架1台、20吨船尾A型架1台、长柱状活塞取样器收放装置1套、13 000米钢缆绞车1台、13 000米光电缆绞车1台、6 000米水文生物绞车1台等。

该船主要实验室包括大气实验室、地球物理实验室、通用干性实验室、通用湿性实验室、生物化学实验室、洁净实验室、走航海水分析实验室、温控实验室、保真取样实验室、专用水处理实验室、样品冷藏室、样品冷冻室、CTD 采水室、网络中心、综合仪器室、科学考察电气维修间、声学设备间等,其面积超过 330 平方米。该船还有约 470 平方米的科学考察辅助面积。该船露天作业甲板也超过 600 平方米,达到 4 000 吨级科考船的水平。

该船以地球物理勘探、地震调查作业为主,兼顾水文、生物、海洋化学等多学科交叉研究需求,其搭载的科研设备装备水平及实验空间配置达到或接近国际科考船的先进水平。

该船型填补了目前国内中、小型地球物理综合科考船的空白,以较小的船舶吨位获得了较全的科学考察作业功能。通过采用高效节能型发电机组、优化居住舱室布置、合理分配用电负荷、优化科学考察作业流程,采用减振降噪等措施,使该船具有吨位小、操作灵活、科学考察功能齐全、低油耗等特点,具有先进的技术性和经济性。

在稳性和抗风能力方面,通过严格、系统的全船重量、重心控制,完整稳性在全面满足国际公约要求的基础上,更进一步满足抗 11 级风(风速 46.5 米/秒)的标准要求,大大增加了抵抗恶劣海况的能力。

在耐波性和操纵性方面,通过采用控制气泡干扰的船型一体化设计技术,结合高腹板舭龙骨及特殊设计的耐波性船型,可实现 4 级海况 ROV 收放,5 级海况漂泊调查作业,7 级海况安全航行;通过采用大功率全回转吊舱电力推进系统,结合侧推装置的应用,具备极为出色的动力定位能力。

该船安装的动力定位能使船舶在海况 1.5 节流 6 级风时实现定点定位。船舶的定位精度为 0～3 米,船首向±10 度可靠控位。

在环境静音方面,这是 ABB 新一代 D 型 Azipod 吊舱式推进系统和新一代 ΛCS880 型低噪声变频器首次在科考船上应用,并采用发电机组双层隔振等多种先进的减振降噪措施,使该船水下辐射噪声得以最大限度的降低,满足 11 节时 DNV 的 SILENT - A+S 要求。

在践行国家对关键科学考察设备自主可控的国产化要求方面,"实验6"号更是积极响应、迈出了重要一步,实现国产大容量地震空压机的首次装船应用并取得成功。

得益于采用高效节能型发电机组和先进的变频电力推进技术、优化居住舱室和实验室布置、合理分配各种不同科学考察项目需求的用电负荷、优化科学考察设备配置和作业流程、采用轻质材料等措施,"实验6"号具有吨位适中、操作灵活、科学考察功能强大、运行成本低等特点。

该船设计特点如下:

1) 主尺度选取

船长、型宽、型深等主尺度的选取,兼顾快速性、稳性、经济性、耐波性、科学考察作业便利性等诸方面的要求。

考虑到该船主要航行海域为南海,海况较我国其他海域更复杂,考虑到恶劣海况下的耐波性要求,船长不宜太短,故该船总长约90米。

远洋科考船还需考虑充分的抗风稳性,该船在满足规范要求的完整稳性衡准(阵风10级)基础上又提高一个等级,满足我国船舶标准对阵风11级的抗风力要求,这就要求船型水线面面积不能太小,空船重心不能太高,所以该船型宽取为17米,型深8米。

考虑到港口水深、螺旋桨出水概率、科学考察作业干舷以及降低大风浪中摇摆运动的耐波性要求,该船设计吃水为5.2米,满载吃水约5.5米,结构吃水5.7米,预留了约0.2米的加改装余量。

层高方面,考虑到作为工作场所的实验室利用率较高,同时科考船风管和电缆多的突出特点,该船层高较一般科考船船型适当加高,保证科学考察人员有一个宽敞的工作环境,并保证船厂有足够的管缆布置空间。

2) 线型设计

该船线型设计充分借鉴国内、外优秀科考船的设计经验,艏部采用兼顾水动力性能和水下辐射噪声要求的小球鼻;舯部横剖面略丰满,水线处向艏、艉的线型过渡缓和,避免两端过于尖瘦的"枣核"型特征,可有效地提高耐波性;艉部线型在安装吊舱的区域增加凸台,增加了浸深,并可保证吊舱在360度回转过程中螺旋桨的吃水基本保持不变,避免因倾斜时线型带来的吊舱"外八字"安装,导致螺旋桨在转到舷侧时,因距离水面太近导致的飞车现象。

该船需布置较多的大型专业调查设备,需要较宽阔的甲板面积和舱容,但过宽的船型势必造成较大的航行阻力。为最大限度地降低航行阻力,该船设计中在保证必要工作甲板面积的前提下尽可能减小船体的宽度,保持较好的流线型设计,从而大大降低航行阻力,同时也有效地减少建造材料的用量及推进功率的配备。

船底区域,多波束安装处的线型采用了中国船舶及海洋工程设计研究院的"控制气泡干扰性的船型一体化设计技术",通过分析艏部水线处气泡下泄路径,综合考虑球鼻高度、舷侧推装置位置的影响,优化调整船底平底线形状,使多波束换能器全部包藏在主船体线型内,既保证了船体阻力的最优化,同时也确保在规定海况下多波束等换能器不受下泄气泡的干扰。

该船采用高腹板三角形舭龙骨,提高各个航速下的抗横摇性能;面积适当加大,保证航向稳定性,适当提高抗横摇性。

3）总布置优化

该船综合考虑了船舶系统和科学考察系统的要求。

（1）科学考察布置优化。根据"够用、实用、好用"的原则,综合考虑科学考察流程的人员流、样品流、信息流的走向要求,合理规划实验室布局,功能相近实验室尽量互相靠近并集中设置。一方面采取了烟囱左置、舱室右舷L形的主流布局,以及干/湿通用实验室结合专用实验室的思路;另一方面在艉部作业甲板预留了较大的低舷作业空间,既有利于科学考察作业操作和将来的空间扩展,也为可移动式集装箱实验室上船安装提供了便利。此外,通过设置较人的艉部遮蔽作业甲板空间,可保证较好的科学考察工作环境。

地球物理调查作业采用移动式安装,在非地球物理调查航次,相关设备可储存在岸上,从而使甲板作业面积和有效负载得到充分利用。

　　艉楼甲板设有外走廊,便于海上科学考察作业时科学考察人员的实时观察,同时也加大了船员室外活动的空间。

　　(2) 生活环境优化。该船所有人员均居住在采光通风条件较好、同时远离水面波浪影响的主甲板以上;人员居住集中,船员和科学考察人员分层居住,便于管理且可避免相互干扰;船上所有床铺均为单铺,所有舱室均设有独立卫生间,人员生活区域的每层甲板均设茶水间、洗衣间、储藏室和公厕,极大地方便了船上人员的生活。

　　4) 推进装置优化

　　考虑到科考船科学考察作业时对定点、定位能力的高要求,该船采用吊舱推进,具有机动性能优越、动力定位能力强的特点。该船配置 ABB 最新研发的 D 型吊舱(见图 5-30),与传统 C 型吊舱(见图 5-31)相比有如下明显的优势:

图 5-30　D 型吊舱

图 5-31　传统 C 型吊舱

　　(1) 采用水冷加风冷的混合冷却方式,可获得最大的扭矩,从而可降低螺旋桨的转速,用更小的本体获得更大的推力。

（2）推进电机采用异步感应电机，电机价格低，功率高。

（3）吊舱中间段的支臂长度可调，从而可通过加大支臂长度尽量加大吊舱螺旋桨的浸深，降低螺旋桨的出水概率。

（4）吊舱本体侧投影面积加大并在艉端加设短鳍，相当于增加了舵面积，舵效更高。

（5）吊舱本体采用新型铸钢材料，具有强度高、重量轻的特点。

（6）采用了 Field 总线形式，比传统的硬线连接更简单。

（7）吊舱外形优化，提高了水动力性能，燃油最多时可节省约 10％。

（8）吊舱状态可在线监测，比传统手动监测方式提高了可靠性和预见性。

（9）主要磨损部件少，推进器不用拆离船体即可进行密封和轴承更换，48 小时内可完成轴系坞内保养，减少约 30％的售后服务成本。

5）营运经济性

该船为无限航区的综合科考船，科学考察任务组合多样，既有定点、定位作业要求和低速地震作业要求，又有走航测量和巡航速度下的航渡、特殊情况下的最高航速要求，需频繁使用动力定位系统，经常下放便携式声学设备、大型拖体等，要求推进系统的选择应适合作业任务的多变性且有较高的运行效率。采用电力推进方式具有机组配置和布置的灵活性高、安全性能好、操纵性好、机动性好、振动小、噪声低等优点，所以该船选择电力推进形式。该船的吨位与船型选取、专业与综合功能设计，都突显了科考船的经济性，可节省大量的船用燃料，降低运行成本，有效提高科考船的使用率，有利资源的综合利用，保障船舶运行有效性时间和综合维护保养的最佳经济性。

主电站采用多台节能环保型柴油机，可根据用电负荷自动选择发电机运行台数，使机组始终运行于高效工作区域，实现航行与多种作业工况下的最佳燃油经济性，提高船舶使用效率。

该船除通过优化线型、降低阻力，合理配置停泊状态、漂泊状态和巡航状态下的设备组合等来降低燃油消耗量、除节约能源外，还采取了以下措施：

一是优化空调分区,根据作业人员需求,将船员尽量集中到同一层甲板上布置,这样港口或码头停泊时可大大减少空调开启区域,同时中央空调系统采用中速变频控制,达到最佳节能效果;二是全船居住舱室和主要舱室内工作场所均布置局域网接口,使用数字化管理平台进行文件及资料传输,向无纸化办公方向努力;三是提高船载设备和工艺质量,降低使用中维修的工作量,采用新工艺的各种管系接头等附件,以减少跑、冒、滴、漏造成的浪费和污染;四是通过设置海水淡化装置,降低对固定装船淡水的消耗量,除饮用水外,其余生活用水、机舱冷却淡水、实验室用水、甲板冲洗等尽量使用海水淡化水。

6) 环保

(1) 该船的氮氧化物排放满足目前 IMO 最新最严的 Tier‐Ⅲ 要求,通过后处理方法,采用 SCR 技术,可使排放物中的氮氧化物量值控制在 3.4 克/千瓦·时,使得该船可以通航于北美和美国加勒比海氮氧化物排放控制区。

(2) 该船还特别附加 CCS 的 Clean 洁净标志,除满足国际防止船舶造成污染公约要求外,还满足 CCS 规范对船舶防污染结构、设备和操作程序的相应要求,Clean 标志的获得可以提高该船的环保等级、降低对环境的负面影响。

7) 空船重量、重心及电力推进系统谐波控制

小吨位中型科考船的空船重量、重心控制非常关键,不仅关系是否满足抗风稳性,还直接影响载重量和科学考察负载能力,关系科学考察功能能否正常发挥。中型科考船因其载员和科学考察能力的较高要求,通常无法做到一个较合理的水上和水下侧投影比,上层建筑一般显得比较庞大。为此,该船在结构设计、设备布置及采购中采取了多种优化措施,如在满足支撑强度和振动要求的前提下,尽量减少上层建筑内舱壁的数量;较重的设备尽量布置在低位;采用轻质家具、铝蜂窝板、穿孔外梯踏步和镁铝合金电缆托架等。

该船既配置先进的全电力推进系统,又设置专业的声学调查设备。交流推进电机在船舶推进上的应用,其关键技术是要解决交流电机的调速控制问题,而变频调速的方式是较合适的。但是由于变频器使用了数量多、功率大的开关

元件,存在电网功率因数低和高次谐波难以消除等缺点,为此进行了谐波计算分析,减少谐波干扰对船舶各系统的影响。

显然,谐波干扰和短路电流这两个参数指标是相互制约的。该船电力推进系统由设备厂商整套提供,包括发电机、变频变压器、变频器、配电板、滤波器、大功率设备的电机(如舵桨合一全回转电力推进装置、艏侧推装置)等关键设备,通过进行谐波计算分析后,由设备厂商从统筹的角度对设备的参数进行调整,使该系统在满足谐波要求的前提下,提高其经济性。

谐波成分大的电源电缆与其他电缆需要用不同的电缆托架进行敷设,尤其必须与无线电通信、声学设备、网络设备等敏感设备的信号电缆分开敷设,将谐波成分对弱电信号产生的影响降至最低。

8) 减振降噪

(1) 在舱室布置上,尽可能将产生噪声的舱室集中布置,如应急发电机室和空调机室尽量靠近。将产生噪声的舱室和居住舱室分开、远离或加以隔离。居住舱室和实验舱室保持一定距离,防止噪声直接传播。在结构设计上尽量确保连续性,同时要求结构件上下对齐。为了减少居住舱室之间的干扰和内走道及居住舱室之间的干扰,在上层建筑内走道与居住舱室、居住舱室与居住舱室之间的钢围壁上敷设隔声材料。

(2) 对发出噪声较大的舱室、主机基座、辅机基座,以及需要避开噪声的舱室,如应急发电机室、空调机室,以及机舱集控室、综合仪器室、声学设备间等,敷设高阻尼材料,减少舱室围壁的振动,减少产生噪声或阻止噪声的传播。

(3) 对主柴油发电机组和停泊柴油发电机组采取双层隔振,应急柴油发电机组采用弹性减震器安装。在机舱集控室地板敷设浮动地板,减少机舱主机振动产生的影响。主要设备基座(如空压机、风机等)采取弹性安装。大功率的泵组(如海水冷却泵、淡水冷却泵、空调冷却水泵等)采取弹性安装且进、出口采用软管连接。

在柴油发电机组排气管路中设置优质消声器。此外采用中压低噪声离心通风机变频调速控制,在满足空调工况及系统阻力前提下,具有较低的送风噪声以及运转平稳、振动小的优点。在通风管道上设置必要的消声附件,选择进口优质送风末端,使空调舱室内噪声控制在要求的范围内。

该船因其适中的吨位、性能先进、宽敞的作业甲板面积和舒适的居住空间,得到国内海洋科学考察领域多家使用单位的赞誉。

二十八、海洋综合科考实习船"中山大学"号

2021年6月26日,由中国船舶及海洋工程设计研究院为中山大学研发设计、江南造船集团建造的6000吨级海洋综合科考实习船"中山大学"号(见图5-32)成功交付。

图5-32　海洋综合科考实习船"中山大学"号

"中山大学"号海洋综合科考实习船是教育部为服务国家战略和"海上丝绸之路"倡议,服务国家经济社会发展需求,在2016年6月批复的重大建设项目。该船总长114.3米,设计排水量6848吨,是目前国内排水量最大、综合科学考察性能最强、创新设计亮点最多的海洋综合科考船。

该船实现了"1234"总体构想：① 体现"一个主体"，适应国家战略部署，紧紧围绕以国际、国内最基础、最前沿海洋科学问题，服务国家、地方海洋产业发展和创新人才培养为主体。② 搭建"两大平台"。建设国际领先的海上移动探测和监测平台，世界一流的海洋科学和海洋工程人才培养平台。③ 具备"三位一体"。集多学科、多功能、多技术手段为一体，集海域、陆域、空域为一体，集信息采集、传输与分析处理为一体。④ 形成"四大特色"。甲板操纵自动化、信息分析实时化、科学考察作业高效化、船体功能示范化。

该船船长 114.30 米，型宽 21.4 米，型深 9.25 米，设计吃水 6.00 米，总吨位 8 000，定员 100 人，经济/最高航航速 12.0/16.54 节，续航力 15 000 海里，自持力 60 天，入级中国船级社。

该船的主要实验室：通用湿实验室、通用干实验室、科学考察实验室、通用洁净实验室、温控实验室、走航海水分析实验室等。

该船配置了全海深深水、中水、浅水多波束、浅地层剖面仪、超短基线、声学多普勒流速剖面仪、鱼探仪、电视抓斗。

该船的主要科学考察支撑设备：① 固定安装设备。CTD 绞车两台（12 000 米/10 000 米），光电缆绞车两台（5 000 米/18 000 米），3 000 米水文生物绞车 1 台；② 移动安装（集装箱）设备。6 000 米 ROV 绞车，变水层拖曳绞车，3 000 米数字地震电缆绞车，240 道数字地震系统。

该船在主甲板艉部配置了 30 吨 A 型架 1 台，艉部右舷舷侧伸缩臂吊机（25 吨）1 台，CTD 采水收放装置（6 吨），登艇甲板伸缩折臂吊（20 吨×16 米）1 台，艏楼甲板艏部伸缩折臂吊（1.5 吨×16 米）1 台。

"中山大学"号是当前国内排水量最大（除极地考察船外）、综合科学考察能力最强、创新设计亮点最多的海洋综合科考船。其主要设计特点：

1) 快速性和经济性指标优异，达到国际先进水平

该船经试航测定，单台发电机运行时航速达到 12.00 节（设计预估值 11.5 节），双机运行时航速达到 14.97 节（设计值 14.5 节），三台电机运行最大

航速达到 16.54 节(设计目标值 16.00 节),快速性和经济性指标均优于技术规格书的要求。

该船采用德国变转速柴油机,对应的发电机组功率分别为 3 050 千瓦(3 台)、1 090 千瓦(1 台)。经试验测定,在定转速情况下,无论是经济航速运行工况(单机),还是巡航航速运行工况(双机),电站负荷均处于 75%～85%之间,该区间是电站运行的最佳负荷区以及柴油机的最佳油耗运行区。经计算该船如以单机 11.5 节的经济航速运行,日耗油量为 11～12 吨,如果柴油机以变转速模式运行,则油耗水平更低。

2)防气泡隐形球首一体化设计确保嵌入式声学换能器整体性能

科考船艏部设置有较多嵌入式声学设备,风浪中艏部产生的气泡极易下泄至设备位置,对其测量性能和精度产生不利影响,为解决这一技术难题,该船采用了防气泡隐形球艏一体化设计(发明专利),既可引导气泡按不影响换能器工作的路径向船后下泄,又兼顾了船舶航行快速性和经济性,确保船舶整体性能的实现和提高。

3)首次采用轮缘永磁侧推装置,全船减振降噪效果明显

采用常规侧推装置的科考船在动力定位工况下一直存在如何进一步降低噪声的问题。轮缘永磁侧推装置可有效地减少振动、降低噪声、并简化维护保养工作,优化 DP-1 工况下的科学考察作业条件和居住环境。

该船首次采用轮缘永磁侧推装置,通过设计和建造的层层把关,经过实船测试,14.5 节巡航航速和动力定位 DP-1 工况下,完全满足中国船级社规范 2 级舒适度要求,达到规格书要求。巡航航速 14.5 节工况时,超过 90%的居住舱室满足中国船级社规范最高舒适度要求(不大于 49 分贝)。

4)槽道式侧推封盖实现曲面一体化

采用的隧道式侧推封盖在关闭时与船体三维曲线完全一致,实现了曲面一体化。该技术有效地解决了侧推槽道内易产生涡旋和气泡对水下声学设备造成的不利影响;同时保证了船体完整性,使得船体阻力更小,油耗更低。

5）首次采用全航速主动式减摇鳍，提高作业海况的适应性

该船设置 1 对全航速主动式减摇鳍，综合了传统低速下被动可控式减摇水舱和有航速下固定减摇鳍的优点，极大地提高了从零航速到机动航速下的全航速海况适应性，提高科学考察作业效率，降低晕船率。

6）直流母排＋储能蓄电池，实现全电力推进中的超静音科学考察

该船首次采用了直流母排＋储能蓄电池的配置，能够有效地降低柴油机燃油消耗量和废气排放量，动态调节电网能量，快速抑制电压波动，从而提高能量利用率和电能质量；电池系统的引入能起到削峰填谷和为超静音工况单独供电的作用，保障科学考察数据采集和处理的精度；通过电能质量优化方案，可大幅度优化电力推进设备的电能品质；该船谐波抑制措施完善，通过使用清洁电网控制技术，使全船交流电网的供电质量得到较大提升。该船试航实测数据远优于中国船级社规范和技术规格书对总谐波失真的相关要求；电站功率配置合理，柴油机定转速情况下各典型工况发电机均运行在经济点附近，营运成本控制得当，如采用变转速模式，则可进一步降低营运成本。

7）集装箱专用储藏舱满足科学考察调查的迫切需求

该船设集装箱专用储藏舱（艉部设备舱），内部可存放 4 个 20 英尺的标准集装箱，通过专门设计的集装箱移运装置为不同科学考察任务提供多种模块化储存解决方案，满足科学家对科学考察存储空间的迫切要求。

8）首次采用 L 型全回转低噪声推进器，满足挪威船级社水下辐射噪声要求

该船为国内首次采用 L 型全回转低噪声推进器的科考船，经实船测试，水下辐射噪声水平满足在 14.5 节航速下 DNV Silent A＋S 的要求，满足在 10 节航速下 DNV Silent F 的要求，该船水下辐射噪声为当前国内、外所有全回转推进科考船船型的最高水平。

9）直升机起降平台的设置加强科学考察人员和物资转运能力

该船艏部布置有直升机起降平台，极大提高了该船科学考察人员的输送和物资转运能力，同时也从三维空间上加大了科学考察观测的范围。

10) 专用无人机库和无人艇集装箱

为适应未来无人装备的发展趋势,该船设有专用无人机机库及无人艇集装箱,可满足多样化的无人科学考察需求,实现无人装备集群式布放。

11) 升降式艉滚筒提供缆绳保护和灵活运用甲板空间

该船升降式艉滚筒可通过升降调整成为不同拖曳设备的防磨滚筒,大幅度降低缆绳和船体结构之间的摩擦;该滚筒降低后可完全收藏于甲板下,极大拓展了艉部作业甲板的空间。

12) 罗经甲板设科学考察观察室,有助于提高科学考察观测能力

现代科考船对顶部科学考察空间和实验要求越来越高,该船在罗经平台设置了专用的科学考察观察室,位置较高,且空间独立,为科学家在海上观测创造了较好的视线和观测条件。

13) 天气雷达安装专用平台满足气象调查高精度要求

为满足气象调查学科的较高要求,该船罗经甲板布置有专业的天气雷达,安装精度要求高、难度大,对变形量、振动性能、谐波、电磁干扰均有较高的要求,为此专门设计了门字型天气雷达安装平台,与船舶雷达主桅形成一体化设计,确保了该船在航行安全的前提下实现全方位、高精度的气象调查作业。

2021 年 5 月 9—17 日该船以出色的海试结果通过常规性能试航测试,并顺利完成水下辐射噪声测量。该船水下辐射噪声水平满足在 14.5 节航速下 DNV Silent A＋S 的要求并取得相应的证书、满足在 10 节航速下 DNV Silent F 的要求并取得相应的证书,为当前国内、外全回转推进科考船水下辐射噪声的最高水平。

第六章
经略海洋、近海调查

第一节　概　　述

我国对海洋资源调查开发、利用、保护意识的不断加深,在建设海洋强国和维护国家海洋权益思想指导下,对科考船研发设计建造尽管起步较晚,但发展较快,科考船从旧装改造,自行设计研制步入世界先进水平。

新中国成立前,由于无科学考察装备,我国对周边海洋资源了解甚少。新中国成立后,随着国家经济的发展以及国防建设的需要,先后建造了多艘近海综合专业科考船,如改装的"金星"号海洋调查船和自行设计的"气象1"号气象调查船,1963年改装的由李四光亲自提名的"星光一"号、"星光二"号物探船,1973年建造的"海洋一号"和"海洋二号"海洋地质调查船等。这些科考船在本书第二至五章已经作了专门介绍。这一时期根据需要,国家拨出专款先后建造了"奋斗者四号"、"奋斗者五号"、"兴业"号地质调查船、"润江1"号、"延平二"号、"东远01"号、"东远02"号和水面双体调查船等等综合调查船,清华大学的"清研海试1"号试验母船,"勘407"号、"业治峥"号海洋地质调查船,还有"中国考古01"号海洋考古船等,这些科考船在我国近海海洋化学、生物、气象、地质、物理、地貌勘探等方面的调查中发挥了重要作用。

第二节　典型科考船

一、"奋斗四号"和"奋斗五号"海洋地质调查船

"奋斗四号"(见图 6-1)由广州造船厂建造,于 1978 年交付使用,隶属于广州海洋地质调查局。该船船长 69 米,型宽 10 米,吃水 3.5 米,满载排水量 1 200 吨,双机、单机功率 1 100 马力,可调螺距螺旋桨,航速 16 节,续航力 6 000 海里,自持力 30 天,定员 70 人。

该船可进行海底地质取样、振动活塞取样、地震、重力、磁力、深中浅水多波束等测量以及各种水文、海洋工程调查。1992 年 3 月"奋斗四号"对南沙海域开展了以气源为主的,集重力、磁力、测深、多道地震等方法为一体的海洋地质地球物理综合调查。2014 年"奋斗四号"全年出航 6 个航次,海上作业 147 天,执

图 6-1　"奋斗四号"海洋地质调查船

行多个海域地质调查任务,完成多波束测量 27 900 千米,综合物探 2 700 千米,多道地震 1 400 千米。

2015 年 8 月由中国地质调查局广州海洋地质调查局"探宝"号和"奋斗四号"两艘调查船组成的地质科学考察团队前往我国南海相关海域进行为期一周的双船地震勘探。双船地震探测具有精确定位和实现灵活勘探的优点。

"奋斗五号"(见图 6-2)和"奋斗四号"是姊妹船,均由广州造船厂建造,前者于 1980 年交船,隶属于广州海洋地质调查局。该船可承担钻探、多波束测量、地质取样、多道地震、工程物探、海洋重力磁力等调查工作,可开展地球物理调查、环境调查和工程地质调查。船上装备有导航定位系统、振动活塞取样器(主要是取底层沉积样品)、箱式取样器(抓取表层样品)、大型活塞取样器、拖网取样器。可开展深水项目调查,最深可达 400 米。

该船先后承担南沙油气调查、珠江口油气调查、天然气水合物专项调查等多项重大项目调查,最远曾开赴曾母暗沙。1999 年 10 月 11 日,"奋斗五号"缓缓离开了广州长洲黄埔军校码头,此航次的任务是通过高分辨率的多道地震调

图 6-2　海洋地质调查船"奋斗五号"

查,判别我国南海北部陆坡西沙海槽区存在天然气化合物的可能性。经过20多天的工作,完成了3条设计测线534.3千米的调查。经过1个月的信息处理,此次航行发现了识别海域天然气水合物存在的重要地球物理标志,再结合其他的相关信息,推测出此区域存在天然气水合物。广州海洋地质调查局第二海洋大队将调查成果上报国务院,时任国务院副总理的温家宝批示:"在南海发现天然气水合物存在的似海底反射波,意味着这类新资源在我国零的突破。"

"奋斗五号"自2015年3月11日出海,共完成5个调查航次,海上工作128天。该船先后在乐东幅、三沙幅、厦门幅、泉州幅等区域完成多波束测量7 665千米,单道、浅剖、测深等综合物探3 988千米,走航海流481千米,海流观测、温盐深与取水等76站次,浅钻5次,并完成冷泉观测、海床静力触探、保压取样等试验任务。

"奋斗五号"在安全工作、质量控制以及生产进度等方面取得突破。

二、工程地质调查船"勘407"号

上海海洋石油局为了解决东海石油钻井井位工程地质调查,确保钻井平台的安全及近海海域工程地质调查的需要,1981年决定将原三用工作船"勘407"号(见图6-3)改装成海洋工程地质调查船。

图6-3　工程地质调查船"勘407"号

该船由海洋地质调查局技术装备研究所改装设计,上海东海船厂改装。改装后,该船成为一艘近海工程地质浅层地球物理调查船,配有浅钻、物探仪器等设备,可进行海底钻探取样、振动活塞取样、土工简易测试、测深、浅地层剖面调查、电火花调查、旁测声呐扫描等作业。

该船船长 56.4 米,型宽 12.5 米,吃水 6.2 米,排水量 1 600 吨,航速 9 节,续航力 7 000 海里,动力装置 MET KRMB‐9 柴油机,功率 1 654 千瓦,转速 825 转/分。配备科考设备,科研鱼探仪系统、雷达波浪测试仪、船舶姿态测试仪等。

1983—1993 年,"勘 407"号工程地质调查船在东海进行 50 个石油钻井井位的调查,并配合完成了东海西部 1∶100 万比例尺区域工程地质调查,开展了系统的浅地层剖面、测深调查及旁侧声呐扫描,还为国外公司、国内石油单位、海洋地质调查单位完成了大量井位工程地质调查、海上工程地质调查,其范围北到渤海、黄海,南到南海珠江口、香港地区等。调查的项目包括核电站选址、港湾码头、海洋地质灾害、沉船、海底管线,危险物,海底沉积,地形地貌调查等。2012 年该船完成的舟山海域海底淡水资源调查与评价项目创全国全断面取芯240 米的纪录。2013 年东海环境效应研究项目,再次刷新了国内全断面取芯纪录,深度达到 300 米,同时也是我国大陆架科学钻探首次孔深超过 300 米。

三、海洋地质调查船"探宝号"

1993 年广州海洋地质调查局从美国西部地球物理公司购进 1978 年 9 月日本建造的海洋地质调查船,改装后取名为"探宝号"(见图 6‐4)。

该船长 87 米,型宽 14 米,吃水 5 米,经过多次改装后成为具备承担高分辨率、常规、低频深水油气地震调查的多功能地质调查船。

2003 年"探宝号"在国内首次成功开展了单船的长排列大容量震源地震采集、海底地震仪及其他物探方法联合同步作业,在南海北部深水区获得了清晰的海底中、深部地质资料以及地球深部反射信号。

图 6-4　"探宝号"海洋地质调查船

2014 年 3 月至 11 月，"探宝号"出海 7 个航次（段）作业时间 209 天，先后在琼东南、西沙、东沙南海中部以及西太平洋等多个海域执行了多道地震、单道地震等综合物探调查，完成了多道地震（包括重力、磁力以及测深等）1.5 万千米，单道地震等综合物探调查 1 350 千米。

四、科考船"海大号"

"海大号"（见图 6-5）为全焊接、钢质多用途科考船，船体上下共五层，具有 360 度环视的驾驶台。"海大号"主要作业内容包括二缆三维物探调查作业、4 000 米海洋电法调查深拖作业、专业沉积环境物探走航调查、专业地质调查与水文生物调查、专业 ROV 调查、海底设施检测与深海现场监测和 150 米以内浅海域 300 米岩芯钻探。该船弥补了国内海底三维地震监测和海洋地质调查深拖作业空白。

该船总长 68 米，型宽 15.6 米，型深 7.6 米，吃水 2.25 米，排水量 2 650 吨，续航力 5 000 海里，自持力 30 天，最高航速 13 节，定员 49 人。

图 6-5　"海大号"

2014 年 5 月"海大号"赴东海执行为期 60 天的科学考察任务。该次航次搭载多名科学家和技术人员,主要任务是海洋地质调查,并对地质采样进行分析和观测。

五、综合调查船"延平 2 号"

"延平 2 号"(见图 6-6)是一艘 800 吨级卫星导航海洋综合调查船,船上设有物理、地质、浮游生物、底栖生物、微生物、海洋化学等专门实验室,并配备有测绘型卫星定位系统、红外测距仪、浅地层剖面仪、回声测深仪、油压钻机、自记式海流计、测波仪、水位计、3 000 米深水绞车等海洋工程水文地质勘察设备和原子光谱仪、气相色谱仪、高速冷冻离心机、矿物鉴定仪等实验室分析仪器,可在中国沿海全海域进行各种海洋科学调查活动。

该船船长 52.6 米,型宽 8.68 米,吃水 3.4 米,排水量 818 吨,航速 16.35 节,续航力 2 500 海里,自持力 45 天。

图6-6 综合调查船"延平2号"

2012年"延平2号"调查船完成福建省地震局船载震源系统"福建及台湾海峡地壳深部构造陆海联测"项目海测任务。福建省地震局于2013年成功设计研发中国地震系统第一套船载式气枪震源系统,可满足在江河湖海等不同水域进行走航式和固定式激发作业的需求,并已在"延平2号"船上进行多次实验验证。

六、穿浪型双体调查船"东远01"号

我国穿浪型双体船设计技术从1997年开始起步。在国家经济动员办的支持下,北京中船东远科技发展有限公司组织有关科研院所进过近五年时间,在消化吸收国外船型设计技术的基础上,通过性能研究和试验,掌握了穿浪型双体船设计的关键技术。穿浪型双体调查船"东远01"号是在综合分析"海峡"号综合性能的基础上,结合建设使命任务提出建造的。该船于2007年开工建造,2009年12月交付使用。该船船名为"东远01"号(见图6-7),舷号为北调990。

图 6-7　穿浪型双体调查船"东远 01"号

该船船长 60 米,型宽 18 米,片体宽 3.5 米,型深 5.9 米,最大吃水 2.2 米,设计排水量 380 吨,航速 35 节,续航力 1 000 海里,自持力 7 天,定员 8 人。

该船为穿浪、双体船型全铝合金船体,推进动力为高速柴油机,四机四泵喷水推进方式,具有速度快、兴波阻力小、耐波性好、装载容积大、稳性好等特点和良好的操纵性,能够实现原地回转,是目前我国吨位最大的高速穿浪型双体船,主要用于海洋调查、海上运输、海上救援等近海任务。该船内部设有会议室、多功能厅和 60 平方米专用实验室,配有航态调整系统、地形、地貌勘测系统、内外部通信系统、高压细水雾灭火系统、水文测量装置、回收绞车、1 吨水文吊杆等实验设备。该船艉部湿甲板设有直径 1.6 米通海试验月池,可用于测量设备直通海底的布放,配有 380 伏、220 伏、24 伏、低噪声电源和 UPS 电源等。

七、小水线面双体调查船"东远 02"号

小水线面双体调查船"东远 02"号(航号为"北调 991")(见图 6-8),由中船东远科技有限公司、中国船舶科学研究中心、中国舰船研究设计中心联合设计

的一艘小水线面双体船,于 2005 年 12 月在武昌船舶重工有限责任公司开工建造,2008 年 4 月交船。

图 6-8　小水线面双体调查船"东远02"号

该船船长 64 米,型宽 23 米,潜体宽度 5、1 米,最大吃水 5 米,排水量 1 441 吨,最高航速 11 节,最低航速 3 节,续航力 1 500 海里,自持力 7 天,定员 32 人。

该船采用综合电力推进,钢质,主要配套设备如柴油机、发电机、电力推进系统等均由国内中船集团公司所属厂所集成。2008 年 4 月在大连测控技术研究所投入使用。该船具有耐波性好、操纵性好、油耗低、作业甲板宽敞、特装技术先进等特点,可在低速下开展拖曳调查试验、海洋工程施工、海上救援等任务。受吨位限制,"东远 02"号主体钢板厚度仅 8 毫米,油水储备量也不足百吨,存在试验预留改装能力低,续航力不足,出海试验补给频繁等问题,在执行南海工作任务期间因以上因素的限制,不同程度地降低了该船的工作效率。

"东远 02"号船交付后,为满足设计航区以外较大深度海上工程保障任务,对该船进行了适应性改装,主要内容包括艉部加装 A 型架和联合液压站,更换原有水文绞车,艉部局部结构加强,舯部月池加装跨井桥架,月池上方液压吊车改造以及船中局部结构加强等。

"东远02"号两片体中部31♯～79♯肋位处设有较大的露天月池,上方设有4吨固定升降回转装置和2吨可纵、横移动升降回转装置各一台,其行程可达船底下6米,回转精度1度,能实现大、中型被试设备的水下精确定位和完成水下11米,航速不大于3节的航行作业任务。月池上方设有滑移平台车两台,同时还配有跨月池桥架和承重3吨重型绞车各一台。为配合试验,在月池上方救生甲板右舷设有4吨起重机一台,吊臂可达舷外3.5米。

艉部配有承重5吨的A型架一台,3吨和5吨拖曳绞车各一台。20吨折臂吊一台,500米水文绞车一台,另配有激光测距仪、平台罗经、水声通信机、卫通C站、F站综合导航控制台、测深仪、电子海图仪,配有380伏、220伏、24伏的低噪声电源、UPS电源、浮态调整系统、全船监控系统等。

"东远02"号船尾部试验甲板面积为120平方米,设有5个实验室,船中部、两舷各两个,船尾部一个,总面积约125平方米。设大型会议室、试验指挥中心、餐厅等功能舱室及配套设施等。改装后的"东远02"号虽然总重量增加23.8吨,但总体性能经计算没有发生大的改变,只是减少了该船富裕吃水。针对不同任务对船舶的适应性改装,大大拓宽了该船承担的海上保障任务面,有效地发挥了小水线面双体船宽敞的甲板作业空间的优势。

八、多用途调查船"东远3"号

多用途调查船"东远3"号(也称为"北调993")(见图6-9)由中国舰船研究设计中心设计,全钢质单体船,采用中速柴油机,双机、双桨的推进方式。2001年交付使用。该船具有操纵性好、改装裕度大,推进系统稳定、作业甲板宽敞、特种装备技术先进等特点。2012年,又通过改装油舱水舱,提升了船舶的续航力、自持力等主要技术指标,可承担沿海以及南海南部(部分海域)海洋环境调查、地质勘探等任务。

该船船长86米,型宽14米,型深6.8米,最大吃水3.9米,排水量2 325吨,航速16节,续航力2 000海里,自制力20天,定员20人。

图 6-9　多用途调查船"东远 3"号

　　船首球鼻艏舱选用特殊材料制造,具备透声功能,水平范围大于±90度;在81♯~91♯肋位处设有直径为6.4米的露天水井,上方设有一台20吨升降回转装置,行程达水下9米。

　　配备200千瓦艏侧推装置,便于离靠码头和静态试验时调整船位,在船首配有8吨、跨距为12米伸缩起重机。船尾配有3吨、跨距为13.5米起重机。在艉部右舷、舯部左、右舷分别配有100千克、200千克、300千克3台手动回转水文绞车。该船配有380伏、220伏、24伏低噪声电源和UPS电源。平台罗经设水下通信机、电子海图、综合导航显控台、全船监视系统以及船舶通信导航设备。

　　该船还加装了UCTD、船基边界层、波浪监测系统、万米测试仪、ADCP等海洋调查设备;艏部加装1 500米水文吊,艉部增加3 000米地质取样绞车、液压吊、重力绞缆车、线阵绞车、5吨龙门架等试验拖曳设施。

　　该船设有四个实验室,分布于艏部、舯部和艉部,总面积120平方米,设有专门的会议室、餐厅、试验指挥中心等。

九、地质调查船"兴业"号

2001年3月地质调查船"兴业"号(见图6-10)建成交付使用。该船隶属于上海海洋石油物探公司。

图6-10　地质调查船"兴业"号

该船船长43.5米,型宽7.6米,吃水2.8米,排水量455吨,航速12.5节,作业水深约400米,续航力3 500海里,自持力30天,定员24人(其中科研人员10人)。动力装置两台6190ZLC柴油机,功率330千瓦,三台1 Fc6型发电机,功率64×3千瓦。科研设备有多波束测深仪系统,用于重磁、多波束、取样等调查,可兼浅层物探调查。目前该船已加入国家海洋调查船队。"兴业"号主要适用于海洋地质综合调查,海洋工程地质,物探及多波束测深。曾参与国家海洋专项多波束测深、东海春晓气田群海底管线路调查、东海残雪三井场调查、东海西部陆架多波束海底地形勘测、平湖油气田海底输气管道检测、1∶100万上海幅浅地层调查等。先后完成黄海、东海多波束测深和旁测声呐扫测任务。

十、近海科考船"创新"号

近海科考船"创新"号(见图 6-11)为小型科考船,由中国科学院海洋研究所出资建造,用于胶州湾及青岛近海科学考察及承担交通补给任务。该船的建造和投入使用,为近海科学考察的顺利进行提供强有力的支撑。

该船船长 17.52 米,型宽 4.5 米,型深 2 米,吃水 1.2 米,总吨位 44,最高航速 15 节,最低航速 4 节,自持力 4 天,定员 33 人。该船由江苏无锡市红胜造船厂建造,于 2005 年 10 月开工,于 2006 年 5 月下水,于 2006 年 9 月交付中国科学院海洋研究所。

图 6-11　近海科考船"创新"号

船上配两台斯太尔发动机,双机、双桨推进,发电机功率 140 千瓦。该船设有两个实验室,内设月池和活水水槽,可在室内施放多种水下仪器和进行各种测试、分析。前、后甲板上各配一台电动采样绞车及小吊杆,后甲板配一台 0.5 吨伸缩式小型折臂吊,便于仪器的布放,前后舱内均配有工作实验台,驾驶台配有先进的导航指挥系统及 GPS、测深仪、雷达等助航设备,整船操作自如,运行方便。

2006 年 10 月 17 至 19 日,近海科考船"创新"号在胶州湾内进行了首次科学调查,船员、监测人员共 21 人参加。在监测中,该船体现了较好的总体性能。

此次首航监测海上航行 140 多千米,共采样 14 个站位,完成 30 个采样水层,共采集浮游动物、浮游植物、叶绿素、透明度、5 项营养盐等 400 号样品,累积获取 160 米水下连续 CTD 数据,历时 3 天,圆满地完成首航任务。

十一、海洋地质科考船"业治铮"号

业治铮先生是我国著名的海洋地质学者、教育家,中国科学院资深院士,是新中国沉积地质和海洋地质的奠基人和开拓者,是中国古海洋学研究的倡导者,为中国海洋地质事业作出了杰出贡献。青岛海洋地质研究所为铭记他的光辉业绩,继承他的优良作风,弘扬他的治学精神,将投资建造的海洋地质科考船命名为"业治铮"号(见图 6-12)。

图 6-12 海洋地质科考船"业治铮"号

该船船长 57 米,型宽 8.8 米,型深 3.7 米,吃水 2.6 米,排水量 705 吨,航速 16 节,续航力 2 000 海里,自持力 25 大,定员 36 人(其中科研人员 16 人)。该船由山东乳山船厂建造,于 2004 年 11 月交船。

该船是一艘钢质单甲板,长艏楼、方艉、双机、双桨、双舵柴油机驱动、螺旋桨推进的海洋地质调查船,工作区域为我国近海、渤海、黄海、东海区域。动力装置为两台 LB62502C-9 柴油机,单机额定功率 1 103 千瓦,配 2∶1 减速齿轮箱。

该船配备有多波束测深系统、海洋重力测量系统、海洋磁力测量系统。单道地震测量系统及多种具有国际先进水平的科学考察仪器和设备,可承担近海区域地震、地球物理、工程勘探、海洋带环境地质调查等工作,是一艘技术含量高、装备齐全的近海作业科学考察专业船舶。

该船艉部设有液压可前后倾斜的 A 型吊架 1 台,起重能力为 2.5/8.5 吨,后倾时保证 A 架起重线中心距本船尾端距离 2.5 米,同时在船舯相应配置一台 2.5/8.5 吨电动电缆绞车及电控箱。供 A 型架的取样之用。

"业治铮"号可以进行多波束、重力、磁力、单道地震、浅地层剖面、侧扫声呐、地质取样等多种调查作业。可以承担国家近海沿海、海洋地质调查任务。

海洋地质科考船"业治铮"号的投入使用,提高了我国海洋地质科学考察的装备水平,增强了青岛海洋地质研究所的海洋调查能力,为实现海洋地质调查和科学研究的紧密结合提供了重要手段和实力基础。该船为海洋工程地质调查、海洋环境地质调查提供了装备。

2005 年 7 月 2 日,"业治铮"号驶离青岛港,开始执行为期 50 天的国家专项海洋地质调查首航任务。2007 年 6 月"业治铮"号等四艘船驶离码头,开赴南黄海海区、成山头海域执行调查任务。

2009 年 11 月 5 日,远赴东海舟山海域实施作业的海洋地质科考船"业治铮"号,历经 177 天,行程 30 000 千米后停靠在青岛港。此行克服了作业海域复杂海况,实施 1∶100 万舟山海域淡水资源调查任务,超额完成了 2009 年初制订的调查任务。2015 年 6 月 5 日"业治铮"号驶入黄尾屿及赤道的毗邻海域进行海洋调查,并顺利完成科学考察任务。

十二、综合海洋环境调查船"向阳红 08"号

新一代"向阳红 08"号(见图 6-13)由原国家海洋局投资建造,隶属于原国家海洋局北海分局。是一艘 600 吨级的近海调查船。该船于 2008 年 11 月 25 日建成交付使用。

图 6-13　综合海洋环境调查船"向阳红 08"号

该船船长 54.8 米,型宽 8.8 米,吃水 2.4 米,排水量 608.3 吨,航速 11 节,续航力 4 800 海里,自持力 30 天,科学考察人员 24 人。该船配设侧艏推装置和可调距螺旋桨。

"向阳红 08"号上设有集成仪器实验室(湿式实验室)、洁净实验室、低温样品储藏室、干式实验室、后置实验室。甲板配备地质、水文绞车,龙门吊。安装了多波束系统、旁扫声呐系统、中地层剖面系统等先进的物探测量设备。

该船主要承担近海洋环境综合调查、水深地形测量、工程物探、底质取样等工作。船载设备主要有海洋环境自动化监测系统、星站差分 GPS 定位导航系统、多波束测深系统、浅地层剖面探测系统和走航 ADCP[①] 观测系统等。

"向阳红 08"号的海洋生态环境监测技术系统是"863"计划重要成果,实现

---

① 声学多普勒。

了自动取样、水样自动分配、自动分析、数据自动传输等功能。

2015 年 9 月 22 日从青岛启航,11 月 30 日返航,历时 70 天,航程 3 350 海里,"向阳红 08"号圆满地完成了 5 个项目的海洋调查任务。11 月 24 日,"向阳红 08"号在渤海的普兰店湾锚地避风,遭遇历年来少有的大风天气。当时风力达 10 级,风速达到 26 米/秒,"向阳红 08"号左锚锚链被狂风拽断,船长下令紧急抛下右锚。但风力太大,船舶拖锚,船的安全受到威胁。紧急起锚后船长发现右锚已经缠上渔网,又下令对右锚进行清理。彼时海上温度已达零下十几摄氏度,凛冽的寒风如刀子般打在船员的身上。从上午 10 时到下午 3 时,船员们一直坚守在甲板上,直至将锚上的大部分渔网清除。回到舱室时,船员们的手指冻僵麻木,头发上的汗水已经结冰,手套黏在手指上,根本无法摘下来。看到这一幕,船上所有人无不为之动容。

"向阳红 08"船的船员用他们的实际行动给所有人上了一堂课。这种英勇拼搏的精神,只有共同经历过的人才有深切的体验。

自 20 世纪 60 年代以来,北海分局持续开展黄渤海断面调查工作,并根据调查需要,不断调整断面调查频率及断面数量,目前固定为每年开展 4 个航次黄渤海断面调查,从中积累了大量宝贵的海洋调查资料,为海洋水文气象预报和海洋气候变化评估、海洋资源监督管理、海洋科学研究等提供了基础数据。

2020 年 2 月 18 日,"向阳红 52"号、"向阳红 08"号从自然资源部北海分局青岛海洋科学考察基地码头启航,赴黄渤海和渤海海域执行海洋断面调查任务。

海洋断面调查是我国长期开展的一项基础性海洋观测。其目的是通过对调查海域垂直观测剖面进行海洋气象、水文和常规化学项目的长期连续性调查,从而获得近海标准断面周期性和连续性的观测资料,以揭示人类活动对我国近海海洋生态系统的影响。黄渤海区域是陆海相互作用的集中地带,具有复杂的物理生态环境演变特征和区域响应的典型性,也是生态灾害频发的海域,因此定期开展黄渤海断面调查意义重大。

该航次"向阳红 08"船在渤海海域开展海底浅层地质环境要素常规调查。

调查项目包括多波束水深测量、浅地层剖面探测、侧扫声呐调查和底质取样,在调查区完成综合地质调查测线 120 千米,底质取样 4 站。这次调查进一步加深了我国对渤海特定区域浅层地质环境要素的认识。

十三、综合调查船"润江 1"号

综合调查"润江 1"号(见图 6-14)船由浙江欣海船舶设计研究院设计,由舟山润禾海洋科技开发服务有限责任公司建造。

图 6-14　综合调查船"润江 1"号

该船于 2009 年开工建造,于 2010 年 4 月下水,于 2010 年 7 月交船。该船船长 49.56 米,垂线间长 44.75 米,型宽 8.8 米,型深 3.7 米,设计吃水为 2.8 米,满载排水量 659.2 吨,续航力 7 000 海里,自持力 30 天,抗风力达 8 级,适用于近海 6~300 米水深海域作业。该船还设有针对性地设计的地质实验室,综合实验室,冷冻样品库、水文绞车、地质绞车、重力取样等专业科研设备。该船配备了自动识别系统、GPS、测深仪、导航雷达、卫星电话、工作艇等设备,可容纳 18 名科研人员同时在船上连续作业 30 大。该船投入运行以来,已完成科研任务 20 多个航次,深受各大科研院所和海洋工程企业青睐。

2020年9月,浙江大学光电科学与工程学院、浙江大学宁波研究院光电分院成功研制出了国内首台海洋高光谱分辨率激光雷达,与自主研制的海洋弹性激光雷达系统一起参加自然资源部第二海洋研究所组织的航次实验,搭载于"润江1"号上,在东海和南海进行了海上试验,同时参加试验的还有中科院上海技物所、厦门大学、中国海洋大学等单位的科研人员。

十四、海洋考古船"中国考古 01"号

为调查发掘保护水下文化遗产,国家文物局水下文化遗产保护中心委托中国舰船研究设计中心设计"中国考古 01"号(见图 6-15),2012 年 10 月,国家文物局与重庆长航东方船舶工业公司签署考古船建造合同。该船于 2013 年 4 月开工建造,于 2014 年 1 月下水,于 2014 年 5 月交船。该船由国家文物局水下文化遗产保护中心委托国家海洋局北海分局管理。

图 6-15　海洋考古船"中国考古 01"号

该船船长 57.91 米,型宽 10.8 米,型深 4.8 米,吃水 2.6 米,排水量 980 吨,航速 12 节,自持力 30 天,续航力 1 000 海里,定员 30 人(其中船员 8 人,特殊人员含潜水、打捞、考古科技人员共 22 人)。"中国考古 01"号上层建筑共有三

层,不仅设有出水文物保护实验室、潜水工作室、食品间、厨房、餐厅等,还有近20个舱室用于居住,且每个舱室都配有单独的卫生间。该船采用全电力 Z 型推进方式,环保节能。该船配备大量考古用的设备,可对水下遗存物进行测绘记录,摄影、摄像、遗址清理等。船上设有专门的液压折臂吊,最多能从水中吊起 3 吨重的文物。甲板上铺设全柚木地板,防水防潮,当这些湿淋淋的"宝贝"出水后先要放在第一层甲板上进行晒干和清理,可用来晾晒文物的甲板面积有260 平方米。

"中国考古 01"号上配备有勘探设备,在海上勘探到水下遗存文物时,船停在海面上,考古工作者潜入水下工作。船上备有液压折臂吊,专门用来打捞文物。它可以像手臂一样伸出船舷,将海底的文物吊上船,船上有两个特别的船舱,即空气隔离舱和减压舱。深海中的文物与空气隔绝,为了更好地安置文物,船上专门设置了空气隔离舱。减压舱可以帮助潜水的考古人员进行减压。

该船具有三大特点:一是设备齐全。这艘考古船上的设备是一般民用船的两倍,不仅拥有厨房、餐厅、出水文物保护实验室等。船上的两个食品库,可以满足船上人员 30 天工作的食品储备需要,考古船在海上连续工作30 天,不用担心食品和饮用水短缺。二是稳性强。"中国考古 01"号的吨位虽然只有950 吨,却能抵御八级风浪袭击。在时速为 12 海里时,最远能航行到距海岸线200 千米的海域进行工作。在全速状态下,9 小时内就可返回海港。为增加船的稳性,船的重心被降低。此外,还专门设置了能让船更加平稳的减摇水舱。当船在航行时,减摇水舱可以自动根据船舶摆动幅度和摇摆周期进行调节,让船在风浪中更加平稳。三是设空气隔离舱,有效地保护打捞出的文物。

该船的考古仪器设备间装备了可容纳 6 人作业的潜水器,其最高时速 20海里,考古人员可乘坐潜水器潜入水中寻宝。

"中国考古 01"号具有五大功能:

一是为水下考古提供支撑平台。以往水下考古主要依靠租用的渔船进行,相较渔船,该船的空间更大而且能够为水下考古工作提供更多方面的保障。

二是该船配有减压舱。潜水是一个高风险的作业，一旦出现潜水事故，让考古队员越早进入减压舱，其作用是帮助水下作业的考古队员缓解水下压力所造成血压舒展，获得救治的效果越好，是该船潜水安全的应急平台。

三是出水文物的现场保护平台。该船设有出水文物保护实验室，配备了各种化学药品和处理仪器，为出水文物的初步现场保护提供了有力支持。

四是海上人员的作业休整平台。海上作业是一项十分消耗体力的工作，适合水下考古的作业时间比较短，考古人员每天只能在平潮时间进行水下作业，一天中可以下水工作的时间为两、三个小时，因此水下考古对工作效率要求很高。该船可以就近停泊在作业点周边，考古人员潜水之后可以及时上船休整，等待下一个平潮，减少了船舶出港、返港的时间。

五是后勤保障平台。考古队员每天下水工作的时间不固定。该船配合考古队员的工作调整用餐时间，并注意增减饭菜品种，尽量提高饭菜质量，发挥了后勤保障作用。

2014 年 10 月 10 日，"中国考古 01"号在河北唐山海港经济开发区正式启动为期一个月的东坑坨海域 2014 年度水下考古工作。考古部门在唐山东坑坨海域发现的两艘古代沉船，其中"东坑坨 1"号沉船是我国发现的年代最早、文物保存最完整的清代晚期至民国时期的铜皮木船。

2015 年度西沙群岛水下考古由海南省文体厅、国家文物局水下文化遗产保护中心、三沙市人民政府共同组织实施。考古作业范围为永乐环礁海域。由 25 名队员组成的西沙群岛水下考古工作队搭乘以"中国考古 01"号为母船的船队，从文昌清澜港出发，进行为期 45 天的考古发掘。该航次发现大量历代的水下文化遗产。其中"珊瑚岛一号"沉船遗址和"金银岛一号"沉船遗址遗留有大量清代中期石质建筑构件与石雕件。

十五、科考船"向阳红 18"号

科考船"向阳红 18"号(见图 6 - 16)是我国 1 500 吨级中技术较先进的科

考船之一,现用于渤海、黄海、东海、南海等海洋科学考察。

　　该船由中国舰船设计研究中心设计,武昌造船厂建造。该船于 2010 年开工建造,于 2015 年 5 月下水,于 2015 年 12 月交船,由自然资源部第一海洋研究所管理使用。

图 6-16　科考船"向阳红 18"号

　　该船船长 86.4 米,垂线间长 77.8 米,型深 6.4 米,型宽 12.5 米,排水量 1 900 吨,巡航速度 12 节,最高航速 15 节,续航力 8 000 海里,自持力 50 天,满足无限航区要求。

　　该船实验室总面积达 264 平方米,包括通用湿式实验室、通用干式实验室、通用实验室、样品处理实验室、声学仪器操控室。通用实验室兼网络中心、综合仪器室、数据处理中心和驾驶室海气实验区。该船还设置了甲板调查作业设施,适用于物理海洋和大气科学、海气相互作用、地质和地球物理、海洋生态和环境保护、遥感和遥测、海岸带和海洋工程等科学考察作业。

　　"向阳红 18"号可实现的科学目标包括海洋动力过程和灾害性海洋观测,大洋环流与气候变化,海洋地质与地球物理探测,海洋矿物资源、生物资源和基因资源开发,海洋生态系统和碳循环研究,海洋环境保护和海洋经济可持续发展,海洋工程勘察,海洋遥感信息现场真实性检验,海洋高技术研发装置的海试与检定。

"向阳红18"号可承担各大洋区深海海洋科学综合考察,海洋动力环境、地质环境、生态环境、海底资源、能源综合探测、军事海洋学综合观测与实验等重大海上任务,为国家急需解决的海洋资源、能源、国防安全、减轻自然灾害影响等重大海洋科技问题提供技术支撑保障。

"向阳红18"号上搭载的专业调查设备包括深水、浅水多波束、超短基线和表层多要素连续自动测定系统。

此外,"向阳红18"号采用了国内先进的全电力推进系统。当时青岛的科考船中全电力推进系统仅在"科学"号上使用过,此后该项技术成为新建科考船上的"标配"。该船建成交付中国海洋调查船队,为我国海洋事业的发展发挥重要作用。

"向阳红01"号和"向阳红18"号船联合编队从青岛起航,赴黄海等中国近海海域执行调查设备海试任务。此次海试标志着海洋一所已完成科考船管理运行体系的构建,科考船正式进入运行阶段,对深入推进全所科研工作发展具有重要意义。按照计划,"向阳红01"号将主要执行480道地震测量系统的海试任务。该系统是目前国内海洋科研院所同类设备中最先进的装备,技术复杂,集成难度大,对未来进行深部海底地质构造研究具有重要科学价值,是科考船核心调查系统。此次海试的海洋多道数字地震系统包括综合导航子系统、数据采集子系统、气枪震源子系统、水下定位子系统和绞车收放子系统。其中,数据采集电缆长3千米,需要安排船舶进行保驾护航。

此次共同编队出航的"向阳红18"号将为"向阳红01"号执行拖缆护航任务,之后还将开展多波束、超短基线、表层多要素连续采集系统和操控支撑系统等专业调查设备的综合海试任务。

2018年10月7日,自然资源部第一海洋研究所"向阳红18"号从厦门东渡码头起航,开启"2018年综合开放航次"科学考察,并将在中国东部近海开展水

文、地质、化学、生物和遥感多学科的调查与综合研究工作。此航次用时35天，
航程逾4 200海里。

该次中国近海的综合观测与系统研究为进一步探索中国近海自然资源现
状和环境演变、深入开展海陆相互作用以及相关海洋环境热点问题的研究积累
宝贵的第一手资料。

2021年1月20日，"向阳红18"号从福建马尾造船厂舾装码头启航奔赴西
北太平洋，完成新装深海钢缆绞车海试航次后，停靠深海基地码头。该航次是
"向阳红18"号2021年首个航次，历时15天，在西北太平洋海域对船舶总体性
能和新装的8 000米钢缆地质绞车性能进行了测试。经过海试检验，船舶的总
体性能和调查能力得到了提升，调查范围扩展到东印度洋、西北太平洋等深海
大洋，深远海科学考察能力得到了进一步加强。

十六、试验母船"清研海试1"号

"清研海试1"号（见图6-17）是深圳市和清华大学共同拥有的第一艘为
科研和技术开发服务的试验母船，由中国舰船研究设计中心设计，由同方江
新造船有限公司建造。该船于2016年8月开始设计，2016年11月正式开
工建造。

该船船长49.8米，型宽13米，型深4.4米，设计吃水2.9米，设计排水量
1 020吨，入级CCS，设计航区是近海；定员23人，其中船员11人，科研人员
12人。在深静水设计吃水、船体光洁的条件下，0～2级海况，风力不大于3级，
在主机以95％MCR运行时，设计航速11节。以经济航速运行时，续航力
2 000海里，自持力30天。抗风力满足《海洋调查船特殊抗风力要求》
（CB/T 3526—1994）对海洋调查船的要求，抗风能力为12级。

该船主甲板中部设3米×2米的矩形月池；具有4锚定位能力，满足定位
水深40米、在4级作业海况的锚泊定位要求，设DP 1的动力定位系统，在
4级海况下定位精度可达到1米；设置被动式减摇水舱和舭龙骨，以减少船的

图 6-17　试验母船"清研海试 1"号

横摇幅度,改善船的耐波性;振动和噪声的极限值满足《海洋调查船实验室及调查作业甲板振动、噪声一般要求》(CB/T 3527—1993)对近海调查船的要求、主甲板配有工作负载 10 吨×13 米的液压折臂吊。该船采用圆舭型线型,倾斜船艏、方艉、双机、双可调螺距螺旋桨推进方式,配艏侧推装置。

　　"清研海事试 1"号的主要任务是为深圳海洋装备海上试验场公共服务平台服务,母船启用仪式不仅是"清研海试 1"号的启用,更重要的还是海上试验场、室内工程水池和超算三位一体的国际先进海洋工程试验研发平台的启用。

　　2018 年 10 月 29 日,"清研海试 1"号在长江流域九江段完成了部分航行试验项目。该船试验航速、设备性能、振动、噪声等指标均满足设计任务中的要求。2018 年 11 月 12 日—13 日,该船在广东汕尾进行海上试验。2019 年 4 月 28 日—30 日,又在珠江口海域顺利完成了首个科研实验航次,从物理海洋和海洋生物生态环境的角度对珠江进行综合考查。该船总计完成 21 个观测站位的综合考查,各项性能指标均达到设计要求。

十七、海洋调查船"向阳红 21"号

海洋调查船"向阳红 21"号(见图 6-18)是自然资源部东海分局为更好地满足新时代海洋调查需求,扩大海区调查范围,提高海洋调查能力建造的一艘综合海洋调查船。

图 6-18　海洋调查船"向阳红 21"号

该船由中国船舶科学研究中心设计,由武昌造船厂建造,使用单位为自然资源部东海分局。设计团队在设计中首次提出"综合化、信息化、人性化、集成化"的设计理念,并逐一贯彻落实,保证了该船总体性能和技术的先进性。"向阳红 21"号是该中心在科考船领域深耕细作的又一优秀产品,并以良好的经济性和优秀的综合航行性能成为我国千吨级科考船的主力船型。

该船总长 79.8 米,型宽 11.6 米,型深 5.3 米,吃水 4 米,排水量 1 925 吨,续航力 8 000 海里,自持力 50 天,航速 15 节。该船主要承担海洋地形、地貌、地球物理、地质、水文、管线等综合调查工作。

"向阳红 21"号为提高海洋调查效率进行了多项特色设计:

(1) 装配全航速减摇鳍,对恶劣海况的适应性更强,保证仪器测试的数据可靠。

(2) 居住舱室和工作舱室振动噪声参数达到 CCS 舒适度指标要求。

(3) 安装有 6 000 米地质绞车、2 000 米水文绞车、1 000 米磁力仪绞车、

2吨折臂吊车、A型架等的科学调查系统和科研仪器设备,可以满足传统海洋调查任务需要。

自然资源部东海分局为适应海洋调查新形势,2019年再次委托该船原设计单位中国船舶科学研究中心对"向阳红21"号船进行改装设计,委托黄海造船厂承建。该船于2019年1月开工改装,于2020年7月完成改装。

改装后的"向阳红21"号采用了先进的ABB公司的吊舱式电力推进系统,能量转化效率更高,更省油,驾驶更灵活;配备DP-1动力定位系统。该船可根据GPS自动保持经纬度坐标不变,为科研人员在深海大洋进行仪器布放、取样等提供助力。该船总体性能、船体结构满足国际公约、CCS现行规范和有关标准的要求,提高了船舶技术性能和安全可靠性,提升了船舶自动化水平及海洋监测调查能力,增强了船舶综合调查实力,改善了船员及科研人员的工作与生活环境,延长了船舶使用寿命。

十八、科考船"向阳红51"号

科考船"向阳红51"号曾用名中国"海警1111"号、"曙光05"号等。该船于1972年12月建成,隶属于自然资源部北海分局。该船始终奋战在我国海洋监测、监察、科考事业第一线。该船于2019年6月28日由天津新港船舶重工有限公司承担大规模技术改装,该工程在保留了原船部分的钢结构和设备的基础上进行重大的技术改造,总的改装原则基于经济适用、先进合理、安全可靠、维修方便,满足相关规范、标准和从事近海洋资源调查的需要。

2021年8月,改装后的科考船"向阳红51"号(见图6-19)成功交付,标志着天津新港船舶重工有限公司在改建船舶领域再次取得重大突破。该船入级CCS,主要用于海洋地质、水文、声场等专业的调查研究。

该船作为科考船,设备配置较多,电气、管路系统复杂,科学考察设备安装精度要求较高。项目团队通过提前策划,实行精细化管理,扎实稳健地推进改装准备工作,严格执行生产节点计划,圆满地完成了技术改装任务,为该公司今

图 6-19　科考船"向阳红 51"号

后承建同类科考船积累了宝贵的经验,也为我国的海洋科学调查研究事业的发展作出了贡献。该船船长 74 米、型宽 10 米、型深 4.7 米,定员 50 人,满载排水量 1 200 吨,最大航速 14 节。

作为科考船,"向阳红 51"号满足管辖海域海洋资源、环境综合调查的需要,支持 1 000 米级 ROV 作业,大型水下拖体走航、拖曳式调查,以及 1 000 米级水深底质取样、岩土原位测试等地质调查作业,同时具备动力定位 DP—I 的功能。未来,"向阳红 51"号将主要在我国海域执行气象观测、水文调查、海洋重力场、海洋声场、海洋地质等专业调查工作,主要用作中国专属经济区、大陆架和其他管辖海域巡航监视,对维护我国国家海洋权益发挥了重要的作用。

十九、海洋科学调查船"向阳红 02"号和"向阳红 03"号

海洋科学调查船第一代"向阳红 02"号(见图 6-20)是 20 世纪 60 年代设计的海洋水文气象调查船。广州造船厂于 1968 年开工建造两艘船,1972 年 5 月试航交船,交付国家海洋局南海分局使用。这两艘船分别取名为"向阳红 02"号和"向阳红 03"号。

图 6-20　海洋科学调查船第一代"向阳红 02"号

海洋科学调查船新一代"向阳红 03"号由中国船舶及海洋工程设计研究院设计,武昌造船厂承建,2013 年 6 月开工建造,2016 年 3 交付使用,国家海洋局第三海洋研究所管理。该船总长 99.6 米、型深 8.9 米、型宽 17.8 米,设计吃水 5.6 米,设计排水量 4 800 吨,设计最高航速 15 节,续航力 1.5 万海里。该船的设计建造充分考虑了科学考察设备的特性和船体结构特点,如大型声学设备多波束采用嵌入式安装方法。采用全回转电力推进方式,具有较强的操控性能。此外,该船具备动力定位 DP-1 功能,抗风力 12 级,可在任何海域实现高精度定位。配置船载操控装置、船载试验与探测系统,及船舶计算机网络系统等,是一艘满足无限航区航行要求,集多学科、多功能、多技术手段为一体,满足海洋多学科交叉研究需求的现代化海洋综合科考船,还具备海洋动力环境、地质环境、生态环境、海底资源、能源综合探测与实验等科学调查功能。

"向阳红 03"号(见图 6-21)是当时我国最先进的海洋综合科考船之一,综合观测技术能力达到国际一流。该船交付使用后,先后承担了近百航次的中国大洋调查任务。2018 年 7 月 14 日"向阳红 03"号从厦门出发,先后前往西太平洋、东太平洋等区域开展为期约 150 天的大洋科学考察任务,航程约 15 000 海里,2018 年 12 月完成任务返回厦门。

图 6-21　海洋科学调查船新一代"向阳红 03"号

　　"向阳红 03"号在海洋科考中，凭借其特有的"千里眼"装备，能探测神秘的海底世界并获取重要的海洋监测数据。"6 000 米集成化光学拖体"（简称"光学拖体"）（见图 6-22）从外观上看就像一个铁笼子，内部装载了高清摄像机、照相机、姿态传感器、压力传感器、高度计、照明灯、激光标尺等设备，是一个高度集成的海底观测作业平台。

图 6-22　6 000 米集成化光学拖体

该光学拖体主要用于深海底拖曳式快速作业,适应海底各种复杂地形,具备多功能海底热液调查能力,集海底热液异常探测技术、海底高清摄像照相技术于一体,能够完成水下摄像、照相工作,并实时采集、传输显示和记录来自水下电子舱和来自实验室的 GPS 等相关数据。光学拖体入水后,海洋科考队员只需坐在显示屏前操作,就能观察到广袤无垠的海底平原,崎岖险峻的洋脊山脉和形形色色的深海生物(见图 6-23)。

图 6-23　光学拖体探测到的深海生物

二十、大型浮标作业船"向阳红 22"号

2019 年 12 月,由中国船舶武船集团建造的,中国首艘自主设计建造的 3 000 吨级大型浮标作业船——"向阳红 22"号船(见图 6-24)交付国家海洋局东海分局。该船是我国首艘大型浮标作业船,具备收放直径 10 米、自重 60 吨大型海洋监测浮标的能力,在国际上也是起吊浮标能力最强的工作船之一。

该船长 89 米,型宽 18 米,型深 7.2 米,最高航速不低于 16 节。该船续航力 10 000 海里,具备全球航行能力,可抵御 12 级大风。除承担海洋监测保障任务外,该船自身还具备执行断面调查等海洋科学考察任务能力。"向阳红 31"号也在 2022 年完成了航行试验。

图 6-24　"向阳红 22"号大型浮标作业船

二十一、综合海洋调查船"向阳红 28"

综合海洋调查船第一代"向阳红 28"号(见图 6-25)由中国船舶及海洋工程设计研究院设计,武昌造船厂建造,于 1986 年 6 月下水,同年 10 月交付。

图 6-25　"向阳红 28"综合海洋调查船

新一代"向阳红 28"号综合海洋调查船隶属于国家海洋局东海分局,是一艘先进的综合海洋调查船,也是由一艘有着 32 年船龄的海道测量船,经过 5 个多月的适应性维修改造而成。改装后该船于 2014 年 11 月正式交付使用,成为东海区域海洋调查勘测船队新的生力军。

　　该船总长 74.55 米,型宽 10 米,最大吃水 3.5 米,排水量 1 216.7 吨,续航力 4 000 海里,航速 16 节。

　　"向阳红 28"号动力采用双主机、双桨、双舵,船舶不仅操纵灵活,通信导航先进可靠,船上的生活设施和作业环境也得到明显的改善,船上设有生物、化学、地质和水文实验室,以及综合数据中心,配备了当时国内最先进的中深水多波束测深系统、地球物理探测设备、万米测深仪和水样采集与分配系统等调查专业设备,大大提高了海洋调查作业的效率,极大地提升了国家海洋局东海分局的中、近海海洋调查能力。

　　2016 年 5 月 9 日,国家海洋局东海环境监测中心队员在东海区执行海洋生态环境监测任务过程中,在北纬 30 度 50 分、东经 123 度 00 分的浙江舟山花鸟山以东海域,发现了赤潮,受赤潮影响的面积约 470 平方千米。船上启动了赤潮应急监测,并在第一时间上报。2016 年 5 月 10 日,"向阳红 28"号驶过东海大桥。正在东海区进行海洋生态环境监测的"向阳红 28"号,从浙江嵊泗海域驶回长江口,科考队员重点监测上海长江口及杭州湾"喇叭口"附近海域的健康状况。

第七章
锐意进取的研发设计团队

新中国成立以来,我国科考船从无到有、从小到大、从落后到迈进世界先进行列,是在党的领导下,依靠中国特色社会主义制度集中力量办大事的优势,自力更生、艰苦奋斗发展起来的,也是科考船研发设计团队努力奋斗的结果。现介绍两个研发设计团队,从中展现他们对中国科考船发展作出的贡献。

第一节 "向阳红 10"号远洋调查船研发设计团队

"向阳红 10"号(见图 7-1)远洋调查船的研制是一项系统工程。从 1971 年起至 1979 年交船,经过 8 个寒暑。它的完成是使用单位、设计单位、建造单位相互协作的产物。

成功源于集体智慧和力量。中国船舶及海洋工程设计研究院领导干部与科技人员先后组成近百人的团队,为"向阳红 10"号的成功研制作出了贡献。

"向阳红 10"号远洋调查船是当时世界上同类型船中吨位最大、科考船中设施最为完善的一艘。设计这样高难度的海洋调查船,该研发设计团队攻克了多项技术难题。

1976 年 4 月"向阳红 10"号下水,如图 7-2 所示。

图 7-1   远洋调查船"向阳红 10"号

图 7-2   1976 年 4 月"向阳红 10"号下水

首先,是解决电磁干扰和通信联络难题。由于 30 千瓦大功率短波发信机产生的强射频磁场引起非线性宽带射频干扰,为确保通信设备良好运行,船上的电磁兼容性问题成为一大技术难题。经研发设计团队和协作厂共同努力,保证了中、短期天气预报、危险天气报警、船-岸通信转发、信息传输、水文测量和重力调查等项工作协调一致。"580"试验中实现了"气象保障可靠,通信联络无差错,达到 100% 的准确"。

其次,是解决船舶稳性难题。调查船经常要在恶劣海况下工作,对稳性要求特别高,要求船的稳性能抗 12 级风。研发设计团队通过多种方法计算比较,并研究了国外有关规范的规定和计算方法及其发展演变的过程和趋势,找出了适用的风压计算公式和计算值,以及初始横倾角的修正方法。

最后,是解决船的振动难题。根据任务要求,船上装有大量的精密仪器和大型天线及高大型桅杆。船舶振动对精密仪器和船上设备造成很大的伤害。经过研发设计团队的通力合作,刻苦钻研,众多难题都逐一得以解决。

1980 年 4 月,远洋调查船"向阳红 10"号首次远航,参加远程运载火箭全程飞行试验。该船实现了高空、海面气象观测,气象预报准确,通信畅通无阻,航海作业准确无误,机电设备运行正常,船舶操纵安全稳妥。

在参加我国首次进行的地球同步定点通信卫星发射试验中,远洋调查船"向阳红 10"号 3 次进入太平洋,确保了通信转发和信息传输畅通、准确、及时;完成了海区重力调查和水文测量及试验海区 12 小时、48 小时和 72 小时的天气预报,准确率在 83% 以上;两次荣获集体二等功。

为了实现原国家海洋局提出的"查清中国海、进军三大洋、登上南极洲"这一宏大战略目标,"向阳红 10"号远洋调查船多次驶向南极。1984 年 12 月,"向阳红 10"号首航南极,在南极考察和建站中发挥了重要的作用,在南大洋考察历时 142 天,共航行 26 000 海里,安全返回上海港,并荣获集体一等功。

1985 年 1 月 26 日,正在南极圈附近进行大洋调查的"向阳红 10"号遇到了12 级以上南极强烈风暴,最大风速达 34 米/秒,海面上像山似的涌浪一座接一座涌来,浪高达13米,浪长为100多米。一阵阵浪花水沫从30多米高的驾驶台上方呼啸而过,该船前、后甲板不时被滔滔巨浪所覆盖,当船体被涌浪托起时,螺旋桨露出水面,船体最大倾角达31度,并产生了很大的震动和响声。

一些考察队员冒着风浪奋不顾身地抢救和保护考察设备、仪器和标本,他们接连被涌上甲板有1米多高的激流所冲倒,但都被后面的考察队员抢救出来。全体考察队员和船员与风浪顽强搏斗了20多个小时,终于脱离险境安全返航。该船经受了12级以上风暴的考验,开创了我国海洋科学考察史上的先例。

经过7天严密的检修,证实该船的操纵系统、动力系统、消防系统、船体结构、总体性能良好。

该船1979年获国防科工委重大科研成果奖一等奖。

1980年4月,该船参加我国首次向太平洋海域发射远程运载火箭全程飞行试验获得成功。

1984年4月,该船参加我国首次发射地球同步定点实验通信卫星,获得成功。

1984年11月,该船首航南大洋考察,队员在乔治岛上建立了中国南极长城站,五星红旗首次在南极上空飘扬。

1985年5月,经国家科学技术进步奖评审委员会评定,"向阳红10"号远洋调查船研制单位荣获国家科技进步奖特等奖(见图7-3)。

2006年,"向阳红10"号被评为中国十大名船之一。

图7-3 国家科学技术进步奖特等奖证书

第二节　"科学"号海洋科学综合考察船研发设计团队

　　2014 年 4 月,一艘雄伟壮观的科考船满载科学考察工作者启航前往深蓝海洋进行科学考察,这艘科考船是中国船舶及海洋工程设计研究院研发设计团队设计的海洋科学综合考察船"科学"号(见图 7-4)。几年来,该船先后成功地完成了对西太平洋热液、冷泉、海山等国家重大科学考察任务,取得了一系列重要研究成果;实现了我国在冲绳海槽海域首次自主观测活跃的热液喷口,获得了高分辨率海底地形图;实现全球首次在西太平洋主流系海域集中布放了18 套大型深海潜标阵列;实现了国内首次对南海中南部开展地球物理大面积调查等科学考察任务,这些成果标志着我国深远海科学考察能力和水平迈入了国际先进行列。该船是一艘拥有自主知识产权,创造了诸多国内、外第一,集多学科、多功能、多技术手段为一体,实时同步地开展深海立体交叉综合探测、保真取样、现场分析以及与陆地的信息传输和联合处理的科考船。它的成功研制,显著地提升了我国海洋综合探测能力与研究水平,为我国开展远洋综合科学考察研究、深化海洋战略布局提供了强有力的支撑,实现了我国海洋科学考

图 7-4　海洋科学综合考察船"科学"号

察能力的跨越式发展。

开展海洋环境、海洋生物资源、海底地质和资源勘探研究是我国建设海洋强国战略的基础之一。海洋科学综合考察船作为海洋探测与研究的重要平台，是海洋科学考察能力建设关键的组成部分，也是一个国家综合国力的体现。我国原有科考船大部分建造于 20 世纪 70 年代末和 80 年代初，船舶总体性能和探测装备相对落后，尤其是缺乏深海大洋综合科学考察的能力，这种状况制约了我国海洋科学的发展。

为实施我国海洋强国战略，加强海洋科学考察装备建设，深入开展深海大洋的综合科学考察研究，2007 年国家发展和改革委员会批准了国家重大科技基础设施科考船这一重大项目。

中国船舶及海洋工程设计研究院获悉后，以中国工程院院士张炳炎为总设计师的研发设计团队，从国家未来发展战略出发，积极开展前期论证和研发工作。为满足现代海洋科学综合考察的需求，他们以确保船舶总体性能达到国际先进水平的标准，在多年科考船设计经验的基础上，瞄准国际上交付不久和正在建造的新型科考船，通过消化吸收国内、外相关船型的技术，重点攻克了用于科考船多波束嵌入式安装的防气泡球鼻艏设计、长宽比合理经济节能的船型设计、减振降噪和电磁兼容等关键技术。2009 年 5 月，通过公开招标，中国船舶及海洋工程设计研究院以技术先进、标书精细明确、立意高而一举中标。

对于如此复杂特殊用途的科考船，任何一个系统或者设备技术状态的改变都会涉及多个专业，要设计出一艘高质量的船舶，各专业之间必须围绕共同目标，团结一致、密切配合。总设计师张炳炎院士对船舶研究工作一丝不苟，勇于探索；善于研究开拓新领域，敢于承担风险，走别人没走过的路；他一心倾注深蓝海洋事业，是我国海洋调查船研究设计领域既有创新理论又具有丰富实践经验的专家。张炳炎院士在方案交流会上发言如图 7-5 所示。

当"科学"号项目研发设计团队召开首次例会时，他提出各专业设计人员除了熟读设计任务书外，还要在整个设计中注意两件事：一是重量、重心，二是减

图7-5　张炳炎院士在方案交流会上发言

振降噪。在会上他分别介绍了该船各专业应从方案设计时就要考虑和重点关注的问题：总体专业要注重总体布局、舵桨和艉部线型的匹配、艏部线型与声学设备的匹配、重量、重心的控制等。结构专业要特别注意大型设备安装部位结构的加强，超短基线、多波束、浅地层剖面仪、升降鳍板等设备的结构开孔，重量、重心的控制，总振动及局部振动的控制等。舾装专业要对常规舾装设备与科学考察设备进行合理布置，关注大型设备的位置对船重量、重心的影响等。舱室专业要注意居住舱室与实验室的合理布置，注意舱室净高与其他专业的协调，减振降噪材料的合理选用和布置以及轻质材料的应用。轮机专业要做好机舱设备的合理布置及管道的合理走向、机舱设备减振降噪方案的选用以及重量、重心的控制。电气专业要着重考虑电力负荷的估算及电站的配置，电磁干扰以及谐波的处理措施及控制协调设备的选用等。空调专业应重点解决风管的选型、走向、布置及减振降噪的措施以及和舱室层高的协调。张炳炎院士在设计过程中这些超前的思维，严谨的作风，像指挥大战前的将军一样，胸有成竹,运筹帷幄,缜密思考,面对重重困难,充满了必胜的信心。对此,研发设计团队受到了极大的鼓舞。图7-6为研发设计团队与使用单位进行技术交流的场景。

图7-6　研发设计团队和使用单位技术交流的场景

　　吴刚作为"科学"号副总设计师,除负责总体专业外,还主持科学考察系统综合布置、吊舱电力推进性能、科学考察作业流程等多项关键技术的攻关工作,协调并了解各专业任务落实情况,协助张炳炎院士解决技术难题,为顺利交船尽心尽力。

　　"科学"号科考船功能示意图如图7-7所示。

　　由于科考船装载了很多设备,使用单位对减振降噪要求很高,提出实船试航测得的噪声值要低于国家标准《海洋船舶噪声级规定》(GB 5979—1986)的限定值。张炳炎院士要求各专业要在开始设计时采取措施予以解决。为此各专业群策群力,相互配合,采取多项措施解决了这一问题。总体专业在考虑总布置时把产生噪声的设备安排至远离居住舱室和调查舱室的位置,从而减少噪声的传递。结构专业设计开始时就想办法保持船体结构的连续性,上、下舱壁对齐,大型设备的基座采取重点加强,以减少振动。内装专业选用优质高阻尼材料敷设在主机、辅机等基座以及重要舱室的甲板和围壁上,减

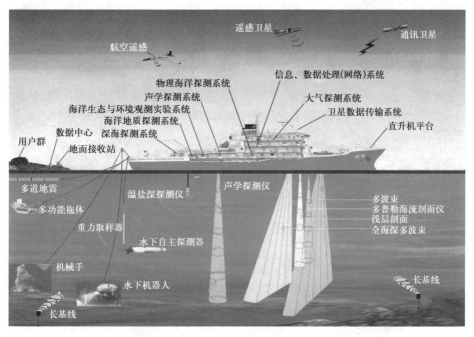

图 7-7　"科学"号科考船功能示意图

少振动及阻止噪声传播；在居住舱室、公共场所、实验室与走道之间敷设隔声材料，减少处所之间的干扰。轮机专业对主柴油发电机组、停泊发电机组采用双层隔振或安装浮筏，应急发电机组安装弹性减振器，机舱对外的吊口层层加盖，阻止噪声传播。电气专业对电磁兼容以及谐波的处理及控制协调采取多种措施，保证了全船的实验功能。空调专业对空调器通风机采用中压低噪声离心风机变频调速控制；通风机、水泵的进出口管道采用弹性连接，并对通风系统的风速进行控制，减少噪声的产生。研发设计团队各专业同心协力，使该船减振降噪措施通过设计和船厂建造及使用单位监造层层把关，试航时经专门振动噪声测定单位在全速航行时全部测量点的噪声均低于《海洋船舶噪声级规定》（GB 5979—1986）的限定值，达到客船噪声规定中最高舒适度标准，这一结果令使用单位非常满意。图 7-8 为"科学"号建造合同签字仪式。图 7-9 为研发设计团队成员试航归来。

图 7-8 "科学"号建造合同签字仪式

图 7-9 研发设计团队成员试航归来

重量、重心不但关系到科考船的稳性、载重量、总纵强度等,同时对于耐波性也有较大的影响,进而影响减摇装置的效果、直升机起降等性能。该船从设计到建造,研发设计团队从始至终坚持重量、重心控制理念,方案设计时根据总设计师要求进行了两次重量、重心的估算,详细设计结束后又进行详细计算。进入船厂生产设计阶段,也时刻关注重量、重心的变化,并向船厂说明控制重量、重心的重要性。由于研发设计团队的共同努力及船厂的配合,最终经实船验证,重量、重心位置与设计预估状态非常吻合,在未采用一块固定压铁的情况下,该船的重量、重心位置得到有效控制。

针对船舶各项技术指标的反复论证和计算,研发设计团队进行了船型主尺度论证和经济性分析,对排水量吨位指标、航速阻力指标、续航力指标、科学考察作业面积指标等进行反复比较,找出具体的主尺度和船型系数。科考船的线型设计除关注快速性、耐波性和适航性外,还特别要关注艏部线型优化与声学设备的匹配问题。

研发设计团队密切合作,优化创新,解决了科学考察系统与船舶系统的优化布置、船型经济性分析和线型设计、减振降噪等关键技术。研发设计团队从设计论证阶段就对船舶将来所承载的任务使命、船载设备及其安装的要求、实验空间、模块化功能和扩展化改装等需求进行仔细的分类划分、综合布置和详细论证,掌握了系统之间的关联和优化布置,较好地保证科考船科学考察作业的功能效果。

2012 年 9 月,"科学"号在青岛正式交付使用,标志着我国海洋科学考察能力实现了新的突破,对维护海洋权益、开发、利用海洋资源、保护海洋环境、促进海洋资源与环境的可持续利用具有重大意义。

该船的设计和制造单位分别获得中国船舶工业集团公司科技进步奖一等奖、上海市科学技术奖一等奖、中国造船工程学会科学技术进步奖一等奖和中国海洋工程咨询协会海洋工程科学技术奖特等奖(见图 7 - 10)。

图7-10 "科学"号所获奖项

第八章
科考船发展展望

　　船舶是人类进行海洋科学考察必不可或缺的工具之一，作为海洋科学考察设备搭载的平台，科考船是实现海洋科学考察功能的前提和基本条件。未来的科考船随着科学技术的发展不断更新换代，将改变现有科考船极端环境适应性差、科学考察作业率不高、导航定位精确度不足，尤其在极区及船体结构材料承压和耐腐蚀性不强等问题。无论是船型、船舶动力装置还是自动控制等均会有新的创新，以不断适应科考调查的新要求。许多专家建议：适时建立专门开展海洋科考体系顶层研究的国家级政策研究机构或研究中心，特别注重政策规划与工程装备研制路线的衔接，做到科学合理的中、长期规划；建议成立统一的海洋科学考察装备高层次管理中心或协会，对科考船、运载器等装备实行分类分级，形成标准化、系列化，推行开放共享、统一管理，发挥整体效能；建议推动大规模、多类型无人装备的组网观测与探测应用，促进海洋卫星、科考船、潜浮标与无人装备的协同发展，大力发展空、天、海、潜立体观测体系；建议加快推进深海、极地调查等重大专项，强调对新技术新设备的需求牵引作用，同时出台政策支持科考探测和实验室仪器设备配套的国产化；建议支持面向极端或特殊环境的无人装备及其开展集群化智能协同作业的新一代海洋科考平台的研制。未来的科考船将呈现如下特点。

一、船型多样化

现在的科考船无论是单体船还是小水线面双体船都是水面型。未来的科考船，会出现"驻守"某海域的半潜型。此类科考船水上、水下部分将没有严格的区分，在良好的海况下，它将大部分船体露出水面，一旦遇到狂风暴雨、巨浪滔天，就会将大部分船体沉入水中，以更好地适应外界的恶劣环境。此类科考船将配备先进的风力和波浪能发电装置，利用海洋环境中天然的能源，实现船舶系统的自给自足，既节能又环保。

二、组合模块化

随着海洋科学考察作业对多学科、立体综合观测研究要求的提高，模块化设计和建造在提高科考船的经济性和使用效率等方面都具有重大作用。未来的科考船甲板上安装移动设备、实验室模块化、电站容量扩展等的能力将越来越强，这样不但可以简化船舶设计和建造复杂程度、提高船舶的利用率，还可以增加科考船使用的灵活性，缩短调查仪器设备的更换时间，极大地提升海洋调查的效率。当前模块化的主要技术手段是采用集装箱，通常固定在船的艏、艉部露天甲板上，并可根据不同科学考察航次调查项目的要求搭载，如放射性研究、洁净取样等多种任务模块。未来的模块化分类将更加细化、多样，可实现一次出航进行多个学科和门类的数据采集。

三、节能环保

当前绝大多数科考船采用柴油机驱动，虽然经济实惠，操作维修比较方便，但对环境有污染，且效率也不太高。国际海事组织对硫氧化物和氮氧化物的排放控制越来越严格，需要采用超低硫油燃料，增设洗涤塔，加装 SCR 系统或采用废气再循环(exhaust gas re-circulation，EGR)系统技术的主机等新型绿色环保技术系统。未来科考船的动力将出现更多的混合动力甚至单一非化石燃料动力推进方式，如使用清洁的能源液化天然气作为燃料、大容量的燃料电池、太阳能发电等多种清洁能源技术。科考船将迎来动力变革，通过燃用环保清洁燃料等，减少对大气中硫氧化物、氮氧化物的排放量。

四、智能化

科考船与其他船舶一样，将向智能化方向发展。未来的科考船将不再局限于像动力定位、自动驾驶等一般性的自动化配置，将向智能船舶发展。船上利用各种传感器、通信、互联网、物联网等技术，自动感知并获取船舶内部各种装置和系统及外部环境的数据和信息，包括海洋环境、天气、物流、港口等，并采用自动控制技术和大数据处理，实现智能化航行、管理和维修。

船舶系统的高度智能化将使船员人数减少、促进船员素质提高、改善生活和工作条件，调查的时空精度也得到大幅度改善。自动时空同步观测、自动航迹追踪测绘分析，甚至自动生成初始科学考察报告等。

未来科考船将采用新颖的计算机和人工智能技术，逐步实现机舱自动化和航海自动化，增强航行安全性，提高调查作业的可靠性。科考船上将配置大量无人装置和无人深潜器，执行更为复杂的科学考察工作。

无人技术将会广泛地应用，无人机、无人深潜器成为标准配置。新一代的无人设备将大大减少通信和科学考察人员监控的需要，布放后可独立执行探测、识别目标和取样，承担各种人工无法胜任的水上、水下环境和目标数据的采集工作。在环境发生不可预测的变化时，还能够自行调整，克服障碍，应用导航辅助和通信中继还可进行多个无人探测仪器的协同作业，处理复杂科学考察任务的能力将得到大幅度的提升。

智能型无人科考船将打破常规海洋调查模式，开创利用智能科考船船载设备支撑批量化无人设备进行跨区域协同海洋观测。

智能科考船智能遥控，自主航行实现空、海、潜、无人深潜器系统协同作业。实时获取和评估不同空间尺度海洋坏境信息、预测海洋、环境和气候的时空变化、研究和创新海洋多尺度变化及其气候资源效应监测、海上风场维护等。

可以预见不久的将来无人系统（AUV/ROV/ARV/Glider/小型USV等）在海洋科考中将得到广泛应用，先进的科考船势必将成为无人系统的母船或旗舰，下一代新型科考船应是能搭载集群化的无人科学考察装备，兼具船舶智能航行与科考无人作业的新型少人化甚至无人化的装备平台。该平台将船舶恶劣海况适应技术、智能驾驶和遥控技术、无人化/集群化机器人技术、遥感与高速通信等新技术高度融合，显著特点包括：① 在极端海况下（作业海况比现有科考船通常高出2～3级）开展连续科学调查和智能作业；② 对搭载的批量无人科学考察设备实现多点快速收放；③ 高度自动化的分析实验系统；④ 具有与空中和水下无人化系统开展分布协同和智能联网的能力。这种新型智能科考平台是对以往"人在作业模式"的一次有力变革，也将是下一代科考船的重点研发方向。

五、传输网络化

随着计算机技术及通信技术的发展，未来的科考船将和陆上实验室实时信息交互，船上数据与陆上数据实现"无缝"衔接。在陆上控制室，船上实验室和船上作业甲板安装摄像头和显示屏等视频互动设备，陆上科学家可以远程指导海洋调查活动。海上的一艘艘科考船，将成为陆上实验室的一只只眼睛，陆上实验室通过船上的科学考察设备同步获得相关信息，大大提高科学考察数据的时效性。科学考察管理信息化，使全船不同系统之间联网，船与陆地上系统联网，海上船与船之间联网。实现硬软件资源和数据库资料共享以及调查数据实时分析、存储和交换。

六、立体观测

立体化观测将是未来海洋观测的重要作业方式。海洋立体观测由海洋雷达站网、浮潜标网、海底观测网、表层漂流浮标网、海洋生态监测点网、卫星海洋观（监）测系统、科考船船队、剖面漂流浮标网及海洋机动观（监）测系统等组成，将集合海洋空间、环境、生态、资源等各类数据，整合先进的海洋观测技术及手段,实现多要素、高密度、全天候、全自动的全球海洋立体观测,为海洋生态保护、海洋防灾减灾、应对海洋气候变化、保障海洋经济安全、参与全球海洋治理等方面提供重要技术支撑。

未来的科考船,将大量配备各类与其他立体观测手段互联互通的设备,并通过与其他探测设备的信息交流,为科考船的作业提供充分的支撑。

七、科学考察设备发展

（一）海洋运载器

海洋运载器技术为海洋科学探测带来了革命性的变化,尤其是无人运载器（也称海上机器人）。海洋运载器凭借其复杂环境适应能力强、模块化搭载能力多样化、无人智能化水平高等特点,可在高度危险、受污染环境、恶劣海况等特殊环境下保持长时间工作。我国已初步形成了以载人潜水器、遥控潜水器、自主潜水器、自主遥控潜水器、水下滑翔机、波浪滑翔机、无人水面艇、液压作业级ROV、AUV组成的体系。我国已自主研制成涵盖便携型、轻型、中型、重型等在内的全海深系列化装备,其主要性能指标与国际同类水准基本相当。ARV领域,中国近5年来抢抓混合式机器人发展浪潮,重点研制了11 000米水深"海斗"系列和6 000米"问海1"号等装备产品,成为继日本和美国之后第3个拥有万米级自主遥控机器人研制能力的国家。水面和水下滑翔机领域,中国快速追赶,研制了"海燕"系列、"海翼"系列、"黑珍珠"号等典型装备。2017年"海燕"水下滑翔机下潜深度超过6 000米,连续工作91天,航行1 884千米,刷新了水下滑翔机下潜深度、续航力和观测剖面数量的新纪录,同时在北极科考中得到首次应用。

这些关键装备的研制和发展,将为中国海底资源、地质和深海生物调查等科学研究提供了坚实的技术支撑。

（二）海洋潜、浮标

潜标、浮标技术研究始于20世纪60年代,目前全球海洋科技强国实现了长期业务化运行,在可靠性、精度、稳定性等方面技术成熟。我国海洋潜、浮标研制起步晚,但在一些领域实现了突破。20世纪60年代研制出第一个浮标,80年代在南海成功布放第一代自容潜标。2012年自主研制的"白龙"7 000米级浮标正式布放进入全球海洋观测系统,使我国成为继美国、日本之后第三个具备深海气候浮标观测的国家。2016年,中国科学院在西太平洋攻克了潜标数据长周期稳定实时传输的海洋观测难题,目前实时传输观测数据的深度由1 000米逐步拓展至6 000米。2017年,我国以自主研发的海洋环境实时监测潜标等40余套深海潜标为主体构建了"南海潜标观测网"的基础,实现对南海深海盆的全覆盖观测。经过长期摸索与研发,我国潜、浮标在近海建设了业务化观测系统,远海构建了南海立体观测网和西太平洋科学观测网等区域网络,未来海洋潜、浮标技术的发展将为我国海洋环境和气候预报、海洋动力环境系统长期连续观测提供了宝贵的数据。

（三）海洋探测设备

海洋探测系统包括水体探测、大气探测、海底探测、深海极端环境探测以及遥感信息现场印证等系统,其中以声学定位技术等为代表的深海探测系统、以多波束探测系统等为代表的海底探测系统,以温盐深探测系统和多普勒流速剖面仪等为代表的水体探测系统决定了海洋科考资料数据的品质,更决定了海洋科考的自主可控水平。

海洋地形、地貌测绘是海洋科考的基本需求,多波束测深设备作为一种先进测绘手段,受到全球海洋科研机构的青睐。我国浅水型多波束测深系统已完成多款产品的研制。首台深海超短基线定位系统产品,为"蛟龙"号HOV提供定位探测,性能稳定可靠。2017年,我国"深海勇士"号HOV采用自主的高精度水声综合定位系统实现0.3米的定位精度,定位有效率超过90%,标志着我国深海综合定位水平进入世界领先行列。未来我国海洋探测设备,在长距离、高精度定位等方面进一步发展。

（四）海洋传感器

海洋传感器在海洋观监测领域发挥着关键作用,所涉及的多项技术属于海洋科学考察装备领域的核心技术。在国家支持下,我国一些海洋环境监测传感器实现了突破。但高端CTD剖面仪传感器、气象传感设备等与国外在性能、稳定性、精度方面仍存在一定的差距。

　　未来的海洋科考必定是多学科的交叉融合,传感器将是海洋科学物联网的核心基础,我国必须在海洋传感器等基础元器件技术、方法研究和应用推广等方面砥砺前行,取得新突破。

　　(五)设备小型、自动、多样化

　　随着科学技术进步,科学考察设备将向小型化、自动化、多样化发展。

　　小型化:小型化是海洋科学考察设备发展的必然趋势。任何一种设备,在保持其功能不变的前提下减小体积都是一项富有挑战性的工作。如果科考船上的吊机、绞车、探测设备做得更小些,人们就可以在船上腾出更多空间布置其他科学考察设备,这样将大大扩展科考船的科学考察能力。如何在更小的体量上实现更高的精度和功能,是考验科学考察设备系统设计水平的重要标志。

　　自动化:自动化是人类长期以来一直不断追求的目标。未来的科学考察设备系统将主要依赖系统本身基于数据库、强大的计算和分析能力而作出的"自我动作",操作者反而处于一个次要的地位,只需要在岸上通过远程控制、适当干预即可完成科学考察作业。

　　多样化:主要指新技术在科考船上的应用。随着深海技术、微电子技术、自动控制技术及材料与加工工艺突飞猛进的发展,以往只在海洋石油勘探、无缆自主式潜水器、水下滑翔器和无人水下机器人、深水多波束测深系统、深水地层剖面系统和长排列大容量高分辨率地震采集系统等,均可应用于各类海洋科学考察活动中。可以想象,未来像量子通信、纳米技术等,都可以成为助推某项科学考察设备系统重大突破的关键技术,带来海洋探测技术翻天覆地的变化。

参考文献

［1］曲宁宁,韩龙,吴刚.海洋科考船［M］.上海：上海科学技术出版社,2019.

［2］张毅.一片丹心向阳红：船舶工程专家张炳炎的故事［M］.北京：科学普及出版社,2017.

［3］张毅.用生命谱写蓝色梦想：张炳炎传［M］.上海：上海交通大学出版社,2016.

［4］吴刚,黄维.海洋综合科考船设计［M］.上海：上海交通大学出版社,2018.

［5］孙松.走进深海大洋："科学"号海洋科学综合考察船［M］.浙江：浙江教育出版社,2016.

［6］冯士筰.海洋科学导论［M］.北京：高等教育出版社,1998.

［7］侍茂崇,高郭平,鲍献文,等.海洋调查方法［M］.青岛：中国海洋大学出版社,2000.

［8］杨胜雄."海洋六号"2011：中国大洋第 23 航次科考纪实［M］.北京：海洋出版社,2012.

［9］李伟,宁君.船舶种类概论［M］.大连：大连海事大学出版社,2017.

［10］崔京生.海洋志［M］.北京：中国青年出版社,2012.

［11］张炳炎."海洋六号"船人性化设计［J］.中国工程科学,2011,13(4)：24 - 28,36.

［12］梁启康.中国船型汇编(2012—2016)［M］.上海：上海交通大学出版社,2017.

[13] 张福民,张勇.近期海洋综合调查船总体设计若干问题分析[J].舰船科学技术,2014,36(增刊1):26-31.

[14] 陈练,苏强,董亮,等.国内、外海洋调查船发展对比分析[J].舰船科学技术,2014,36(增刊1):2-7.

[15] 汤清之.地脚螺栓与跨舷作业设备的配合分析[J].船舶,2017,28(2):71-75.

[16] 周宁.中国远洋调查船发展现状及未来设想[J].舰船科学技术,2014,36(增刊1):15-20.

索 引

以数字开头的词条

后　记

　　1950 年我国年造船量才 1 万多吨。当时江海航行的万吨船,没有一艘是中国自己设计和建造的。70 多年来,广大科技人员和造船工人在党的领导下,至 2018 年,中国年造船量已达 6 000 多万吨,我们不仅能设计和建造一般船舶,而且能设计和建造被誉为"造船工业皇冠上明珠"的高科技、高附加值船舶,成为世界第一造船大国。

　　2021 年是中国共产党成立 100 周年,为展现新中国船舶的发展历程和取得的辉煌成就,中国船舶及海洋工程设计研究院、上海市船舶与海洋工程学会、江南造船(集团)有限公司、沪东中华造船(集团)有限公司、上海外高桥造船有限公司、上海船舶研究设计院、上海交通大学出版社,携手编撰出版"中国船舶研发史"丛书,向建党 100 周年献礼。本套丛书共 10 本:《中国油船研发史》《中国集装箱船研发史》《中国科考船研发史》《中国挖泥船研发史》《中国液化气船研发史》《中国工程船研发史》《中国散货船研发史》《中国客船研发史》《中国气垫船研发史》《中国海洋油气开发装备研发史》。

　　本套丛书的编写得到中国工程院院士曾恒一及新、老船舶研发设计专家、科技人员的热情支持和积极参与,为本套丛书顺利编写出版奠定了基础。

　　本套丛书取材翔实,资料数据真实可信,极具原创性,这是本套丛书一大特点。70 多位从事船舶及海洋工程研究、设计、建造的专家和科技工作者参与本套丛书的编写,他们是新中国船舶事业发展和取得辉煌成绩的见证奉献者,他们将自己研发的产品写出来，从领受编撰任务起，就酝酿推敲，不辞辛劳，不舍昼夜，把对船舶科学的追求，对祖国的爱汇聚成书香墨宝。每一分册从提纲到初稿、定稿，均经众人讨论、反复修改，精益求精地出版。

此外，本套丛书所写的典型产品，既是时代成果，也是我国船舶研发珍贵的历史资料和经验总结，对从事船舶研发设计的青年人具有启发和借鉴作用。

本套丛书编写过程中得到许多单位及领导的关心和支持，中国船舶及海洋工程设计研究院多型科考船总设计师吴刚研究员、张福民研究员参加科考船编写和审稿，在此表示感谢。特别要感谢各位编者辛勤付出和认真卓越的工作。此外还要感谢那么多默默无闻的船舶设计师们在百忙之中参加审稿并提出宝贵意见。本套丛书编写中参考了一些书籍和报刊，引用了一些观点和图片，在此表示谢意。由于这套丛书时间跨度大和资料收集的难度，有些船型未能收录。书中涉及船名、人名、地名等，尽量用中文名，有的因为行业内默认英文名则选用英文名。

本套丛书存在不当之处，恳请专家、读者予以批评指正。

张　毅